모멸감

모멸감

굴욕과 존엄의 감정사회학

제1판 제 1쇄 2014년 3월 21일
제1판 제20쇄 2024년 3월 11일

지은이 김찬호
작곡가 유주환
펴낸이 이광호
펴낸곳 ㈜문학과지성사
등록번호 제1993-000098호
주소 04034 서울 마포구 잔다리로7길 18(서교동 377-20)
전화 02) 338-7224
팩스 02) 323-4180(편집) 02) 338-7221(영업)
전자우편 moonji@moonji.com
홈페이지 www.moonji.com

ISBN 978-89-320-2555-1 03300

모멸감

굴욕과
존엄의
감정사회학

김찬호 지음

문학과지성사

책머리에

'나도 내가 무서워요.' 초보 운전자들이 자동차 뒤편에 종종 붙여놓는 문구다. 미숙한 운전 솜씨를 재치 있게 실토하는 표현이지만, 쉽게 난폭해지는 일반 운전자들의 습성을 풍자하는 의미로도 읽힌다. 더 나아가 종종 평상심을 잃어버리는 우리 마음의 습성에 대한 고백으로도 확대 해석할 수 있지 않을까. 도로 주행 중 자기도 모르게 사나워지듯이, 살아가면서 하찮은 일에 화를 내는 자신의 모습을 문득 발견한다. 일상생활에서 수도 없이 끓어오르는 오만 가지 감정을 우리는 변덕스럽고 무질서한 에너지로 체감할 때가 많다. 분노 이외에도 질투나 적개심 등 우리 안에서 꿈틀거리는 이런 저런 감정들이 낯설고, 때로 무섭기까지 하다.

오늘날 감정을 다스리고 조절하는 능력은 리더의 중요한 덕목으로 요구되고 자기 주도적 삶을 위해 필요한 자질로도 강조된다. 그것은 우선 개인적인 과제지만, 사회적인 차원의 접근이 병행되어야 한다. 감정은 개개인의 내밀한 영역에 관련된 것이면서, 집합적으로 구성되는 정교한 프로그램이기 때문이다. 어떤 상황에서 무엇을 느끼는가는 타고난 천성이나 성장 배경에 좌우되는 것이지만, 다른 한편으로 시대를 지배하는 정서적 문법의 영향을 받는다고도 볼 수 있다. 모든 심리적 현상에는 생리적인 뿌리와 함께 역사적인 맥락이 함께 작용하는 것이다. 따라서 사람들의 감정이 어떻게 움직이는지를 살펴보면, 사회의 실체를 보다 명료하게 파악할 수 있다.

특히 한국 사회를 이해하는 데 감정은 각별한 의미를 지닌다. 역동성, 유대감, 신명, 끼, 화끈함, 냄비 근성 등 한국 문화를 분석하는 데 자주 등장하는 키워드에는 정동情動적인 요소가 강하게 깔려 있다. 인간관계에서도 정情이 중요하게 작용하고, 여러 가지 장면에서 집단적인 격정激情으로 쉽게 발동하여 마구 흥분하면서 응집하는 성향이 있다. 그런 기운이 좋은 쪽으로 모아지면 신바람으로 상승하지만, 잘못 방향을 잡으면 생명을 억누르고 서로를 짓밟으며 공동체를 파괴하게 된다. 헛된 욕망에 사로잡혀 맹목적으로 경쟁하고, 거기에서 좌절하면 공격성이나 자학으로 열패감을 드러내기 쉽다.

지금 한국인의 마음 풍경은 어떤가. 일상과 사회에 만연하면서 빈번하게 경험되는 감정은 무엇인가. 그것을 객관적으로 파악하는 일은 방대한 작업이 될 것이다. 그 대신 몇 가지 두드러진 사회현상들을 실마리 삼아 윤곽을 그려볼 수 있겠다. 세계 최고 수준의 자살률, 유례를 찾기 힘들 만큼 가혹한 입시 경쟁, 점점 일반화되는 성형수술, 인터넷에 범람하는 악플(한국의 게시판 댓글에서 악플 대 선플의 비율은 4대1로, 1대4인 일본, 1대9인 네덜란드에 비해 압도적으로 높은 것으로 조사되었다)…… 이러한 정황 이면에는 낮은 자존감이 깔려 있다고 볼 수 있다. 2005년 미국 브래들리 대학 심리학과에서 전 세계 53개국 1만 7천여 명을 대상으로 개인의 자부심self-esteem을 비교 조사한 결과에 따르면, 한국은 44위로 나타났다. 이는 2013년 경제협력개발기구OECD가 세계 36개 선진국을 대상으로 삶의 질 수준을 '행복지수'로 환산한 결과, 한국이 하위권인 27위로 나타난 것과 일맥상통한다.

낮은 자존감 및 행복감은 자기에 대한 사랑의 부족과 상관관계가 있다고 할 수 있다. 또한 그것은 사회적 신뢰가 많이 무너져 있고 타인과의 인간관계가 심하게 어그러져 있음을 나타낸다. 자신의 존재 가치를 타인을 통해 확인받고 싶은 욕구는 엄청난데 서로를 인정해주는 너그러움은 부족하다. 웬만큼 잘나지 않으면 '괜찮은 사람'으로 인정받지 못한다. 여기에 저성장으로 인해 생존의 기반마저 흔들리면서 '남부럽지 않은 삶'은 더욱 실현이 어려워 보인다. 거기에서 비롯되는 결핍과 공허를 채우려고 갖은 애를 쓰는데, 한국인들이 많이 취하는 방법 가운데 하나가 바로 타인에 대한 모멸이다. 누군가를 모욕하고 경멸하면서 나의 존재감을 확인하는 것이다.

모멸은 모멸감을 낳는다. 억울해 죽겠어, 무시하지 마, 지가 뭔데, 회사가 우리를 우롱했다…… 한국인에게 익숙한 이런 말들에서 모멸감의 짙은 흔적을 확인하게 된다. 그런데 그 감정은 객관화하기 힘든 속성을 지니고 있다. 모멸감에 휩싸인 심경을 조용히 응시하거나 누군가에게 그것을 토로하기가 쉽지 않다. 예를 들어 슬픔이나 외로움은 곧잘 표현되고 종종 위로도 받는다. 불안이나 분노도 쉽게 드러낼 수 있고 쉽게 공감을 얻는 편이다. 그런데 모멸감은 다르다. 가령 학력이나 외모로 인해 멸시를 당한 경우, 그 울적한 심경을 적나라하게 내비치면 그 자체가 또 다른 모멸감을 유발하기 쉽다. 그래서인지 모멸감은 표정으로도 잘 드러나지 않는다. 그렇지만 그 숨겨진 감정 안에는 수치심, 열등감, 자기혐오, 분노, 두려움, 외로움, 슬픔 등이 뒤섞인 채 억눌려 있다.

'의식되지 않는 무의식은 곧 운명이 된다.' 카를 융의 말이다. 자각되지 않은 감정도 마찬가지가 아닐까. 마음을 휩싸고 흔드는 힘을 직시하여 객관화하지 않으면 계속 붙잡혀 살 수밖에 없다. 다행히 최근에는 개인과 가족의 차원에서 내면의 상처를 발견하여 치유하는 프로그램이 다양하게 개발되어 실행되고 있다. 하지만 사회적인 차원에서는 이론과 방법 모두 빈약한 실정이다. 집합적으로 공유되는 정서나 충동을 규명해내는 안목과 그것을 적절하게 제어할 수 있는 도구가 절실하다. 나는 이 책에서 한국인의 마음속에 얽혀 있는 응어리의 실체를 개인의 내면과 사회의 지평에서 두루 탐구하려 한다. '모멸감'이라는 감정을 프리즘 삼아 한국 사회의 다양한 현상들을 조명하면서 삶과 마음의 문법을 추적하려는 것이다.

—

내가 '모멸감'이라는 화두를 쥐게 된 계기는 김우창 교수의 글을 통해서였다. 『정치와 삶의 세계』라는 책에서 저자는 한국 사회가 '오만과 모멸의 구조'로 되어 있다고 설파하고 있다. (그 부분은 이 책의 2장에서 상세하게 인용하고 풀이할 것이다.) 간단하게 스쳐 지나가는 표현이었지만, 매우 생소하면서도 정곡을 찌르고 있다는 생각이 들었다. 그때 머릿속에 들어앉게 된 '모멸'이라는 두 글자는, 경험을 성찰하고 사회를 분석하는 핵심 키워드가 되었다. 그 렌즈를 통해 세상을 보니 많은 현상들이 새로운 각도에서 포착되었다. 내가 모멸을 주었거나 받았던 여러 경험들도 떠올랐다. 그것을 깊이 들여다볼수록 개인의 심리나 일상의 차원에 국한시키지 않고 사회적인 지평에서도 분석해야 함을 깨닫게 되었다.

그러한 문제의식을 가지고 나는 모멸감이 어떤 상황에서 어떻게 경험되고 그 정체가 무엇인지를 살피고자 인문학과 심리학 문헌을 뒤졌다. 아울러 한국 사회의 여러 단면을 조감하면서 그 역사적인 맥락을 더듬어보았다. 그리고 사람들의 일상생활과 거기에서 드러나는 마음의 움직임을 추적했다. 뉴스에 실린 기사들, TV 드라마나 영화에서 오가는 대사, 인간 심리를 통찰력 있게 묘사한 시나 소설 등을 수집하고 분석했다. 또 한 가지 유용한 텍스트는 공공장소에서 사람들이 주고받는 말과 행동이었다. 지하철이나 커피숍에서 주위 사람들을 의식하지 않고 대화하거나 휴대폰으로 많은 말을 쏟아내는 이들이 있는데, 이런 연구에 퍽 도움이 된다. 그들의 생활이 명료하게 드러나고 거기에 얽힌 생각과 감정들이 생생하게 표현되기 때문이다.

다양한 자료들을 확보했지만, 이 저술이 맞닥뜨린 가장 큰 어려움은 선행 연구가 없다는 점이었다. 다만 최근에 감정 일반에 대한 연구와 논의가 이루어지기 시작했고 관련된 책도 조금씩 나오고 있다. 두려움, 분노(화), 슬픔, 불안, 수치심, 외로움, 기쁨, 사랑, 질투…… 감정의 스펙트럼을 폭넓게 조망하면서 그 본질을 해부하는 담론이 꾸준하게 소개되고 있다. 그런데 모멸감에 대해서는 전혀 다루어지지 않고 있는 실정이다. 모멸감이 제목으로 들어간 책이 아직까지 한 권도 나오지 않았다. 영어권에서 모멸감에 가장 가까운 개념인 '모욕humiliation'을 주제로 한 책들이 나와 있고 일부가 번역되어 있는 정도다.

기존의 축적된 토대 없이 논의를 풀어간다는 것은 꽤 난해한 작업이다. 무엇보다도 모멸감이라는 개념을 정의하는 것부터가 어렵다. 누구나 쉽게 사용하는 말이고 생활에서 흔히 겪는 감정이지만, 인간의 감정 스펙트럼 속에서 어떤 위상을 차지하고 있는지를 규명하기가 쉽지 않다. 예를 들어 그것은 수치심과는 어떤 관계인가? 모멸감이 폭력으로 발현될 때 분노의 방아쇠는 어디에 있는가? 한국인은 어떤 상황에서 모욕을 주고 또한 모멸감을 느끼는가? 그 것은 한국 사회의 역사적 맥락과 어떻게 맞물리는가? 다른 나라에 서는 모욕에 대해 어떻게 대응하는가? 이런 질문들에 대해 이 책에 서 몇 가지 가닥을 잡아보았지만, 초보적인 수준에 머물고 있다. 앞으로 더 깊고 정밀한 논의가 이어지기를 기대한다.

이 주제를 처음 붙잡고 연구를 시작한 것은 2011년쯤이었고, 기본적인 자료 조사와 연구를 바탕으로 그해 가을 참여연대 느티나무 아카데미에서 "생존에서 존엄으로"라는 제목으로 다섯 번에 걸친 강의를 했다. 곧바로 집필에 착수할 예정이었지만, 잘 진척되지 않았다. 2013년에 본격적인 저술 작업에 들어갔는데, 5월 CBS의 「세상을 바꾸는 15분」에서 "모멸감을 넘어서려면"이라는 제목으로 강연을 하고, 6월 서울시민대학에서 "환대하는 삶은 어떻게 가능한가"라는 주제로 다섯 번에 걸친 강의를 하면서 내용을 보완하고 다듬을 수 있었다. 수강생 여러분들이 진솔하게 털어놓아주신 경험들이 많은 도움이 되었다. 이 기회에 다시 감사의 말씀을 드린다.

이 책을 쓰면서 얻은 큰 수확은, 그동안 내가 얼마나 많은 사람들에게 무심하게 모멸감을 주었는지를 깨달았다는 점이다. 그 얼굴들이 자꾸만 떠올라 한동안 집필을 중지한 적도 있었다. 기억나는 일만 해도 숱한데, 잊어버렸거나 애당초 의식조차 하지 못한 일들은 엄청날 것이다. 이 저술은 내 마음과 행동의 습성을 깊이 되돌아보는 참회의 과정이기도 했다.

─

이 책은 「프롤로그」와 「맺음말」, 그리고 모두 5장으로 구성되는데, 그 흐름과 골격은 다음과 같다.

「프롤로그」에서는 감정의 다면적인 본질을 짚으면서 그것이 역사 속에서 어떻게 구성되고 변형되는지를 살핀다. 그리고 그러한 관점에서 한국인의 사회심리를 조명할 것이다. 모멸감이라는 키워드가 포착되는 맥락을 확인하고, 이 책을 관통하는 기본적인 문제의식을 요약할 것이다.

1장에서는 모멸감의 기본적인 속성을 해명한다. 우선 그 감정과 뿌리를 함께하는 수치심이 무엇인지 기존의 몇 가지 논의를 통해 밝히고, 그것이 인간다움의 핵심이 되는 까닭을 설명한다. 수치심은 타자에 대한 상상력을 촉진하는 사회통합적인 기능을 가지면서 동시에 자아를 파괴할 수 있는 위험성도 지닌다. 이 장에서는 인간을 바닥으로 추락시키는 수치심의 촉발제로서 모욕을 다룬다. 아울러 모욕이 삶과 인간관계를 어떻게 왜곡하고 폭력화하는지를 여러 사례를 통해 살펴볼 것이다. 그리고 현대 자본주의 사회에서 모멸감이 경험되는 양상을 노동 세계에 초점을 맞춰 들여다본다.

2장에서는 한국 사회의 정서적 지형을 조감하면서 모멸감이 만연하게 된 역사적 배경을 분석한다. 조선 시대에 형성된 귀천의식과 신분적 우열 관념은 외형을 달리한 채 끈질기게 지속되어왔고, 산업사회 및 소비주의와 맞물려 사람들 사이에 피곤한 경쟁으로 이어졌다. 그리고 타인의 시선으로 자신의 위신을 확인하려는 문화 역시 강한 관성으로 남아 있는 데 반해, 개인을 감싸주고 인정해주는 공동체는 오히려 급격하게 붕괴했다. 이러한 현실에서 크고 작은 모멸감이 가중되고, 훼손된 자아를 보상받으려는 집단 콤플렉스가 공격적인 민족주의와 편협한 인종주의로도 나타난다.

3장에서는 인간세계에 나타나는 모멸의 존재 방식을 일곱 개의 범주로 나누어 살펴본다. 인간이 타인을 자신과 동등한 위치에서 관계 맺고 소통하는 경우는 매우 드물다. 의식적, 무의식적으로 격格을 나누고 가치를 매긴다. 물론 일의 세계나 공식적인 시스템에서 기능과 효율을 위해 그러한 서열을 세우는 것은 필요할 수 있다. 문제는 그러한 영역을 떠나서 사람 자체를 본질적으로 위계화하고, 거기에 사회적인 명예나 실존적인 가치까지 결부시키는 것이다. 그러한 의미화가 어떻게 이루어지고 거기에서 모멸감이 얼마나 쓸쓸하게 경험되는지를 문학작품이나 사건 그리고 나의 경험을 중심으로 짚어본다.

4장에서는 모욕을 주고받지 않는 사회를 어떻게 만들어갈 수 있을지에 대해 고민한다. 다른 인권 문제와 달리 모욕은 딱 꼬집어서 문제를 부각시키기 어려울 때가 많다. 따라서 나의 습관적인 언행이 상대방을 침해하거나 불쾌하게 하지 않는지를 헤아리는 감수성이 사회적인 기풍으로 정착되어야 한다. 다른 한편으로 차별과 모욕에 취약한 소수자들이 결속하여 안전한 공간을 확보하는 것이 중요하다. 그 안에서 서로를 있는 그대로 승인하고 환대하면서 자기다움을 회복할 수 있고, 비인간적인 문화와 제도를 함께 바꿔갈 수 있는 용기도 그렇게 모아진 힘을 바탕으로 우러나오게 된다.

5장에서는 모멸에 대한 내성을 어떻게 키울 것인가를 개인적 수준에서 성찰한다. 사회나 제도 차원에서 아무리 노력을 기울여도 모욕을 전혀 겪지 않고 살기는 어렵다. 그것을 상처로 받아들이지 않으려면 내면이 강해져야 한다. 그것은 궁극적으로 진정한 자존감의 문제로 귀결되고, 감정의 움직임에 주책없이 끌려다니지 않는 마음의 중심을 요구한다. 타인의 인정을 구걸하지 않는 자족, 더 나아가 상대방과의 상투적인 우열 비교의 통념에서 벗어나 더 높은 삶을 추구하는 소망이 인간을 존엄하게 한다. 이 장에서는 그러한 삶을 향해 나아가는 몇 가지 경로를 탐색할 것이다.

마지막으로 「맺음말」에서는 인간이 궁극적으로 추구하는 것이 무엇인지를 다시 한 번 반추하면서 우리가 모멸감에 취약해진 까닭을 사회심리적인 차원에서 규명한다. 그리고 명예와 품위의 진정한 의미를 따져보고, 스스로를 돌보며 자족할 수 있는 사회적 풍토에 대해 논의한다.

이 책의 저술과 함께 이루어진 한 가지 색다른 시도는 '음악'이다. 텍스트를 바탕으로 모두 열 개의 곡이 작곡 및 연주되었다. 소설에 음악이 들어가는 사례는 몇몇 있지만, 인문사회과학 저술에서는 아직 생소하다. 평소 가깝게 지내온 작곡가 유주환 씨에게 처음 이 작업을 제안했을 때 흔쾌히 참여 의사를 밝혔다. 무엇보다도 모멸감이라는 주제가 마음 깊이 와 닿아, 자신이 겪은 다양한 경험이 파노라마처럼 떠오르면서 악상이 그려진다고 했다. 음악사적으로도 불안이나 분노, 고독이나 초조함, 슬픔이나 기쁨 등을 주제로 한 곡은 엄청나지만, 수치심이나 모멸감을 다룬 곡은 거의 없다고 한다.

유주환 씨는 원고를 읽으면서 각별한 느낌으로 머물게 된 대목 열 군데를 선정하여 곡을 썼다. 은밀한 감정에서 객관적인 상황에 이르는 삶의 여러 단면을 음표로 옮겼다. 나는 저자의 입장에서 나의 글이 전혀 다른 장르로 번역되는 방식에 경이로움을 느꼈다. 독자 여러분도 네 개의 현絃으로 우리의 마음과 삶의 정황을 이토록 기발하게 표현할 수 있구나 하면서 즐길 수 있으리라 기대한다. 음악이라는 것이 또 하나의 언어임을 새삼 발견할 수 있을 것이다.

작곡이 진행되면서 취지에 동감하는 연주자들이 의기투합했다. 그동안 유주환 씨가 작품을 발표하며 맺어온 인연 가운데 이 프로젝트에 가장 적합하다고 여겨지는 연주자들이 초대되었다. 그분들은 지금 한국 최고 수준의 기량을 인정받는 분들로서, 보잘것없는 대우에도 불구하고 오로지 이 참신한 기획에 참여하는 즐거움으로 기꺼이 마음과 시간을 내주셨다. 모든 영역에서 칸막이의 해체가 이루어지는 지금, 이 어설픈 시도가 인문사회과학과 음악 사이의 새로운 가교를 놓는 데 기여할 수 있기를 바란다.

문학과지성사는 출판사로서 감행하기 어려운 모험적 기획에 기꺼이 함께해주었고, 필요한 경비도 흔쾌히 감당해주었다. 저자에 대한 깊은 신뢰가 없이는 불가능한 일이다. 이 지면을 통해 머리 숙여 감사드린다. 책의 편집을 맡아준 박지현 씨와 김현주 씨에게도 고마움을 전한다. 부실한 부분을 냉정하게 지적해주고 글의 구성을 꼼꼼하게 살펴준 덕분에 이나마 책의 꼴을 갖추게 되었다. 그리고 언제나 내 원고의 가장 신랄한 비평가이자 온전한 지지자인 아내에게도 고마움을 전한다.

김찬호

차례

감정의
사회적 문법

파울 클레, 「두려움의 분출」
Paul Klee, Outbusrt of Fear, 1939

'생각이 엔진이라면, 감정은 가솔린이다.' 프로이트의 말이다.
가솔린은 평범한 액체로 보이지만, 점화가 되면 무시무시한 힘을 내뿜는다.
감정도 거의 존재감이 없다가 느닷없이 터져 나오는 속성을 지니고 있다.
파울 클레의 그림은 우리 안에 억눌려 있는 어둠을
묵직하게 묘사하고 있다. 생각이라는 엔진에 원료가 되는 감정의 본질과
성분에 대해서 인간은 거의 아는 바가 없다.
그 에너지의 이동 경로, 사회적으로 광범위하게 걸쳐 있는 연결망에 대해서도
아주 기본적인 설계도만 겨우 파악했을 뿐이다.

1 / 감정의 찌꺼기

작곡가의 말

1. 누구에게나 크고 작은 마음의 상처가 있다. 대부분 시간이 지나면서 자연스럽게 아물지만, 간혹 불씨처럼 숨어 있던 그 무엇에 느닷없이 폭발하기도 한다. 나 또한 오래전에 입은 이런저런 생채기들이 화석처럼 굳어진 듯했지만, 어느 날 불현듯 최초의 에너지로 폭발할 때가 있다. 이 책에서 '감정의 찌꺼기'(26쪽)라는 표현을 접했을 때, 도대체 종잡을 수 없는 나의 감정을 다시 들여다보게 되었다. 거기에서 떠오른 설명하기 어려운 이미지는 욕조의 배수구에 엉겨 붙어 있는 머리카락 뭉치였다. 다른 오물들과 뒤섞여 흉측한 꼴을 하고 있는 그 질긴 모습은 가슴속에서 악다구니를 쓰는 감정의 파편과도 같다.

1.
나도
모르는
나

: 감정은 언제나 블랙박스다

A사와 B사는 합작으로 20억짜리 건물을 완공하였다. 그런데 공사 대금의 배분을 둘러싸고 마찰이 생겼다. A사는 B사가 맡은 공사가 예정보다 늦어지는 바람에 전체적인 일정에 차질이 빚어졌다면서 공사 대금을 8대 2의 비율로 나눌 것을 요구했다. 그러나 B사는 그 안을 받아들일 수 없었다. 자기 회사가 좀 늦기는 했지만, 공사를 모두 마무리했기 때문에 절반씩 나누어야 한다는 입장이었다. 두 회사는 각자의 주장을 굽히지 않았고, 결국 법정 소송으로 치달았다. 법원은 7대 3의 절충안을 권고했지만, 두 회사는 한 치의 양보

도 없이 평행선을 달렸고 관계는 점점 악화되었다.

　그러던 어느 날 A사가 대폭 양보하여 6대 4의 비율로 공사 대금을 나누겠다는 뜻을 밝혔다. 무슨 일이 있었던 걸까. 소송 도중 A사 사장의 아버지가 별세하여 예정된 공판이 미뤄졌는데, 소식을 접한 B사 사장이 그 와중에 문상을 갔다. 법정 싸움의 상대이긴 해도 조의를 표하는 것이 도리라고 생각한 것이다. A사 사장은 먼 길을 마다않고 찾아온 B사 사장을 맞이하며 크게 놀랐다. B사 사장은 조문을 하면서 A사 사장으로부터 그의 부친이 췌장암으로 돌아가셨다는 말을 들었다. 그런데 공교롭게도 B사 사장의 아버지 역시 몇 해 전 췌장암으로 별세했다. B사 사장은 극도의 고통 속에서 숨을 거둔 자기 아버지가 떠올라 울음을 터뜨렸고, 이에 A사 사장도 눈물을 흘리며 손을 맞잡았다. B사 사장은 3일 동안 상가를 함께 지키며 장례식까지 참석했다. 그런 일이 있은 후 A사 사장은 법원의 권고안보다 더 많은 몫을 양보하겠다고 결심한 것이다.

　조우성 변호사의 『내 얘기를 들어줄 단 한 사람이 있다면』*이라는 책에 "돌아가신 아버지가 도와준 재판"이라는 제목으로 소개된 사례다. 저자가 보기에 두 사장 사이의 갈등은 금전적인 이해관계의 대립만이 아니라 자존심 싸움이기도 했다. 상대방을 제압함으로써 업계에서 자기 회사의 위상을 높이려 한 것이다. 그런 상황에서는 합리적이고 객관적으로 시시비비를 가리기가 어렵다. 결국 이 사건도 법정에서가 아니라 당사자들의 마음이 열리면서 자연스럽

*　조우성, 『내 얘기를 들어줄 단 한 사람이 있다면』, 리더스북, 2013.

게 해결되었다. 그런 일을 여러 번 겪은 저자는 때로는 '법전法典'보다 '심전心典'이 더 중요하다고 말한다.

감정은 사람을 움직이는 강력한 힘이다. 감정은 생각과 행동을 좌우한다. 감정이 통하면 손해도 기꺼이 감수하고, 호감이 가는 사람의 말에는 쉽게 동의가 된다. 사적인 관계에서 공적인 조직 경영에 이르기까지 공감 능력은 행복과 성공의 열쇠가 된다. '정서 지능'이라는 개념도 널리 쓰인다. 그런데 감정 그 자체는 불가사의다. '열 길 물속은 알아도 한 길 사람 속은 모른다'는 말처럼, 감정은 언제나 블랙박스다. 오랫동안 함께 지낸 가족이나 친구의 마음조차 전혀 종잡을 수 없는 경우가 많다.

뿐만 아니라 감정은 나 자신에게도 매우 낯선 '타자'로 종종 다가온다. 나의 생각이나 의지와 관계없이 움직이는 감정에 당혹감을 느낀다. "삶이 벽이나 나무에 의해 드리워진 그늘과 같다면 얼마나 좋을까. 하지만 삶은 하늘을 나는 새들에 의해 드리워진 그늘과 같다는 것을 알아야 한다."『탈무드』에 나오는 말이다. 감정에 대한 비유로도 읽을 수 있겠다. 끊임없이 바뀌는 새떼의 모습처럼, 감정은 내 안에 있으면서도 예측하기 어려운 방식으로 작동한다. 그것은 자기 나름의 의지와 동력을 가지고 움직이는 듯하다. 예를 들어 입사 동기가 승진했을 때, 이성적으로는 얼마든지 받아들일 수 있다. 그 사람이 더 훌륭하지, 더욱 분발하는 계기로 삼자, 다음에 또 기회가 있을 거야, 긴 호흡으로 실력을 쌓아가면 돼…… 머리로는 정리가 되었지만, 가슴은 부글부글 끓어오른다. 아무리 자신을 다독여도 열등감과 시기심에 잠을 설친다.

인간관계를 둘러싼 감정은 훨씬 더 변덕스럽다. 내게 큰 잘못을 저지른 사람을 용서했다고 생각했는데, 어느 날 갑자기 화가 치밀어 오른다. 도대체 어디에 숨어 있던 분노인가. 아이의 행동이 못마땅해서 버럭 소리를 질렀는데, 곧이어 후회가 밀려든다. 가족과 사별한 후 그 슬픔을 씻고 일상에 차분하게 복귀했다 싶었는데, 고인의 유품을 우연히 발견하고는 왈칵 눈물이 쏟아진다.

감정의 돌연변이가 극명하게 드러나는 경험으로는 역시 연애가 으뜸이다. 뜨겁게 타오르던 사랑 바로 곁에 미움이 자라나고 있었음을 뒤늦게 깨닫는다. (연애 감정의 핵심은 바로 그러한 애증의 일체성에 있다.) 그래서 상대방의 태도가 바뀌면 심지어 복수심이 일기도 한다. 그런가 하면 연인에게 싫증이 나서 헤어질 구실만 찾고 있었는데, 그에게 다른 애인이 생겼다는 사실을 알고서는 밤잠을 설친다. 뜻밖의 분노와 질투심에 당황하면서 갈피를 잡지 못하다가, 결국 헤어진다. 어느 정도 시간이 지나 마음이 평온해진 듯했는데, 어느 날 불현듯 생채기가 도지듯 비통함에 시달린다. 웬 감정의 찌꺼기?

"인간은 행동을 약속할 수는 있으나, 감정을 약속할 수는 없다"라고 니체는 말했다. 맞는 말이다. 가령 일 년 후 어느 날 누군가를 만나기로 약속할 수는 있지만, 당장 내일 아침 그 사람을 어떤 감정으로 대할지는 장담하지 못한다. 우리는 감정에 대해 무지하다.

학식이 높은 사람도 자기 감정에 대해서는 문외한인 경우가 많다. 하버드 대학 경영연구소에서 다양한 임상 사례를 토대로 대화의 원리를 풀어낸『대화의 심리학』의 저자들은 다음과 같이 말한다.

> 사람들은 자신의 감정에 대해 우리가 처음 가본 도시에 대해 아는 정도밖에 알지 못한다. 몇 가지 특징적인 구조물 정도는 인식하지만 일상생활의 미묘한 리듬 같은 것은 이해할 수 없다. 주요 간선도로는 찾을 수 있지만 진정한 생활이 이루어지는 복잡한 뒷골목에 대해서는 전혀 감지하지 못한다. 어떤 목적지에 도달하기 위해서는 우리의 현재 위치를 알아야 한다. 자신의 감정을 이해하는 문제에 관해서 대부분의 사람들은 지금 자신이 어디에 있는지를 전혀 알지 못한다.
>
> 그것은 우리가 어리석기 때문이 아니라 감정을 인식한다는 것 자체가 어려운 일이기 때문이다. 감정은 우리가 상상하는 것보다 훨씬 복잡하고 미묘하고, 스스로 위장을 잘한다. 우리가 편치 않게 느끼는 감정은 우리가 잘 다룰 수 있는 감정으로 스스로를 위장한다. 즉 서로 모순되는 수많은 감정들이 한 감정의 가면 속으로 들어가는 것이다.[*]

감정이 스스로를 위장한다는 표현이 흥미롭다. 나 자신과 구별되는 또 다른 생물로서 바라볼 수 있게 해주는 비유다. 의식의 수면

[*]   더글러스 스톤 외,『대화의 심리학』, 김영신 옮김, 21세기북스, 2003, 135쪽.

에서는 실체를 드러내지 않는데, 보이지 않는 차원에서 좌충우돌하는 것이 감정이다. 그것은 사람을 움직이는 강력한 엔진이지만, 그 기본 설계도조차 파악되지 않았다. 그 자체가 독자적인 생명체인 듯 제멋대로 움직이면서 심술을 부린다. 그래서 생각을 바꾸는 것보다 감정을 바꾸는 것이 훨씬 어렵다. 갑자기 전혀 예상치 못한 방식으로 바뀔 때가 많다.

그렇다고 감정이 완전히 변덕스러운 것만은 아니다. 그것은 예측 가능한 방식으로 움직이기도 한다. 비합리적인 충동이지만 나름의 패턴을 지니고 있는 것이다. 최근에 각광을 받는 '행동경제학'은 그런 측면에 착안하여 인간의 의사결정 방식을 추적한다.* 행위 주체들이 냉철한 계산으로 자기의 이익을 충실하게 쫓는다는 근대 경제학의 전제가 여기에서는 거부된다. 사람들은 매우 이기적인 듯하지만, 손해가 되는 선택을 하는 경우가 엄청나게 많다. 거기에는 오랜 관성의 힘이 작용하기도 하고, 인지적인 착각에서 비롯되는 오류가 생겨나기도 한다. 무엇보다도 탐욕이나 두려움, 선망 등의 감정이 개입하여 엉뚱한 선택으로 이끈다. 게다가 감성을 자극하는 수많은 마케팅 기법들이 우리의 판단력을 흐려놓는다. 상품의 종류가 점점 늘어나고 다양한 마케팅 전략이 쏟아질수록 논리보다 감정이, 이성보다 감성이 더 큰 변수가 될 가능성이 높다.

행위 주체들이 철저하게 손익을 계산하면서 움직인다고 여겨지는 경제, 그 법칙을 과학적으로 규명하기 위해 고도로 정교한 공

---

* 그 분야에서 널리 알려진 책 가운데 댄 애리얼리가 쓴 *The Predictably Irrational*이 있다. 한국어로는 『상식 밖의 경제학』(장석훈 옮김, 청림출판, 2008)이라는 제목으로 번역·출간되었지만, 원제가 의미심장하다. 인간의 비합리적인 사고와 행동이 상당히 예측 가능하다는 것이다.

식을 수립하고 거기에 방대한 숫자를 입력하는 경제학에서 감정이 클로즈업되는 것은 아이러니다. 경제의 규모가 전 지구적으로 확장되고 점점 복잡해질수록 오히려 감정의 증폭 효과는 더 커지는 듯하다. 거대하고 난해한 금융 시스템의 정체를 누구도 알지 못하기 때문에 비합리적 에너지에 쉽게 휩쓸린다. 주로 카오스 이론에서 연구하는 주제지만, 초기의 미세한 움직임이 커다란 동요를 일으켜 걷잡을 수 없는 파국으로 이어지는 사태는 앞으로 얼마든지 벌어질 수 있다. 개인적으로 그리고 사회적으로 감정을 냉철하게 제어하는 능력이 요구된다.

감정은 이성보다 더욱 근본적이고 강력하다. 그것은 부수적이고 지엽적인 잉여가 아니라, 중대한 인간사를 좌우하는 핵심이다. 그런데 우리는 감정의 세계에 대해 잘 알지 못한다. 올더스 헉슬리의 『멋진 신세계』*에서는 원치 않는 감정들에 시달리는 사람들에게 '소마'라는 이름의 묘약을 처방해준다. 그 약을 복용한 사람들은 불안과 공포, 슬픔과 고통을 깨끗이 잊고 만족감과 평화로움에 도취된다. 오늘 우리가 사는 세상에서도 다양한 종류의 소마가 제공된다. 그러나 그 약효는 감정을 잠시 잊게 해줄 뿐 없애주지는 못한다. 감정은 의식의 수면 아래서 나를 계속 움직인다. 내가 잘 알지 못하는 또 다른 나는 누구인가. 그 '타자'의 정체를 탐구함으로써 나다운 삶에 한 발자국씩 다가갈 수 있다.

* 올더스 헉슬리, 『멋진 신세계』, 이덕형 옮김, 문예출판사, 1998.

2.
감정은
사회적으로
구성된다

"최고 존엄을 모독했다." 북한이 남한을 비난할 때 썼던 표현이다. 대통령의 발언이나 국가의 어떤 정책, 그리고 일부 언론의 논조가 자기들의 비위에 거슬릴 때, 북한은 극심한 인신공격을 받은 듯 격앙된다. 국가 간의 외교에서 이렇게 감정을 날것 그대로 표출하는 경우는 흔치 않다. 그러나 공식적으로 드러내지 않을 뿐이지 국제관계에서 감정은 매우 중요한 변수로 작용한다. 그것은 몇몇 정치 지도자나 외교 전문가들만의 기분 문제에서 그치지 않고, 해당 국가 국민들의 일반 정서로 확대된다. 그 가운데는 특정한 사건으로 인해 유발되는 일시적 감정이 있는가 하면, 상당히 오래 지속되는 만성적 감정도 있다.

프랑스의 정치학자 도미니크 모이시는 『감정의 지정학』이라는 책에서 20세기가 이데올로기의 시대라면 21세기는 정체성의 시대가 될 것이라고 주장한다. 그러면서 글로벌 미디어를 통해 사람들의 정체성이 불안정해지고 감정이 쉽게 동요되는 상황에 주목한다. 그는 대륙에 따라 공유되는 감정의 색깔을 3등분하여 지정학적으로 분석한다. 두려움에 젖어 있는 서양, 굴욕감에 시달리는 이슬람, 희망에 부푼 아시아라고 지구촌의 정황을 도식화하면서 세 가지 감정의 본질을 대비시킨다.*

그러한 감정의 지리학을 통해서 우리는 문명의 흐름을 폭넓게 조감할 수 있다. 특히 이슬람권의 동향을 굴욕감이라는 코드로 풀어내는 접근은 구미 세계와의 긴장과 대립이 왜 자꾸만 격화되는지에 대한 중요한 실마리를 던져준다. 오랫동안 문화적으로 그리고 군사적으로도 유럽보다 한 수 위에 있었던 이슬람권은 근대에 접어들면서 세계사의 주도권을 잃어버렸다. 서구가 산업화와 민주화를 선도하며 자유와 풍요를 구가해온 동안, 이슬람권은 '영광스러운 과거'와 '좌절된 현재'의 간극을 확인했다. 그리고 서구에 군사적으로 밀리고 문화적으로도 소외감을 느끼면서 자신감에 상처를 입었다. 반면에 서구는 자신의 문명이 쇠퇴일로에 있음을 절감하고 사회 내부에서 빈발하는 폭력 앞에서 속수무책이다. 게다가 외부 세

* 도미니크 모이시, 『감정의 지정학』, 유경희 옮김, 랜덤하우스, 2010, 22쪽 참조.

력에 의한 테러에 노출되어 있어서 두려움이 더욱 가중된다. 알카에다 조직의 지도자였던 빈 라덴은 9.11 테러에 대해, 이슬람 세계가 유럽과 미국에게 당한 '80년의 모욕과 경멸'을 서양도 맛보게 하는 길이었다고 말한 바 있다.

이렇듯 국제 정세를 감정의 맥락에서 조명하려는 시도는 거시적인 것과 미시적인 것 사이의 연결고리를 제공해준다. 이는 사회과학적으로 중요한 의미를 갖는다. 이제 사회의 흐름을 포착하려면 감정이라는 요인을 면밀하게 주시해야 한다. 그것은 개인적 차원에 머물지 않고 거대한 구조와 맞물려 서로를 재생산한다. 일상을 빚으면서 역사를 구성한다.

하지만 서양의 근대 학문은 감정을 소홀히 다뤄왔다. 이성 중심으로 세상을 바라보면서 비합리적인 영역을 외면했다. 그리고 감정을 오로지 개인의 내밀한 문제로만 보았다. 특히 사회과학은 공적인 세계의 구성 원리를 밝히고 그 질서와 변동을 설명하는 데 주력하느라 사사로운 영역에서 복잡하게 얽혀 있는 감정을 무시했다. 거시적인 구조에 집중하면서 미시 세계에서 오밀조밀하게 움직이는 마음은 거의 외면했다. 그리고 그것을 생리현상에 더 가까운 것으로 여겼다. 그러나 감정은 생리적인 또는 개인적인 차원에서만 풀이될 수 없다. 그것은 일정한 사회와 문화의 조건 속에서 형성되고 작동한다.

사회학자 뒤르켐Émile Durkheim은 자살이 지극히 개인적인 행위인 듯하지만 실제로는 사회적인 현상이라는 것을 『자살론』에서 논증했다. 그러한 문제의식을 감정에도 적용해볼 수 있겠다. 우리가 어떤 상황에서 무엇을 어떻게 느끼는가는 상당 부분 사회적으로 구성된다. 예를 들어 장례식장에서 이별의 슬픔을 눈물로 표현하는 것이 일반적이지만, 정반대로 축제의 웃음으로 가득 차는 경우도 있다. 노예들이 많이 모여 살았던 뉴올리언스에서는 흑인들의 장례식이 흥겨운 재즈와 발랄한 춤의 행렬로 펼쳐진다. 고통스러운 삶으로부터의 해방을 축하하던 전통이 이어지는 것이다. 그와 비슷하게 전라남도 진도의 장례식장에서도 우스꽝스러운 춤판과 연극이 벌어지고 구경하던 조문객들의 폭소가 터진다. 같은 문화권 안에서도 죽은 자를 떠나보내는 감정이 사뭇 다른 것이다.

감정이 사회 상황과 밀접하게 맞물려 있다는 것은 역사를 들여다보면 더욱 분명해진다. 과거에는 동서양을 막론하고 범죄자를 공개 처형할 때 많은 군중이 둘러서서 구경했다. 일제 강점기의 기록 사진에도 독립운동을 하다가 붙잡힌 사람들을 교수형에 처하는데, 그 주변에 많은 사람들이 우두커니 서서 바라보는 장면이 담겨 있다. 중세 서양에서는 범죄자들을 잔혹하게 처형할 때 비슷한 일이 벌어졌는데, 지금 같으면 차마 눈뜨고 못 볼 장면을 축제처럼 즐기기까지 했다.* 로마 시대에도 검투사들의 선혈 낭자한 살육 대결을 귀족들은 스포츠처럼 즐겼다. 현대사회의 권투나 이종격투기도 본질적으로 같은 속성을 지닌다고 할 수 있을지 모르지만, 신체가

---

* 중세사학자 호이징가는 이렇게 쓰고 있다. "형 집행의 잔혹성에 있어서 우리를 놀라게 하는 것은 범죄 자체의 사악함이라기보다는 오히려 민중들이 거기에서 맛보는 동물적이고도 짐승 같은 쾌락이며 축제와도 흡사한 기쁨이었다"(『중세의 가을』, 최홍숙 옮김, 문학과지성사, 1997, 30쪽).

절단되고 고통으로 죽어가는 모습을 손뼉 치며 지켜볼 사람은 많지 않으리라. 동일한 상황에 대한 감정적인 반응이 시대에 따라 다른 것이다.

　그렇듯 역사를 감정의 프리즘으로 살펴보면 새롭게 포착되는 사실史實들이 많다. 그런데 우리가 접하는 대다수 역사책은 그 부분에 소홀하다. 특히 학교에서 배우는 역사의 경우, 거창한 정치권력이나 경제 및 신분제도 그리고 사상 등을 중점적으로 다룬다. 그 결과 사람들이 구체적으로 어떻게 하루하루를 살아갔으며 일상을 지탱하는 감정이 무엇이었는지 알아내기 어렵다. 사료가 없는 탓도 있다. 『조선왕조실록』처럼 궁중 상황에 대한 치밀하고 방대한 기록은 남아 있지만, 일반 민중의 생활상을 알 수 있는 자료는 턱없이 부족하다. 19세기 말 이후로 넘어오면, 상대적으로 다양한 자료들이 확보되어 당대의 삶과 정서에 대한 입체적인 조명이 좀더 용이한 듯하다. 예를 들어 근대 개화기의 신문 논설을 통해 지식인들의 사회 인식을 분석하는 연구가 있다.* 당시에 세계의 동향을 주시했던 선각자들은 서양을 보편적인 규범으로 놓고 조선을 비춰보면서 개탄했는데, 거기에 깔린 감정은 수치심과 분憤이었다고 한다.

　서양사에서는 생활사 방면으로 꽤 다양한 연구들이 축적되었다. 20세기 중반 이후 사회사가 활발하게 개척되었고, 프랑스의 아날학파는 심성사心性史를 기후사, 신체의 역사, 물질의 역사 등과 함께 전체사의 일환으로 자리매김했다. 그 대표적인 저술 업적들

---

* 김미정, 「수치와 근대」, 『사회와 이론』 통권 21-1집, 2013.

가운데 하나로 필립 아리에스의 『아동의 탄생』*을 들 수 있다. 근대 사회에 들어오면서 아동이라는 세대 범주가 새롭게 등장하고, 그에 상응하는 제도와 문화가 형성되어온 과정을 상세하게 추적하고 있다. 예를 들어 중세 서양에서는 '부모는 자녀를 사랑해야 마땅하다'라는 관념이 존재하지 않았다. (흔히 그것을 오해하여, 당시에는 부모들이 아이들을 사랑하지 않았다고 잘못 해석하기도 한다.) 그러다가 근대사회에 접어들어 부모가 자녀에 대해 애정을 가져야 한다는 감정 규칙이 성립했다고 아리에스는 분석한다.

이처럼 감정은 시대에 따라 다양한 양상을 띤다. 그것은 순전히 개인적인 것도 아니고 생물학적으로 결정되는 것만도 아니다. 그것은 오랜 기간 동안 이어지고 광범위하게 공유되는 삶의 바탕이다. 일시적인 파동이 아니라, 장기 지속longue durée의 관성이다. 예를 들어 피부색에 따라 달라지는 우리의 태도를 생각해보자. 그 기원을 찾는 일은 쉽지 않은 작업이지만, 적어도 1백년 이상 지속된 집단 감정이고 앞으로도 상당 기간 변하지 않으리라 예상된다. 반일감정이나 나이에 따른 서열관념 등도 비슷한 정도의 관성으로 지속되고 있다고 할 수 있다. 그에 비해 짧은 주기로 변화하는 현상도 많다. 특정 외모에 대한 선망, 동성애나 비혼에 대한 성서적 반응 등이 그것이다.

감정을 사회적인 지평에서 분석하고 역사적인 차원에서 이해해야 하는 까닭은 무엇인가. 지금 우리에게 익숙한 마음의 습관들

* 필립 아리에스, 『아동의 탄생』, 문지영 옮김, 새물결, 2003.

을 멀리서 바라볼 수 있기 때문이다. 일상을 지배하는 감정의 덩어리들을 폭넓은 시선으로 조망하면서 상대화하기 위해서다. 그것은 여러 사회의 습속이나 관행을 입체적으로 대조하는 문화인류학적인 렌즈와도 일맥상통한다. 당연시되는 감정이 일정한 사회문화적 조건 속에서 형성된 마음의 습관이라는 것을 알아차리고, 정서의 얼개를 비판적인 눈으로 평가할 수 있는 것이다. 그 작업을 통해 우리는 인간의 행복을 도모하는 문화가 어떠해야 하는지를 감정의 차원에서 새롭게 구상할 수 있다.

3.

한국인의
마음 풍경

: 나는 분노한다,
고로 존재한다

1927년 여름 충북 청주군에 사는 양반집 며느리 최 씨가 자살한 일이 신문에 보도되었다. 사건의 전말은 이러하다. 최 씨의 딸이 같은 동네에 사는 김 씨의 딸과 말다툼을 하고 돌아와 엄마에게 그 이야기를 전하였다. 최 씨는 "상년의 딸은 어쩔 수 없다"라고 말했고, 그 말이 김 씨에게 흘러들어 갔다. 이에 화가 난 김 씨는 최 씨에게 찾아와 따졌다. 당신이 뭐 양반이라고 우리더러 상년이라 하느냐, 당신이 우리를 먹여주고 입혀줬느냐 하면서 대들었다고 한다. 이에 최 씨는 '상년'에게 그런 치욕을 당해 남부끄러워 살 수 없다

면서 자살을 한 것이다.[*]

　조선 시대가 이미 막을 내렸지만 신분을 둘러싼 갈등이 곳곳에서 드러나고 있었음을 짐작하게 해주는 사건이다. 반상을 구분하는 제도가 외형적으로는 해체되었어도, 구지배층에게는 여전히 양반 의식이 남아 있었다. 반면에 서민들 가운데는 이제 세상이 바뀌었다고 생각하면서 지배층의 특권을 인정하지 않는 이들이 늘어나고 있었다. 양반집 며느리 최 씨의 자살은 그러한 충돌에서 빚어진 사건이라고 할 수 있다. 그녀의 자살은 지금의 감각으로는 언뜻 이해가 되지 않지만, 당시의 상황에서는 충분히 일어날 수 있는 일이었다. 양반집 며느리라는 알량한 자존심 하나 붙들고 살아가는데, 보잘것없는 '아랫것'으로부터 삿대질을 당해 권위가 바닥에 떨어졌으니 견딜 수 없었으리라.

　역사의 커다란 변화가 한 사람의 삶 속에서 당혹과 분노로 체감되는 것을 보여주는 사례다. 앞 글에서 논의했듯이, 감정은 개인의 내밀한 영역이면서도 사회의 거시적인 차원과 맞물려 있다. 그래서 자기의 내면과 일상을 잘 들여다보면 세상과의 여러 접점을 발견할 수 있다. 그렇다면 지금 우리의 마음 그리고 인간관계를 지배하는 정서는 어떤 모습을 띠고 있고, 그 시대적인 맥락은 무엇인가? 거의 한 세기 전에 일어난 최 씨의 자살에 얽혀 있는 감정의 구조가 지금도 지속되고 있다면 어떤 방식일까?

　뉴스에 자주 등장하는 단어들 몇 가지를 추려보자. 분통, 울분,

----

[*]　원문은 다음과 같다. "청주군 가덕면 인차리 이태섭의 처 최일경(44)이는 동리에 사는 상민 김상업의 모녀에게 모욕을 당하였다고 분함을 참지 못하야 지난 29일 오후 2시에 간수를 먹고 자살을 하였다는데 그 전날 최일경의 딸 10세 된 아이와 김상업의 딸 14,5세 된 아이들이 서로 말다툼을 하고 집으로 돌아온 후 자살한 전기 최일경의 말에 상년의 딸이라 할 수 없다 함을 들은 김상업의 모녀는 우리를 상년이라 하였다니 당신은 무

38

억울, 허탈, 짜증, 설움, 한숨…… 억눌리고 막혀 있는 심경이 느껴진다. '간헐적 폭발성 장애'라는 병명도 등장했다. 전두엽 기능이 순간적으로 마비되어 걷잡을 수 없는 분노를 내뿜는 증세를 일컫는다. 비슷한 개념으로 '생활형 분노'라는 말도 있는데, '욱'하는 감정에 휩싸여 충동적인 언행을 표출하는 것을 뜻한다. 뉴스에서 접하는 사건들을 보자. 응급환자를 도와주러 온 구급대원을 환자 본인이나 주변 사람들이 폭행하고 욕설을 퍼붓는다. 층간 소음으로 말싸움을 하다가 칼을 휘두른다. 길거리에 침을 뱉는 청소년에게 훈계를 하다가 폭행을 당해 죽음에 이른다. 부부 싸움을 하다가 홧김에 돌이킬 수 없는 일을 저지른다. 일상과 사회 곳곳에 감정의 지뢰밭이 드리워 있는 듯하다. 표출할 대상을 만나면 쌓여 있던 화를 한꺼번에 분출한다. 나는 분노한다, 고로 존재한다.

많은 나라가 한국의 경제적 성취를 경이로운 시선으로 바라보고 있지만, 우리의 마음 풍경은 사뭇 음울하다. 자동차에서 냉난방과 스마트폰에 이르기까지 물질생활의 불편은 줄어들었지만, 불만과 불안과 불신은 오히려 늘어난다. '헝그리 사회에서 앵그리 사회로' 넘어왔다는 지적도 있다. 최근 몇 년 동안 한국 사회를 분석한 책들의 제목에서도 그것이 확인된다.『피로사회』『불안증폭사회』『허기사회』『트라우마 한국사회』『기적을 이룬 나라 기쁨을 잃은 나라』……

외형적으로 엄청난 풍요를 이루었는데 왜 불행감각이 자꾸만

엇이 그리 양반이며, 또한 우리를 당신네들이 먹이고 입히는 사람이냐 함에 최일경은 상년에게 욕먹고 남부끄러워 살 수 없다고 자살한 것이라더라(「가련한 양반녀 자살, 상년에게 욕당하였다고 그것이 분하여서 죽었다」,『중외일보』1927년 8월 13일자).

날카로워지는가? 도쿄대학 강상중 교수는 어느 인터뷰에서 한국의 상황에 대해 이렇게 진단했다. "산업국가로서는 대국이다. 하지만 정치·사회제도와 경제력 간의 미스매치(불일치)가 일어나고 있다. 경제력에 어울리는 정치·사회제도를 갖추고 두꺼운 중간층을 갖는 구조가 돼야 하는데 그러지 못해 모두가 스트레스를 받는 사회다."* 핵심은 불균형이다. 경제의 규모는 막대하지만, 그 결실을 공정하고 투명하게 나누는 시스템이 부실하다. 학력은 높아졌지만, 지성은 쇠퇴하고 있다. 수명은 길어졌지만, 편안하게 여생을 보내면서 죽음을 준비하기는 훨씬 힘들어졌다. 경쟁력은 높아졌지만, 혹독하게 경쟁하면서 치러야 하는 사회적 부작용과 개인적 피로감을 견디기 어려워한다.

이런 가운데 우리의 감정은 복잡한 응어리로 꼬여가기 쉽다. '루저' '찌질이' '잉여 인간'이 되지 않을까 하는 불안에 휩싸인다. 상승 이동에 대한 욕망과 비교의식이 강한데 자신의 처지는 점점 뒤처지는 듯하기에, 그 간극이 자괴감과 열패감으로 드러난다. '부러우면 지는 거다' '일등만 기억하는 더러운 세상' 등의 표현에 함축되어 있듯이, 이른바 '르상티망ressentiment'(원한, 증오, 질투 따위의 감정이 되풀이되어 마음속에 쌓인 상태)이 번식한다. 그리고 불합리한 갑을관계가 생존을 옥죄고 자존심을 위협하는 가운데 피해의식과 원한 감정이 깊어진다. 그래서 조금만 건드려도 상처받고, 그에 대한 앙갚음으로 자기보다 약해 보이는 사람들을 억누른다. 최근에 문제

---

* 「북한 문제가 동북아 협력의 아젠다 될 수도…… 한국이 먼저 나서야」, 『경향신문』 2014년 1월 25일자.

가 되는 감정노동이나 '디스'(disrespect의 줄임말로서, 상대방을 적나라하게 깎아내리는 언사를 가리킨다)는 그러한 병리의 증상이라고 할 수 있다.

한국인들은 사소한 차이들에 집착하면서 위세 경쟁에 신경을 곤두세운다. 그러다 보니 여러 가지 이유로 모멸을 주고받기 일쑤다. 못생겼다고, 뚱뚱하다고, 키가 작다고, 너무 어리다고, 나이가 많다고, 결혼을 안 했다고, 이혼했다고, 심신에 장애가 있다고, 가난하다고, 학벌이 후지다고, 비정규직이라고, 직업이 별로라고, 영어를 못한다고……

모멸을 주는 것은 사람만이 아니다. 여러 가지 기준으로 열등한 집단을 범주화하고 멸시하는 통념이나 문화의 위력도 만만치 않다. 일부 소수의 '잘난' 사람들만을 환대하는 분위기 속에서 대다수 사람들은 박대 또는 천대를 받는 듯 느낀다. 은희경의 소설 제목 "아름다움이 나를 멸시한다"를 응용하자면, 부유함이 똑똑함이 젊음이…… 나를 멸시한다. 아무도 대놓고 비웃지 않지만 열패감에 젖어든다. 누가 자기에게 손가락질한 것도 아닌데 스스로 위축되는 것이다. 은근히 깔보는 마음이 느껴진다. 자신도 그러한 시선에 자연스럽게 동의하면서 자격지심에 빠져든다.

제도가 모멸을 줄 때도 많다. 날로 복잡하고 거대해지는 관료제는 인간이 지닌 실존적인 개별성을 인정하지 않을 때가 많다. 익명의 시스템을 통해 일방적으로 하달되는 작업 지시 앞에서 인격은 비하되기 십상이다. 노동자들이 견뎌야 하는 수모는 다양하다. 자신이 비정규직임을 표시해주는 유니폼, 일한 노고에 비해 턱없이 낮은 임금, 응대한 고객으로부터 서비스 만족도를 즉각 점수로 평가받아야 하는 시스템, 어느 날 문자 메시지로 날아오는 간단한 해고 통지…… 인격이나 감정을 지니고 있지 않은 '구조'가 사람을 능멸한다. 그런 틀을 설계하고 운영하는 사람들은 보이지 않는다. 신자유주의의 확대 속에서 대다수 사회가 겪는 상황이지만, 한국의 경우 경제성장에 비해 시민사회나 인권의식이 덜 성숙했기에 모욕은 더욱 첨예하게 나타난다. 하지만 우리 사회에는 모욕의 실체를 규명하고 모멸감을 성찰하는 언어가 빈곤하다.

우리가 일상의 여러 장면에서 겪게 되는 모멸감의 본질은 무엇인가. 무엇 때문에 모욕을 주고받는가. 어떤 사람들이 타인을 쉽게 모욕하는가. 한국의 사회와 일상의 구석구석에서 크고 작은 모욕이 이어지는 데는 어떠한 역사적 배경이 있는가. 모욕에 쉽게 상처를 받는 사람과 담담하게 견디는 사람 사이의 차이는 어디에서 오는가. 모멸감을 딛고 일어서는 힘은 어디에 있는가. 못난 사람들도 당당하게 살아갈 수 있는 세상은 어떻게 열릴까. 이런 질문을 가지고 앞으로의 논의를 풀어가고자 한다.

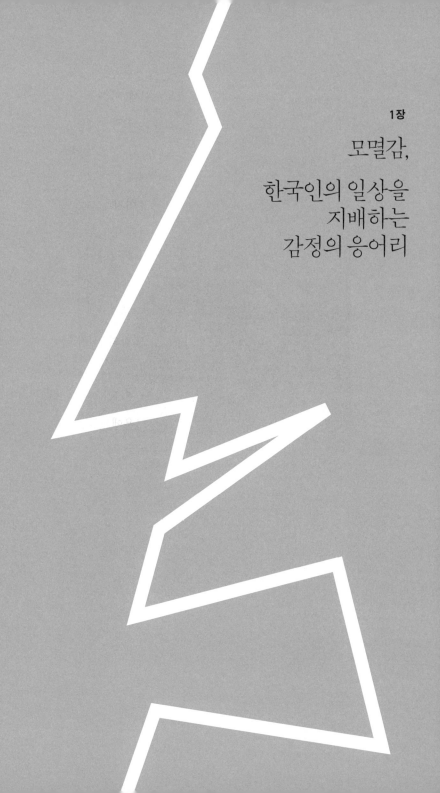

1장

모멸감,

한국인의 일상을
지배하는
감정의 응어리

로버트 카파, 「전쟁과 여인」

Robert Capa,
Collaborator Woman who had a German Soldier's child, 1944

단죄와 비난의 눈초리가 사납다.
타인의 허물을 폭로하고 손가락질하는 마음에는 무엇이 불타고 있는가.
이 작품은 로버트 카파가 1944년 8월 프랑스 샤르트르 지방에서
찍은 사진이다. 2차 세계대전 중 독일에 점령당했던 도시가
연합군의 승리로 해방되었을 때 벌어진 장면이다.
레지스탕스들은 독일군에 협력한 시민들을 색출하여 응징했다.
여성들의 경우 혐의가 밝혀지면 머리를 박박 깎아 온갖 욕설을 퍼붓고
망신을 주면서 동네에서 추방했다.
사진 속 한가운데 있는 여성은 독일 병사의 아기를 낳았다.
바로 앞에 흰 보따리를 들고 가는 남자는 그녀의 아버지로 추정된다.

2/ 모욕의 응어리

3/ 감정의 위장

작곡가의 말

2. "정말 미안한데······" 이렇게 시작하는 말에 담겨 있는 모욕이 있다. "자네 실력은 잘 알아. 그런데 평소에 좀 고분고분했어야지. 뭐, 아직 젊잖아. 잘될 거야." 이 말을 들으면서 심장이 벌렁거리고 얼굴이 달아올랐다. 수치심인지 오기인지 열정인지, 온갖 것이 마구 섞여 있는 분노의 감정. 인간이 이렇게 비참해질 수 있구나. 눈물이 찔끔 쏟아졌다. '그래요. 선배님 고맙습니다. 저를 그렇게 아껴주셔서······'

3. "사랑합니다, 고객님!" 전화선을 타고 들려오는 말에 늘 겸연쩍다. 하루 종일 기계적으로 멘트를 날리는 콜센터 직원의 마음엔 무엇이 있을까. 게다가 '사랑하는' 그분으로부터 폭언까지 들어야 한다면? 어느 마트에서 우연히 마주한 장면이다. 점원이 무슨 실수를 했는지 중년 남성이 노발대발한다. 경멸과 혐오의 열꽃으로 가득 찬 얼굴, 그 입에서 온갖 독설이 쏟아져 나온다. 나는 그 광경이 안쓰러웠지만 점원은 담담했다. 무표정과 침묵으로.

1.
수치심의
두 얼굴

: 인간다움의 징표이자
존재를 부정하는
파괴적인 감정

인간 생활의 필수 요소를 흔히 '의식주衣食住'라고 한다. 영어로는 'food, clothing and housing'이다. 그대로 풀이하면 식의주食衣住인데, 생존과 연계된 중요성을 고려하면 영어식 배열이 더 적절하다고 할 수 있다. 사람이 살아가는 데 옷보다 음식이 더 필수적이라고 생각되기 때문이다. 그러나 언제나 그런가? 생물학적 차원에서는 음식이 먼저지만, 사회생활에서는 옷이 우선이다. 우리는 하루 종일 굶은 채로 사람들을 만나고 이런저런 활동을 할 수 있다. 그러나 옷이 없다면 집 바깥으로 한 발자국도 나가지 못한다. 집 안에서도 다른 식구가 함께 있다면, 외출은커녕 방 안에 꼼짝없이 갇혀 지내야 한다. 옷은 사회생활에서 갖춰야 할 필수품이다. 한자 문화권에서 음식이나 주거보다 옷을 앞세워 '의식주'라고 표현하는 것('헐벗고 굶주리다'라는 한국어에서도 그러하다)은 인간관계를 중시하는 문화적 배경과 관계되지 않을까 싶다.

물론 나체를 부끄러워하는 것이 인간의 선천적 본성은 아니다. 인류학적인 연구에 따르면 대략 7만 5천 년 전(고고학적 증거가 남아 있지 않아 정확하지는 않다)부터 옷을 입기 시작한 것으로 추정되는데, 그전까지 인류는 벌거벗고 살았다. 그리고 지금도 일부 열대 지역에는 알몸으로 지내는 사람들이 남아 있기도 하다. 아득한 선사시대 어느 때부터인가 많은 사회에서 벗은 몸을 보여주는 것이 금기시되기 시작했다. 어린아이들은 일정한 나이가 되면 반드시 옷을 입고 생활하도록 훈육된다. 벌거숭이는 그 자체로 창피하게 여겨지는 것이다.

다른 동물들이 부끄러움을 전혀 느끼지 못하는 것은 아니다. 동물행동학을 연구하는 최재천 이화여대 에코과학부 교수를 우연히 뵐 기회가 있어서 여쭤보았더니, 침팬지의 사례를 말씀해주셨다. 어느 야생지에서 침팬지 한 마리가 걸어가다가 웅덩이를 헛디뎌 넘어졌는데, 재빨리 일어나면서 주변을 살피더라는 것이다. 다른 침팬지들이 혹시 보았을까 봐 염려하는 듯 보였다고 한다. 만일 그렇다면 침팬지 무리에서도 그들 나름의 '체면'이 작동하는 셈이다.

또 다른 사례는 일본 교토대학 영장류센터에서 보고되었다. 그곳의 몇몇 침팬지들은 일정한 훈련을 받아 숫자를 순서대로 인식할 수 있다. 그 능력은 간단한 실험을 통해 입증된다. 화면에 무작위로 숫자들이 떴다가 사라지면 침팬지는 그 화면을 기억했다가 1, 2, 3, 4…… 순서대로 스크린 위를 터치해서 숫자를 없애야 한다. 순서가 틀리면 신호음이 울린다. 나도 그 장면을 다큐멘터리에서 본 적이 있는데, 속도가 대단했다. 사람보다 훨씬 빠르게 숫자들을 한눈에 읽어내고 하나씩 차례대로 신속하게 터치한다. 성공할 때마다 먹이가 보상으로 주어진다. 하지만 능숙한 침팬지들도 가끔은 실수하기 마련이다. 순서를 헷갈려 잘못 터치하는 바람에 신호음이 울리는 것이다. 그 순간 연구원들은 재빨리 고개를 돌려 그 장면을 못 본 척 해야 한다. 그렇지 않으면 실수한 침팬지가 화를 내기 때문이다.

침팬지는 사람과 98퍼센트 이상 유전자를 공유한다. 따라서 그 정도의 '인간적인' 감정을 드러내는 것이 신기하지 않을 수 있다. 하지만 거기까지다. 그들이 느낄 수 있는 수치심은 인간에 비해 훨씬 미미하다. 예를 들어 침팬지끼리 강간할 수는 있을지언정 성희롱하는 것은 불가능하다. 그리고 침팬지 이외의 하등동물로 내려가면 수치심을 드러내는 행동이 거의 나타나지 않는다. 부끄럽다는 감정은 인간에게서 가장 두드러진다.

이렇게 비교해보면 어떨까. 강아지를 두렵게 하거나 화나게 할 수는 있다. 질투심을 자극할 수도 있다. 슬픔과 외로움을 느끼게 할 수도, 기쁨을 안겨줄 수도 있다. 그런데 그들이 창피함을 느끼도록 만들 수 있을까? 강아지가 너무 부끄러워서 차마 고개를 들지 못하고 몸 둘 바를 모르는 모습을 상상할 수 있을까? 남들의 시선 때문에 어떤 행위를 자제하는 경우가 있는가? 다음 시를 보자.

벌건 대낮에 장미여관 앞 큰 길에서 개 두 마리가 홀레 붙었다
이런 쌍놈의 개새끼들, 여관집 김씨가 뜨거운 물을 붓는다
두어 차례 물세례를 더 받고서야 붉은 몸이 붉은 몸을 빠져나온다

투숙객의 자동차 번호판에 덮개를 씌우고 있는
장미여관 김씨는 모른다
대낮의 지루함을 견디는 것은 오직
저 개들뿐이란 것을

여관을 빠져나오는데 백미러 속에서 개가 짖는다
김씨가 다시 물을 붓고 있다
두 몸이, 붉어져 하나가 된 몸이, 컹컹 운다
　　　　　　　　　　　　　—박제영, 「장미여관 김씨는 모른다」*

사람도 수치심이 없으면 개처럼 행동할 수 있다. 주제 사마라구의 소설 『눈먼 자들의 도시』**는 주인공을 제외한 세상의 모든 사

---

*　　『뜻밖에』, 애지, 2008.
**　　주제 사마라구, 『눈먼 자들의 도시』, 정영목 옮김, 해냄, 2002.

람이 어느 날 갑자기 시력을 잃게 되면서 벌어지는 상황을 설정하고 있다. 앞을 볼 수 없게 된 사람들 사이에서 해괴한 일들이 일어난다. 그 가운데 하나가 수치심을 잃어버리는 것이다. 그래서 아무 곳에나 배설하고, 누가 옆에 있든 아랑곳하지 않고 성관계를 갖는다. 무분별하게 본능을 쫓는 그들은 인간이기를 포기한 셈이다. 수치심이라는 감정이 없으면 사람 구실하기가 어렵다.

그런데 수치심은 대단히 까다로운 감정이다. 옷과 관련해서도 단순히 맨몸을 가리는 것만으로는 충분치가 않다. '창피猖披'라는 한자어의 뜻을 살펴보면 '머리를 마구 헝클어뜨리고 옷매무새를 단정하지 못하게 흩뜨린 모습'인데, 옷차림에 최소한의 격식을 갖춰야 창피하지 않은 것이다. 더 나아가 남들 보기에 '괜찮은' 의상을 걸쳐야 한다. 금의환향錦衣還鄕이라는 사자성어에서 오늘날 각종 명품 패션 코드에 이르기까지, 옷은 권력이나 지위 또는 경제 수준을 함축한다. 집이 누추하고 식사가 부실할지언정 의상만큼은 깔끔하게 차려 입는 사람들이 있다. 주거나 음식과 달리 의복은 언제 어디서든 드러나기 때문이다. 허름하고 지저분한 복장 때문에 무시당하는 것은 배고픔이나 추위보다 견디기 어려울 수 있다. 물론 복장 이외에도 인간이 수치심을 느끼게 되는 요인이나 상황은 아주 많다.

수치심이란 무엇인가. 『부끄러움 코드』의 저자 신화연 씨는 "내면화된 사회적 기대에 부응하지 못하는 자신을 발견하면서, 동시에 갑작스럽게 느껴지는 다른 사람들과의 심리적 거리를 인식할 때 일어나는 감정"*이라고 정의하고 있다. 타인(들)이 나에 대해 무엇을 기대하는지를 알고 있는데, 그것과 실제 자신과의 괴리에서 오는 긴장이 수치심인 것이다. 인간의 주요 감정을 인문학적으로 조명한 『인간다움의 조건』이라는 책에서도 비슷한 관점에서 수치심을 설명한다. "자신의 (혹은 그 사람의 명예나 불명예를 자신의 명예나 불명예로 여기는 사람의) 처신이나 상황에서 불명예스럽거나 우스꽝스럽거나 불미스러운 것을 의식할 때, 혹은 자신의 품위나 체통을 훼손시키는 상황 속에 있다는 것을 의식할 때 생기는 고통스러운 감정"**이라고 정의 내린다. 인간은 그 사회가 마련한 일정한 기준에 맞춰 행동해야 하는데, 그렇게 하지 못하는 모습이 드러날 때 창피해하는 것이다.

따라서 수치심을 느끼기 위해서는 자신을 객관화할 수 있는 또 다른 자아가 독립되어 있어야 한다. 이에 대해 사회학자 짐멜은 다음과 같이 설명한다. "우리는 우리에 대한 다른 사람의 판단, 감정, 의지를 대신하도록 자신의 일부를 스스로에게서 분리시킨다. 마치 제3자가 그렇게 하듯이 자신을 관찰하고 판단하고 판결을 내릴 때 부끄러운 감정을 불러일으키는 타인의 예리한 이목을 이제 우리 자신 안에서 인식한다."*** 타인의 시선으로 자기를 바라볼 수 있을 때 수치심을 느낄 수 있다는 말이다.

인간에게 그러한 인식 능력과 감정이 발달하게 된 배경은 무엇일까. 인간에게는 사회적 유대가 생존을 좌우하는 열쇠다. 다른 어

*   신화연, 『부끄러움 코드』, 좋은책만들기, 2010, 112쪽.
**   스튜어트 윌턴, 『인간다움의 조건』, 이희재 옮김, 사이언스북스, 2012, 335쪽.
*** 게오르그 짐멜, 『짐멜의 모더니티 읽기』, 김덕영·윤미애 옮김, 새물결, 2005, 230쪽.

떤 동물보다도 집단의 질서가 중요하다. 그런데 그것을 적절하게 유지하려면 법과 같은 강제만으로는 한계가 있다. 다른 차원의 통제가 작동해야 하는데, 그것이 바로 도덕이다. 구성원들 사이에 명시적으로 또는 암묵적으로 공유되는 규범이 도덕이다. 대부분의 사람들은 사회화 과정에서 양심과 상식을 내면화하기에 보통은 특별히 주의를 기울이지 않고도 도덕률을 준수한다. 하지만 어느 사회에서든 그것을 어기는 사람이 나타나기 마련이고, 그에 대해서 물리적인 징계가 아니라 다른 사람들의 심리적인 압박이 우선적으로 가해진다. 찌푸린 표정, 차가운 눈빛, 은근한 손가락질, 적나라한 경멸이나 핀잔, 항의 등이 그것이다. 전철에서 큰소리로 전화하거나 공공장소에서 새치기를 하는 사람에 대해 주변 사람들이 보이는 반응을 생각해보자. 그것은 즉각적으로 내려지는 사회적 징계인 셈이다.

그러한 징계가 효과를 거두려면, 지탄의 대상이 된 사람이 주변의 반응을 눈치 채고 사과하거나 행동을 수정해야 한다. 그것이 가능하려면 자신의 모습을 객관화하면서 부끄러움과 미안함을 느낄 수 있어야 한다. 그 매개 고리가 바로 수치심이고, 이는 사회가 원만하게 유지되기 위해서 구성원들이 반드시 지녀야 할 감정이다. 그래서 일찍이 맹자는 수오지심羞惡之心, 즉 부끄러운 마음이 없으면 사람이 아니며 그 마음이 옳음의 극치라고 말했다. '염치'는 도덕의 중요한 토대이고, 파렴치하고 뻔뻔스러운 사람들은 지탄을 받는다. 주책, 후안무치厚顏無恥, 철면피鐵面皮, 인면수심人面獸心 등의 낙인이 찍힌다. 수치심은 체면과 직결된 문제다. 인간에게 얼굴은 단순한 신체의 일부를 넘어서, 감정과 인품이 드러나는 통로이기도 하다.

　이렇게 볼 때, 수치심은 인간이 사회의 구성원으로 살아가는 데 필수불가결한 감정이다. 아이를 양육하면서도 어느 시기가 되면 수치심을 일깨운다. 인간의 발달을 8단계로 나누어 이론화한 심리학자 에릭슨Erik Erikson에 따르면, 인간은 18개월부터 만 3세까지 자율성을 습득한다. 걷기, 말하기, 음식 먹기, 배변 등 생활의 기본적인 행위들을 스스로 수행하면서 자신의 몸을 미세하게 통제해나가는 것이다. 옳고 그름을 분별하는 인지 능력도 이 무렵 형성되기 시작한다. 그 능력들을 제대로 습득하면 자존감을 얻게 되지만, 실패할 경우 수치심을 맛보아야 한다. 그중 가장 중요한 것이 변 가리기이다. 어느 문화권에서든 배변 조절 능력은 엄격하게 훈련된다. 걷기나 말하기는 다소 서툴고 더디더라도 크게 문제 삼지 않지만, 가령 다섯 살쯤 되었는데도 잠자리에 오줌을 싸면 꾸지람을 한다. 과거 우리 조상들이 오줌싸개 아이에게 키를 뒤집어쓰고 동네를 돌아다니며 소금을 받아오도록 했듯이, 여러 사람들 앞에서 망신을 주어 수치심을 자극하는 방식으로 잘못을 깨닫게 하기도 했다.

　그런데 그런 경험은 훗날 재미있는 추억으로 남을 수도 있지만, 때로는 돌이킬 수 없는 상처가 되기도 한다. 그것을 좌우하는 변수는 여러 가지다. 본인의 타고난 성격이나 기질, 부모로부터 받은 애정의 정도, 또래 집단과의 관계, 사회문화적 요인, 사람들의 반응 등이 그것이다. 개인과 사회의 건강함이 수치심의 질감을 좌우한다.

어른의 세계에서 경험되는 수치심도 맥락에 따라 전혀 다른 뉘앙스로 체감될 수 있다. 잠깐 겸연쩍은 심정으로 자신의 태도나 행위에 대해 반성하도록 이끄는 순기능적이고 건설적인 수치심이 있는가 하면, 체면을 완전히 구기고 존재를 송두리째 부정하면서 자존감을 뭉개버리는 역기능적이고 파괴적인 수치심도 있다. 후자의 수치심이 자주 경험될수록 비인간화된 사회라고 할 수 있다.

정신과 의사인 데이비드 호킨스는 수치심의 두 얼굴 가운데, 후자의 부정적인 측면에 주목한다. 우리의 내면에 존재하는 잠재의식을 고찰한 『의식 혁명』이라는 책에서 그는 인간이 경험하는 의식의 레벨을 20~1000까지의 등급으로 나누어 규명하고 있는데, 수치심을 가장 낮은 에너지 수준인 20에 배치하고 있다. 저자는 그 이유를 다음과 같이 설명한다.

수치심의 수준은 위험할 정도로 죽음과 가장 가까운 상태로서, 더이상 살고 싶지 않지만 자살을 할 수도 없으니 마지못해 살아간다는 식의 자세이다. 이 수준의 공통점은 죽음이라는 것을 피하고 있을 뿐이라는 점이다. 〔……〕 수치심의 단계에서는 자기 자신이 보이지 않기를 바라며 슬그머니 도망친다. 〔……〕 프로이트에 따르면, 수치심은 신경증을 초래한다. 또한 정서적·심리적 건강에 파괴적으로 작용하여 열등감에 사로잡혀 지내게 되며, 이로 인해 신체적 질병으로까지 발전하기 쉽다.*

'죽음에 가장 가까운 상태'라는 표현이 결코 과장이 아닌 것이, 극도의 수치심을 견디지 못해 자살을 선택하는 사건이 자주 일어나기 때문이다. 이때 수치심은 다른 어떤 감정보다도 파괴적인 속성을 지니고 있다. 그 안에 어떤 요소들이 들어 있는가. 심리학자이자 경영사상가인 대니얼 골먼의 『EQ 감성지능』에서 분류한 감정의 범주에 따르면, 수치심에는 죄책감, 당황, 유감, 양심의 가책, 굴욕, 후회, 치욕, 회한 등의 감정이 포함된다.** 거기에 열등감(콤플렉스), 자기혐오, 분노, 억울함 등을 추가할 수 있을 것이다.

인간은 어떤 상황에서 견딜 수 없는 수치심에 빠지게 되는가. 우선, 자신의 욕심 때문에 불명예스러운 일을 자초하는 경우를 들 수 있다. 사익을 위해 공익을 해치거나 사생활에서 부도덕한 행태를 벌여 자기 얼굴에 스스로 먹칠을 하는 것이다. 죽고 싶은 심정에 사로잡힐 수도 있지만 자업자득이고, 쏟아지는 비난이나 경멸도 불가피하다. "하늘이 내린 재앙은 피할 수 있지만, 스스로 불러들인 재앙은 피할 길이 없다"***라는 『서경書經』의 메시지가 적용되는 상황이다.

혹독하고 극심한 수치심에 이르는 정반대의 경로가 있다. 다른 사람들이 상대방의 약점을 물고 늘어지거나 없는 사실을 지어내서 창피한 존재로 만들어버리는 것이다. 그런 행위를 통해 그들은

* 데이비드 호킨스, 『의식 혁명』, 이종수 옮김, 한문화, 2006, 71쪽.
** 영어 원문에는 guilt, embarrassment, chagrin, remorse, humiliation, regret, mortification, and contrition이라는 개념으로 나와 있다.
*** 이 구절은 맹자가 모욕에 대해 이야기하면서 언급한 것인데, 그 문맥은 이 책 280쪽의 인용문을 보면 된다.

모종의 쾌감을 느낀다. 인간에게는 타인을 창피하게 만들면서 그가 쩔쩔 매는 것을 즐기는 심보가 있는데, 어린아이들이 친구들을 골탕 먹이고 놀리는 모습에서 그 뿌리를 확인할 수 있다.

물론 작은 실수나 우스꽝스러운 행동에 깔깔대는 정도는 동심의 발현이고, 모두가 함께 웃을 수 있는 유쾌함이다. 그러나 일정 선을 넘으면 돌이킬 수 없는 상처로 남는 경우가 많다. 어찌할 수 없는 신체적인 약점이나 장애 또는 불우한 가정환경 등을 부각시키거나 성적인 수치심을 자극하면서 키득거리는 것은 당사자에게 깊은 트라우마를 심어준다. 동기는 가볍지만 결과는 중대할 수 있다. '유희'와 '희롱,' '노는 것'과 '놀리는 것' 사이의 간격은 의외로 좁다.

저지른 과오에 비해 지나친 수치심을 불러일으키는 것도 심각한 후유증을 낳는다. 교사가 아이의 잘못된 행동을 바로잡기 위해 친구들 앞에서 벌을 주거나 공개적으로 망신과 창피를 주는 경우를 생각해보자. 그 과정에서 아이의 인격이 무시되기 십상이지만, 교육이라는 이름으로 정당화된다. 외면적인 규제 효과가 있을지는 몰라도 내적인 변화를 일으키기는 어렵다. 자존심에 상처를 입은 아이는 반성하려 하지 않는다. 잘못에 대한 지적을 머리로는 받아들이지만 가슴에서는 반발심이 솟구치기 때문이다. 성인도 크게 다르지 않다. 직장에서 부하 직원의 과오를 까발리고 비난하는 상사는 업무 성과는 높이지 못한 채 앙심만 살 가능성이 높다.

따라서 인간 내면의 중요한 일부인 수치심은 주의 깊게 다루어져야 한다. 자칫 영혼을 침해하고 파괴할 수 있기 때문이다. "수치심을 불러일으키거나 무시하는 것으로 한 사람의 행동을 바꿀 수 없다." 심리학자 브레네 브라운이 어느 아동요양시설의 임상학과 과장에게서 들은 말로서, 그가 수치심을 평생의 연구과제로 삼게 된 계기가 되었다고 한다.* 인간은 이성보다 감정의 지배를 받는 만큼, 아무리 타당한 지적이라 할지라도 비난을 받고 무시를 당했다고 느낄 때는 방어적이 되거나 정반대로 공격적이 되기 쉽다. 이에 관해서는 다음 두 글에서 논의할 예정이다.

상대방이 진정으로 변화하기를 원한다면, 결함을 지적하고 꾸지람을 하되 그가 존중받는다는 느낌을 주어야 한다. 특히 학교 교육과 자녀 양육에서 그 지혜와 요령이 절실히 요구된다. 그에 관한 좋은 사례가 있다. 한 아이가 교실에서 벌을 받던 중 오줌을 참지 못하고 그만 그 자리에 실수를 하고 말았다. 이때 교사가 아이에게 물을 끼얹으면서 "이놈, 벌 받으면서 졸면 어떻게 해!"라고 호통을 쳤다고 한다. 학생을 헤아리는 마음이 사뭇 섬세하다. 누구에게나 마음속에는 수치스러운 부분을 지니고 있다. 그 취약함을 서로 인정하면서 타인의 치부를 감싸주는 아량, 수치심을 자극하지 않고 스스로 변화를 꾀할 수 있도록 이끌어주는 미덕은 어떻게 함양될 수 있을까. 그것은 개인을 넘어 사회의 과제이기도 하다.

* 이에 대해서는 브레네 브라운, 『나는 왜 내 편이 아닌가』, 서현정 옮김, 북하이브, 2012, 31쪽 참조.

2.
모멸,
수치심을 일으키는
최악의 방아쇠

나는 그곳에서 산책을 하고 있었던 것이 아니라, 오히려 셀 수 없
는 고통과 모욕과 분노로 인한 발작을 겪고 있었다. 〔……〕 나는
행인들 사이를, 끊임없이 장군들과 기마 장교들과 근위대 장교들
과 숙녀들에게 길을 양보하면서, 가장 볼품없는 모습으로 미꾸라
지처럼 잽싸게 헤치고 다녔다. 이때에 내 옷이 낡아빠졌다는 생
각과 보잘것없이 초라하고 분주한 내 모습이 지닌 남루함과 진부
함에 대한 생각 때문에 등이 타오르는 듯한 느낌과 심장이 발작
을 일으키는 듯한 고통을 느꼈다. 〔……〕 모든 사람에게 끊임없이

양보해야 하는, 모든 사람에게 모욕당하고, 모든 사람에게 치욕을 당하는 한 마리 파리가 바로 나였다.*

도스토옙스키의 『지하로부터의 수기』에 1인칭 화자로 등장하는 주인공은 자기만의 세계에 갇혀 현실에 적응하지 못하고 어느 누구와도 소통하지 못한다. 그리고 자신과 타인을 오로지 상하관계로만 놓으면서 열등감과 우월감을 왕복한다. 그는 산책을 할 때도 사소한 것에 신경을 곤두세운다. 지체 높은 장교와 숙녀들은 앞을 향해 똑바로 걷지만, 자신은 그들과 마주칠 때마다 길을 양보하느라 좁은 틈을 헤치고 다닌다. 누가 그렇게 하라고 시킨 것도 아닌데, 스스로 몸을 낮추는 데 급급하다. 상대방은 그런 자신에 대해 전혀 고마워하지 않을뿐더러 아예 안중에도 없다. 자신의 존재 자체가 완전히 무시당하고 있는 것이다.

주인공은 그들에게 모욕을 당했다며 괴로워한다. 분노와 후회에 밤잠을 이루지 못하면서, 앞으로 절대로 길을 양보하지 않겠다고 결심한다. 하지만 번번이 실패한다. 기가 죽지 않으려고 무리를 해서 고급 외투와 비싼 모피를 장만해 걸치고 나섰는데도, 자기도 모르게 길을 비켜주게 된다. 그럴수록 자기혐오는 깊어진다. 몇 차례 실패한 끝에 결국 어느 날 큰마음을 먹고 똑바로 행진하여 그들 중 어느 한 사람과 세게 부딪치는 데 성공한다. 이로써 그들과 동등한 사회적 위치에 서게 되었다고 자부심을 느낀다.

* 표도르 도스토옙스키, 『지하로부터의 수기』, 계동준 옮김, 열린책들, 2010, 83~84쪽.

모욕(하다)이란 무엇인가. 국어사전에는 '타인을 업신여겨 욕되게 하는 것'으로 풀이되어 있다. 영어에서 '모욕'에 상응하는 단어는 humiliation이다. 라틴어에서 그 어원 hum의 파생어들을 보면 humus(땅), humilis(낮다), humiliare(낮게 만들다) 등이 있다. 누군가를 모욕한다는 것은 낮은 위치로 떨어뜨리는 것이라고 해석할 수 있다. (『옥스퍼드 사전』에서 'humiliate'는 'To make low or humble in position, condition or feeling/To lower, depress the dignity or self respect'라고 풀이되어 있다.) 우리말에서도 공간적 위치를 비유해서 모욕적인 상황을 표현한다. '얕잡다' '깔아뭉개다' '하대下待' '비하卑下' '무릎 꿇다' '굴복하다' '납작 엎드리다' '살살 기다'…… 포유류 동물들이 맞서 싸울 때 상대보다 자기가 약하다고 판단되면 몸을 낮춘다. 물리적인 높낮이는 그 자체로 위치 에너지를 내포하고 있는 만큼, 공간적인 비유가 인간관계의 서열을 나타내는 표현에 들어오는 것은 매우 자연스럽다.*

모욕에서 파생된 말이 '모욕감'인데, 누군가로부터 모욕을 받았다는 느낌을 가리킨다. (영어로는 'sense of humiliation'이라고 옮길 수 있는데, 그냥 'humiliation'이라고 해도 문맥에 따라서 그 의미로 통한다.) 즉, 나의 존재 가치가 부정당하거나 격하될 때 갖게 되는 괴로운 감정이라고 할 수 있다.

모욕감은 수치심과 마찬가지로 다른 동물과 구별되는 인간의 본질을 암시한다. 가령 개에게 먹이를 줄 때 휙 던져서 주든, 그릇에

---

* 그런데 흥미롭게도 'humiliation'이라는 말에는 얼핏 어울리지 않는 듯한 의미가 섞여 있는데, 바로 '겸손'이다. 라틴어의 'humiliatio'는 '겸손하게 되다. 스스로를 낮추다'는 뜻을 지니고 있다. 그리고 땅을 나타내는 'hum'에서 파생된 말로 humble(겸손한, 미천한), humility(겸손)가 있다. 땅과 겸손은 어떤 관계가 있는가. 겸손한 사람의 모습은 자기의 몸을 낮추어 상대방을 높이는 몸짓으로 흔히 연상된다. 그리고 그에 대해 상대방

잘 담아서 얌전하게 놓아주든 개는 개의치 않는다. 개는 음식 그 자체에만 관심이 있을 뿐이다. 그에 비해 사람의 경우는 어떤가. 아무리 맛있는 음식이라도 "옛다, 먹어라" 하면서 땅바닥에 던져준다면, 심한 모멸감을 느끼게 될 것이다. 그런 감정 없이 주는 대로 받아먹는다면, 제정신이 아니거나 극도의 굶주림에 시달리는 사람이리라.

인간은 목숨을 부지하는 것 이상의 그 무엇을 원하는데, 바로 존재감이다. 자신의 가치를 스스로 인식하고 타인을 통해 확인하면서 살아 있음을 느낀다. 존재 가치를 누리는 길은 여러 갈래로 뻗어 있다. 고결한 정신세계의 구현, 사회적 헌신, 일에서의 성취, 인간관계의 구축, 파워게임과 지배력의 확대, 재력의 획득과 속물적인 과시 등 스펙트럼이 매우 넓다. 그 모든 것의 바탕에는 자존감에 대한 추구가 깔려 있다. 경우에 따라서 그것은 생명보다 더 귀하게 여겨진다.

모욕은 바로 그 자존감을 손상시키는 행위라고 할 수 있다. 『여씨춘추』에서는 그 본질을 다음과 같이 설파하고 있다.

생명을 보전하는 것이 가장 좋은 것이요. 생명을 훼손하는 것이 그다음이요. 죽음이 그다음이요. 생명이 억눌리는 것이 가장 낮은 것이다. (……) 이른바 생명이 억눌리는 것이란, 여섯 가지 욕망이 모두 적절한 상태를 얻지 못한 것을 말하니, 그것들이 모두 아주 혐오하는 상태에 이른 것이다. 굴복이 그것이고, 치욕이 그것이다.

은 감사하고 흐뭇한 마음을 갖게 된다. 하지만 그런 태도를 당연시한다거나, 더 나아가 강요하는 데까지 나아간다면 전혀 다른 정황이 된다. 자발적으로 몸을 낮춘다 해도 상대에 대한 존경이 아니라 어쩔 수 없이 그렇게 해야 한다면, '겸손'이 아니라 '비굴'이 된다.

앞 장에서 데이비드 호킨스가 수치심의 파괴적 측면에 대해 설명한 것과 일맥상통하는 내용이다. 창피하면서도 수모를 당했다는 분노가 함께 느껴지기 때문이다. 다음과 같은 상황을 들 수 있다. 선생님에게 벌을 받느라 무릎을 꿇고 손을 들고 있는데, 지나가는 친구들이 보면서 키득거렸다. 친구를 따라 파티에 갔는데 불청객 취급을 받았다. 부하 직원들이 있는 자리에서 상사로부터 꾸지람을 들었다. 채권자가 빚을 받아내기 위해 채무자의 직장 등 많은 사람이 모인 장소에서 채무 사실을 공개하여 망신을 주었다.〔채권 추심원의 삶을 그린 「물 좀 주소」(홍현기 감독)라는 영화를 보면 주인공이 채무자의 결혼식장까지 쫓아가 하객들 앞에서 혼주의 채무 상황을 폭로하는 장면이 나온다. 실제로 그런 일들이 비일비재해서, 2013년 법무부는 '망신 주기식 빚 독촉 행위'에 대해 형사처분을 하도록 하는 법안을 마련해 국회에서 통과시키기도 했다.〕

이렇게 볼 때 모욕감은 수치심이라는 기본 감정에서 파생되었다고 할 수 있다. 그런데 모욕감과 수치심은 구별되어야 한다는 견해도 있다. 앞 장에서 소개한 심리학자 브레네 브라운은 그 점에 대해 다음과 같이 설명한다.

모욕감humiliation도 자주 수치심과 혼동하는 단어이다. 도널드 클레인은 수치심과 모욕감의 차이를 다음과 같이 구분했다. "보통 수치심은 '느껴도 싸다'고도 말하지만, 모욕감을 '느껴도 싸다'고 하는 사람은 없다." 존이라는 사람이 상사 및 동료들과 회의를 하고 있다고 가정해보자. 상사가 존의 성과가 엉망이라며 '못난 인간'이라고 핀잔을 주면 존은 수치심 또는 모욕감을 느낄 수 있다. 존이 "아이쿠, 난 못난 놈이야. 실패작이야"라는 혼잣말을 하면 수치심을 느낀 것이다. "나 원, 상사가 막 나가네. 말도 안 되잖아. 내가 왜 이런 대우를 받아야 해?"라고 혼잣말을 하면 모욕감을 느낀 것이다. 모욕감은 끔찍한 느낌이며 그 느낌을 받는 것은 자기가 속한 집단을 원망하도록 만든다.*

여기에서 수치심은 본인의 잘못이나 결함에 대한 타인의 지적을 받아들이면서 느끼는 부끄러운 감정이고, 모욕감은 상대방이 나를 대하는 방식이 부당하다고 생각하면서 화가 나는 감정으로 대비되고 있다. 즉, 수치심이 다른 사람들의 눈에 비친 자기의 모습에서 유발되는 감정이라면, 모욕감은 다른 사람이 자기를 대하는 태도나 방식에서 느껴지는 감정이다. 따라서 수치심에는 죄책감이나 미안함이 섞일 수도 있지만, 모욕감은 전혀 그렇지 않다. 오히려 모욕감을 유발한 사람이나 집단에 대해서 분노나 원한 같은 감정을 갖게 된다.

하지만 대개는 수치심과 모욕감을 엄밀하게 구분하기보다는 전자 안에 후자를 포함시킨다. 앞 장에서 인용한 대니얼 골먼의

* 브레네 브라운, 『대담하게 맞서기』, 최완규 옮김, 명진출판, 2013, 63쪽.

『EQ 감성지능』에서도 모욕감(한국어 번역본에서는 '굴욕'이라는 단어로 옮겨놓았는데, 원어는 humiliation이다)을 수치심의 일부로 분류하고 있다. 더구나 수치심을 유발하기 위해서 일부러 모욕을 주는 경우, 두 감정 사이의 경계를 긋기가 매우 어렵다.

모욕을 통해 수치심을 불러일으키는 행위의 한 가지 예로 명예형을 들 수 있다. 역사에 수많은 사례들이 남아 있다. 가령 중세 유럽에서는 머리카락을 잘라 죄인이라는 표식을 하거나 형틀에 몸을 가두어 세워놓기도 했다. 또는 웃옷을 벗겨서 당나귀에 태운 채로 마을을 돌아다니게 했다. 지나가는 사람들이 이를 보고 손가락질하고 킥킥대게 함으로써 망신을 준 것이다.* 조선 시대에도 이와 비슷한 징벌이 있었다고 전해진다. 한양의 종로 한복판에 죄인을 하루 종일 세워놓기도 했고, 큰 가마솥에 물을 채워 불은 때지 않고 사람의 몸을 집어넣었다가 꺼내는 상징적인 팽형烹刑도 있었다. 양반들 가운데는 이 벌을 받고 나서 체면이 구겨진 것을 괴로워하다가 자살한 사람도 있었다고 한다.

현대사회에서도 합법적인 명예형이 완전히 사라진 것은 아니다. 미국의 일부 주에서는 성 구매자나 음주운전자의 명단을 공개하고 있다. 한국에서는 2000년에 청소년 대상 성범죄자의 신상을 공개하도록 하는 법이 제정되었고, 그에 대해 인권침해의 논란이 일기도 했다. 아무리 잔인한 악행을 저지른 사람이라 할지라도 그의 프라이버시를 존중해야 한다는 주장이 나온 것이다. 체포되어

---

* 서양에서의 명예형에 대해서는 앞 글에서 소개한 스튜어트 월턴, 『인간다움의 조건』, 352~58쪽에 상세하게 소개되어 있다.

끌려가는 범죄자가 카메라 앞에서 얼굴을 모자와 마스크로 가리는 행위를 허용하고 보호해주는 것도 그러한 이념에 근거한다고 볼 수 있다.

공식적인 사법제도와 달리 사회적인 차원에서는 아직도 가혹한 명예형이 종종 벌어진다. 매스미니어가 집행관이 될 때가 많다. 한때 중년 여성들의 일탈 행태를 고발한다며 그들이 은밀하게 춤을 추는 현장을 카메라 기자가 급습해서 얼굴을 가리고 숨는 장면까지 방영하는 뉴스가 유행하기도 했다. 요즘에는 인터넷이 새로운 명예형의 수단이 되고 있다. 문제가 되는 행동을 촬영해 웹에 올리거나, 어떤 사건에 연루된 인물의 정보를 파헤치는 '신상 털기'가 벌어지는 것이다. 그로 인한 명예 실추는 극도의 수치심을 수반한다.

그런데 그렇듯 적나라하고 직접적인 형태의 모욕보다도 더 빈번하게 일어나는 것은 우리 일상 속의 은근한 모욕이다. 대개 무시나 경멸의 모습으로 나타난다. 예를 들어 후배가 출세 좀 했다고 건방지게 군다, 가게에서 물건을 파는데 나이 어린 고객이 반말을 쓰면서 고압적인 태도를 취한다, 을의 입장에서 갑의 위치에 있는 사람을 찾아가서 오랫동안 기다렸는데 바쁘다면서 만나주지 않는다, 열심히 일을 했는데 그 대가가 형편없다, 돈이나 지위의 힘으로 내게 말도 안 되는 일을 시킨다…… 이러한 상황에서 느끼는 감정은 '모욕감'보다는 '모멸감'이라고 명명하는 것이 더 정확할 듯하다.

일상생활에서는 모욕과 모멸이 거의 동의어로 쓰이지만, 엄밀하게 따지면 약간 뉘앙스가 다르다. 모멸은 '모욕'과 '경멸'(또는 멸시)의 의미가 함께 섞여 있는 단어이기 때문이다. 모욕은 적나라하게 가해지는 공격적인 언행에 가깝고, 경멸 또는 멸시는 은연중에 무시하고 깔보는 태도에 가깝다. 모욕에는 적대적인 의도가 강하게 깔려 있는 반면, 경멸에는 그것이 분명하지 않을 수도 있다. 아무 생각 없이 모욕하기란 어려운 일이지만, 무심코 경멸하는 것은 흔히 있는 일이다. 모멸은 후자의 가능성까지 포함한다. 그런 의미에서 모멸은 수치심을 일으키는 최악의 방아쇠라고 할 수 있다.

모욕감과 모멸감도 그러한 차이에 병행하여 대비를 이룬다. 모욕감을 느낄 경우, 그 감정을 유발한 사람을 분명하게 지목할 수 있다. 반면에 모멸감은 누군가가 나를 직접 모욕하지 않았다 해도 느낄 수 있다. 또는 어떤 상황 자체가 모멸감을 불러일으킬 수도 있다.

흥미롭게도 감정심리학의 연구에 따르면, 누군가를 경멸할 때는 심장박동이나 혈압 또는 뇌의 신경전달물질 등 생리적인 반응이 거의 나타나지 않는다고 한다. 상대방에게 모멸감을 주는 데 별로 힘이 들지 않는다는 말이다. 무시하는 표정이나 비웃는 눈빛, 퉁명스런 말투로도 간단히게 그 감정을 불러일으킬 수 있는 것이다. 우리는 일상 속에서 의식적, 무의식적으로 크고 작은 모멸감을 불러일으키며 살아가지 않는가.

무의식적 모멸의 가능성과 함께 짚어야 할 것이 또 하나 있다. 순전히 나의 낮은 자존감 때문에 모멸감을 느끼기도 한다는 점이다. 자신이 응당 받아야 한다고 여기는 대접을 받지 못하면 과민하게 반응하는 경우가 거기에 해당한다. 서비스업체 직원이 고분고분하지 않다고 격앙하는 소비자, 어디에서든 특별 대우를 받지 못하면 난색을 표하는 부유층, 하급자가 깍듯하게 떠받들지 않는다고 호통을 치는 고위공직자들…… 그들은 상대방의 범상한 언행에서 자기가 무시당했다고 느끼고, 그로 인한 인지 부조화와 자괴감을 타인에 대한 공격으로 표출한다. 모욕을 쉽게 주는 사회 못지않게 위험한 것이 모멸감을 쉽게 느끼는 마음이다. 그것은 또 다른 모멸감을 확대 재생산하는 원동력이기 때문이다.

3.
치욕과
폭력의
악순환

도모꼬는 아홉 살
나는 여덟 살
이학년인 도모꼬가
일학년인 나한테
숙제를 해달라고 자주 찾아왔다.

어느 날, 윗집 할머니가 웃으시면서
도모꼬는 나중에 정생이한테

시집가면 되겠네
했다.

앞집 옆집 이웃 아주머니들이 모두 쳐다보는 데서
도모꼬가 말했다.
정생이는 얼굴이 못생겨 싫어요!

오십 년이 지난 지금도
도모꼬 생각만 나면
이가 갈린다.
　　　　—권정생, 「인간성에 대한 반성문(2)」*

　평생 병든 몸으로 교회 종지기를 하면서 동화를 쓰신 권정생 선생은 자신의 유산 십억 원을 굶는 아이들을 위해 써달라고 남겼을 만큼 인세 수입이 넉넉했다. 하지만 정작 당신은 월 5만 원으로 생활할 정도로 청빈하게 사셨다. 그 마음은 여러 작품 속에 그대로 투영되어 있다. 그런데 이렇게 비범한 품성의 소유자에게도 '이가 갈리는 일' 하나가 있으니, 어릴 때 여자 아이로부터 무시당한 경험이다. 못생겨서 싫다는 그 한마디가 오십 년이 지났어도 풀리지 않는 울분으로 맺혀 있는 것이다. 어린아이들에게 모욕은 그렇듯 깊은 상처를 남긴다.

　　*　　『바보처럼 착하게 서 있는 우리 집』, 보리, 2010.

청소년들끼리 주고받는 모욕의 비극적 결말을 그린 영화로 「파수꾼」(윤성현 감독)이 있다. 세 명의 고등학교 남학생들 사이에서 벌어지는 감정의 우여곡절을 그려낸 작품이다. (등장인물들의 극중 이름을 편의상 A, B, C로 칭하기로 한다.) 주인공 A는 두 명의 절친한 친구가 있는데, 중학교 때부터 사귀어온 B와 고등학교에 들어와서 알게 된 C다. 세 명은 학교의 안팎을 어울려 다니면서 즐거운 시간을 보낸다. 철로 주변에서 캐치볼을 하며 놀기도 하고, 또래의 여학생들과 함께 멀리 나가서 맛있는 음식을 사 먹기도 한다. 그런데 C가 좋아하는 여학생이 A에게 관심을 보이면서 A와 C 사이의 우정이 삐걱거리기 시작한다. 다른 여러 가지 일이 복잡하게 꼬이면서 그들 사이의 소통이 점점 일그러지고, A가 C에게 폭력을 행사하기에 이른다. 결국 C가 다른 학교로 전학을 가면서 관계는 종결된다.

이제 A에게는 B만 남았다. B는 A가 C를 떠나가도록 만든 것이 야속하지만, 그런대로 우정을 이어간다. 그런데 이들 사이에도 균열이 생긴다. 그 또한 어떤 여학생과 관계된 일이었지만, 영화는 구체적인 상황을 자초지종 보여주지 않는다. 중요한 것은 그들 사이에서 일어나는 소통의 미묘한 뒤틀림이다. (개봉 직후 아트하우스 모모에서 열린 관객과의 대화에서 감독은 이 작품에 담아내고자 했던 핵심 테마를 다음과 같이 간결하게 요약한 바 있다. "주인공들이 자기를 지키기 위해 마음에 없는 말들을 나열하게 되고, 그것이 쌓이면서 상처를 주는 아이러니"라고. 영화의 제목도 그런 의미를 함축하고 있다고 한다.)

A와 B의 우정은 급냉각으로 치닫고, 이들 사이에도 주먹질이 오간다. A에게 심하게 두들겨 맞은 B는 집에서 쉬고 있다. A는 화해를 청하러 과일을 사들고 문병을 온다. 그는 침대에 앉아 있는 B의 마음을 풀어보려고 용서를 구하면서 이런저런 말을 건넨다. 그래도 우리는 중학교 때부터 친구 아니냐면서 다시 잘해보자고 간청한다. 그러나 B의 표정은 계속 굳어 있다. 조금도 마음을 열지 않는다. 겸연쩍은 표정으로 계속 말을 걸어오는 A에게 B는 작정이라도 한 듯, 한마디 쏘아붙인다. "네가 역겨우니까 네 주변 애들도 다 너 떠나는 거야. 네 옆에 있으면 토할 것 같거든. 알아?"

A는 B의 말에 어안이 벙벙해진다. 무슨 말을 해야 할지 막막하다. 극도의 당혹감에 시선의 초점을 잃은 채 가까스로 입을 연다. "어, 어, 어디서부터 잘못된 거지?" 이에 대해 B는 차분하게 대답한다. "아니, 처음부터 잘못된 건 없어. 처음부터 너만 없었으면 돼." 또박또박한 어조로 단호하게 결론을 내린다.

영화의 다음 장면은 A가 아파트 베란다에 서 있는 모습을 보여주는데, 그가 투신했음을 암시한다. 영화는 A의 아버지가 아들이 왜 자살을 선택했는지를 추적하는 흐름으로 전개된다. 아버지는 그 과정에서 B와 C를 만나게 되고 그들 사이에 벌어진 일을 듣게 된다. 결국 A는 친구를 잃었을 뿐 아니라, 그들로부터 철저하게 버림 받았음을 확인하고 중대한 결심을 하게 된 것이다. 가장 절친하게 지내온 친구가 던진 한마디에 더 이상 살아갈 이유가 없다고 판단했다. 역겹다. 너만 없었으면 아무런 문제가 없었을 것이다. 이보다 더 잔혹한 말이 있을 수 있을까.

자살은 자신에 대한 폭력이다. 그 방향이 타인에게로 향하면 살인이 된다. 둘 다 바탕에는 복수심이 깔려 있다. 모멸감은 복수심으로 이어질 때가 많다. 고려 시대 무신의 난은 무신들이 오랫동안 업신여김당하면서 쌓인 응어리가 폭발한 것이다. 그런데 그것을 촉발한 직접적인 계기는 이소응이라는 대장군이 왕의 행차를 따라갔다가 젊은 문신 한뢰에게 뺨을 맞고 모욕을 당한 일이었다. 이에 함께 있던 무신들의 감정이 폭발한 것이다. 현대사회에서도 모멸감은 여전히 위험한 감정으로 작용한다. 그로 인해 비롯된 충동적인 살인 사건이 빈번하게 일어난다. 한국여성의전화가 내놓은 자료에 따르면, 2012년 언론에 보도된 여성 살인사건 200건 가운데 120건이 남편이나 애인에 의해 저질러졌으며, 무시당한 것이 원인으로 밝혀지는 사례가 점점 늘고 있다고 한다. 무너진 자존심을 회복하기 위해 폭력을 휘두르는 것이다.

미국에서도 비슷한 조사 결과가 보고된 바 있다. 폭력의 심층적 뿌리를 추적하며 사회정책 차원에서 대안을 연구하는 제임스 길리건 교수는 미국에서 살인죄로 수감 중인 재소자들을 심층 인터뷰했는데, 범죄의 진짜 이유를 설명할 때 "그놈이 나를 깔보았다disrespected"는 표현이 가장 많이 나왔다고 한다. 어느 범죄자는 살인을 통해 무엇을 얻고 싶었느냐는 질문에 "자부심, 존엄, 자존감"이라고 명료하게 대답했다. 저자는 또 한 가지 흥미로운 사실을 말한다. 은행 강도들이 돈 때문에 범행을 하는 것 같지만, 실제로는 인정받고 싶은 동기가 훨씬 더 강하다는 것이다. "누군가에게 총을 겨누었을 때만큼 자신이 '존중respect'을 받아본 적이 없다"라는 한 재소자의 진술에 그 심정이 잘 표현되어 있다.*

무시와 경멸을 자주 당하다 보면 수치심과 분노가 꼬리를 물면서 일으키는 소용돌이shame-rage spiral(이와 비슷한 개념으로 '모욕당한 분노humiliated fury'도 있다)에 휘말리면서 끔찍한 폭력을 자행하기 쉽다. 데이비드 호킨스 박사는 수치심이 초래할 수 있는 행동이나 성향에 대해 이렇게 설명한다. "'수치심'에 찬 어린이들은 동물을 학대하고, 자기들끼리도 잔인하게 굴곤 한다. (……) 그들은 비판적이거나 피해망상적인 환상을 보기 쉽고, 정신병 환자가 되거나 엽기적인 범죄를 저지르기 쉽다."** 사회학자 고프만Erving Goffman의 개념을 빌리면 '훼손된 자아spoiled self'가 반작용을 일으키면서 자아를 증명하려는 마음으로 범행을 저질렀다고 해석할 수도 있을 것이다.

훼손된 자아를 회복하려는 충동이 폭력으로 표출된 사례로, 2011년 7월 노르웨이에서 벌어진 끔찍한 사건을 들 수 있다. 어느 괴한이 오슬로 정부청사 인근에서 차량 폭탄 테러를 일으켜 8명을 숨지게 하고, 곧바로 노동당 청년캠프가 열리고 있던 섬으로 건너가 한 시간 동안 구석구석을 뒤지고 다니면서 69명을 사살한 것이

---

* James Gilligan, *Violence: Reflections on our Deadliest Epidemic*, Jessica Kingsley, 2000, pp. 105~109.
** 데이비드 호킨스, 『의식 혁명』, 71쪽.

다. 무장은커녕 최소한의 호신 도구도 갖지 못한 청년들이 섬에 갇혀 쫓겨 다니며 사냥을 당했다. 지구상에서 가장 평화로운 곳 가운데 하나로 여겨지는 스칸디나비아 지역에서 일어난 참사였기에 더욱 충격적이었다. 범인은 브레이비크라는 32세 청년이었고, 단독 범행이었다. 그런데 그는 왜 이런 엄청난 일을 저질렀을까.

학창 시절 그에게 이런 경험이 있었다고 한다. 몇몇 학생들이 그를 심하게 괴롭혔는데, 그때 그를 구해준 이는 파키스탄계 이민자 친구였다. 고마운 일이었지만, 브레이비크는 오히려 굴욕감을 느꼈다. 도움받은 이가 이민자였기 때문이다. 평소에 자기보다 열등하다고 업신여기던 외국인에게 보호받은 일이 너무 창피했던 것이다. 그 뒤에 그는 신체적인 강인함에 집착하기 시작했다. 또한 그는 여성들에게 남자로서 인정받고 싶어 했다. 그래서 미국으로 건너가 성형수술까지 받고 돌아왔지만 주변의 여성들은 그에게 눈길을 주지 않았다. 그는 매춘으로 그 박탈감을 해소하며 여성에 대한 복수심을 키워갔다. 학살 만행 당시 그가 얼굴이 예쁜 여학생부터 살해했다는 증인도 있다.* 자기가 업신여기던 사람에게서 도움을 받았다는 자괴감, 그리고 여성들로부터 외면당했다는 수치심이 그를 세기의 살인마로 만들어버린 것이다.

물론 수치심이 언제나 범죄를 불러일으키는 것은 아니다. 제임스 길리건 교수는 수치심은 폭력의 필요조건이지 충분조건은 아니라고 말한다. 마치 어떤 사람의 몸 안에 결핵균이 들어왔다고 해

---

* 정의성, 「살인마 키운 일그러진 욕망」, 『시사IN』 2011년 8월 6일.

서 반드시 결핵에 걸리는 것이 아니라 그의 건강 전반의 허약함이나 주변 환경의 불결함 등 다른 조건들이 맞물려야 하듯이 말이다. 그는 폭력이 생겨나는 조건을 다음의 세 가지로 간추린다. 수치심을 느끼고 있다는 것을 필사적으로 감추고 싶은 마음, 낮아진 자존감을 회복하는 비폭력적 수단을 갖고 있지 못한 것, 그리고 폭력적 충동을 제어해주는 정서적 역량(사랑, 죄책감, 두려움)의 결핍이 그것이다.* 이 가운데 흥미로운 것은 첫번째 조건이다. 수치심에 사로잡힌 사람들은 그런 감정을 느끼고 있다는 것 자체를 무척 창피하게 생각한다는 것이다. 생텍쥐페리의 『어린 왕자』에 등장하는 어떤 술꾼이 연상된다. 왜 자꾸 술을 마시느냐고 묻는 어린 왕자에게 술꾼은 잊기 위해서라고 대답한다. 무엇을 잊고 싶으냐는 질문에 술꾼은 부끄러움을 잊기 위해서라고 대답한다. 어린 왕자는 다시 묻는다. 뭐가 그렇게 부끄럽냐고. 술꾼은 대답한다. 술을 마시는 자신이 부끄럽다고.

여기에서 중요한 것은 수치심을 일으키는 원인이 무엇인가이다. 객관적으로 '사소한' 일로 인해 수치심을 느낄수록, 그런 느낌에 사로잡혀 있는 자신의 모습이 다시 수치심을 증폭시키고 그것을 감추고 싶은 마음도 커지게 된다. 수치심이 수치심을 낳는 자가당착, 그것을 벗어나기 위해 『어린 왕자』의 술꾼처럼 외적인 것에 의존하는 경향이 있다. 실제로 그런 일이 한국에서도 일어난 적이 있는데, 어느 30대 남자가 지하철에서 구걸 행위를 하는 자신의 모습이 창

* James Gilligan, *Violence: Reflections on our Deadliest Epidemic*, pp. 111~13.

피해 마약을 상습 복용하다가 그에게 약을 처방해준 의료인들과 함께 적발되기도 했다. 수치심은 중독과 깊은 관련이 있다고 한다. 둘다 단절감과 무력감을 느끼게 하고 겉돌게 만든다. 그리고 서로 복잡하게 얽혀들며 악순환에 빠져든다.

수치심에서 벗어나는 또 다른 돌파구는 거칠게 행동하는 것이다. 자기가 수치심을 느끼고 있다는 비밀을 은폐하기 위해 허세를 부리고 마초적인 기질을 과장되게 드러낸다. 폭력을 행사하는 것도 그것을 통해 자부심을 얻으면서 수치심에 압도되지 않기 위함이라고 한다. 열패감과 수치심에 사로잡히면 무리하게 상대방을 제압하려는 충동이 생기는데, 누군가를 깔아뭉개면서 자신이 높이 올라가는 듯한 착각이 들기 때문이다.

존 스타인벡의 『분노의 포도』에 비슷한 장면이 나온다. 조드 일가는 대공황의 여파로 살기 어려워진 고향을 떠나 캘리포니아로 이주해왔지만, 그곳에서도 실직과 저임금에 시달린다. 천신만고 끝에 꽤 높은 임금을 주는 농장에서 일을 하게 되었는데, 그곳에서 판매하는 식료품에는 터무니없는 가격이 매겨져 있다. 농장주와 결탁한 자본가들의 소행이다. 조드의 아내는 횡포를 부리는 판매원에게 따지지만, 판매원은 그렇게 비싸다면 직접 자동차를 끌고 나가서 사오면 되지 않느냐면서 비꼰다. 이에 조드의 아내는 이렇게 말한다. "이런 더러운 일을 맡고 있으니까 창피하지? 그래서 건방진 소리 하지 않고선 못 견딘다 이 말이지, 응?"* 자신이 지금 하고 있는

* 존 스타인벡, 『분노의 포도』, 김병철 옮김, 삼성출판사, 1976, 413쪽.

일에 대한 수치심을 타인에 대한 모욕과 권력 행사로 덮어버리려는 판매원의 심리가 발각되고 있다. 모욕의 핵심은 상대방의 존재 가치를 부정하거나 격하시키는 것이다. 그로써 나의 존재 가치가 높아지는 듯한 착각에 사로잡힌다.

그러므로 모욕은 물리적인 행위인 동시에 상징적인 의미를 내포한다. 여러 지역에서 종종 벌어지는 종족 학살에서도 그 점을 확인할 수 있다. 그것은 단순한 살인에 그치지 않는 경우가 많다. 예를 들어 르완다의 종족 학살에서 할머니들은 죽임을 당하기 전에 벌거벗은 채 길거리를 걸어야 했고, 딸들은 가족이 보는 앞에서 강간을 당했다. 그 모욕이 오죽 견디기 어려웠으면, 희생자들이 적들에게 자신을 곧바로 총살해달라고 애원하면서 총알값을 기꺼이 지불하려 했을까. 바로 다음과 같은 일들이 벌어졌기 때문이다.

어떤 살인자들은 남녀 희생자들을 죽이기 전에 신체적으로 또는 심리적으로 고문했다. 어떤 투치족 여성 노인은 다리가 잘려서 피를 흘리면서 죽어갔다. 후투족의 한 남성은 손과 발의 끝부분부터 조금씩 절단당하면서 죽었다. 그리고 투치족의 어떤 아기는 변소에 던져져 질식 또는 기아로 죽었다. 〔……〕 살인자들은 희생자들을 죽이기 전에 옷을 벗겼는데, 얼룩이나 눈물이 묻지 않은 옷을 빼앗고 동시에 그들에게 모욕을 주기 위함이었다. 많은 곳에서 살인자들은 희생자들을 매장하도록 허락하지 않았고 쓰러진 장소에

서 썩어가도록 했다. 투치족 희생자들을 제대로 묻어주려고 했던
사람들은 적의 '공범'으로 몰리기도 했다.*

전쟁이나 내란을 통해 자행되는 학살과 만행은 거기에 연루
된 개인과 집단에 심각한 트라우마를 남기게 된다. 피해자는 물론
가해자들도 깊은 후유증에 시달릴 수밖에 없다.** 그래서 그런 일
이 일어났던 지역에서 사회질서를 세우기 위해서는 파괴된 존엄성
을 회복하는 작업이 반드시 병행되어야 한다. 개개인의 마음을 깊
이 살피면서 자아를 새롭게 수립하는 것, 그리고 인간적인 만남이
이루어질 수 있는 지속 가능한 공동체의 건설이 그 핵심이다. 미국
에서도 이라크 전쟁과 아프가니스탄 전쟁에서 돌아온 병사들이 끔
찍한 폭력을 주고받으면서 입은 마음의 상처를 치유하는 일이 매우
절박한 과제로 부각된다. 노숙인의 4분의 1이 전쟁터에서 돌아온
퇴역 군인이라고 한다. 신체는 멀쩡해서 국가로부터 이렇다 할 보
상도 받지 못하고, 정신적으로는 너무 깊은 충격을 받아 정상 생활
이 어려운 사람들이 많다. 미군들이 이라크 포로들을 짐승처럼 취
급하면서 조롱하고 학대하는 사진을 본인들이 직접 공개한 적이 있
는데, 이처럼 전쟁은 멀쩡한 사람도 미치광이로 만들어버린다.

인간의 잔인함은 끝이 없고, 정신적 폭력은 물리적 폭력보다
훨씬 고통스러울 때가 많다. 종군위안부로 끌려가 성노리개로 살다
돌아온 것이 군대에 끌려가 전쟁터에서 죽는 것보다 더욱 처참한

---

*   Evelin Lindner, *Making Enemies : Humiliation and International Conflict*, Praeger, 2006,
     p. 9.
**   그 주제에 대해 현장에 밀착해 실천적인 연구를 해온 결과들이 꽤 축적되어 있는데,
     Journal of Human Dignity and Humiliation Studies 또는 http://www.humiliationstudies.
     org를 참조할 것.

일로 여겨진다. 청소년 또래집단에서 단순한 폭행보다 왕따가 훨씬 치명적인 결과로 이어지는 경우가 많다. 인간에게는 목숨 이상으로 소중한 그 무엇이 있고, 그것이 손상되거나 부정당할 때 삶의 동기를 상실한다. 전체주의 체제에서 자행되는 고문이 대표적 사례다. 정신과 전문의 정혜신 박사는 어느 강연에서 다음과 같은 사례를 통해 고문의 비인간성을 증언하고 있다.

군사정부 시절 무고하게 받은 고문으로 심한 정신적 트라우마를 겪고 있는 분을 상담한 적이 있다. 고문자들은 일단 이유도 묻지 않고 무조건 며칠 동안 무자비하게 팬다. 그러면 사람은 극도의 공포에 질리게 되고, 말 그대로 '바닥'을 내보이게 된다. 기라면 기고, 고문자가 원하면 없는 것도 지어서 대답해준다. 피해자들은 지금까지도 그 순간 느꼈던 '나는 벌레 같은 존재, 쓰레기 같은 존재'란 자기 모멸감과 혐오감에 시달리고 있었다. 맞은 흔적은 이미 수십 년 전에 사라졌지만, 자신의 자유의지를 빼앗긴 채 굴종해야 했던 그 기억이 그의 인생에 깊은 트라우마를 남긴 것이다. 고문이나 체벌은 '굴종과 복종'을 요구한다는 점에서 똑같은 메커니즘을 갖고 있다. 체벌은 '잘못했습니다. 시키는 대로 하겠습니다'란 말이 나오게 만드는 걸 목표로 한다. 그러나 이런 굴종과 복종은 사람에게 요구해선 안 되는 것이다. 사람의 정신을 파괴하는 것은 자신이 맞는다는 사실 자체가 아니라, 자신의 자유의지에 반해 굴복한다는 느낌 그 자체이기 때문이다. 고문 피해자 분이 끝까지 털어놓는 것을 망설였던 기억이 뭔지 아느냐. 고문자들이 그분을 실컷 때린 후에 "나 담배 피우면서 쉬는 동안 노래나 불러봐라"고 했단다. 그분은 그때 자신이 얼마나 열심히 노래했는가를 털어놓으면서 괴로워했다. 그분에게 가장 큰 고통은 심한 구타가 아니라 굴종할 수밖에 없었던 자기 자신이었다. '심하게 때린 것도 아닌데' '간접 체벌인데'라는 식으로 폭력을 합리화할 수 없는 이유다.*

모멸은 인간 내면의 가장 깊숙한 부분을 파괴한다. 그래서 모멸감에 사로잡힌 사람은 극도의 적개심으로 무장하기 쉽다. 인간 세상에는 모멸감에서 비롯된 폭력이 자주 발생한다. 『구약성서』의 「창세기」 4장을 보면 카인이 동생 아벨을 죽이는데, 하나님이 카인과 그의 제사를 받지 않았기 때문이다. 그가 드리는 제사만이 아니라 카인의 존재 자체를 하나님은 수용하지 않은 것이다.** 완벽한 거절이다. 그러한 대우를 받을 때 분노와 적개심이 발동한다. 그래서 카인은 살인을 저지르고 만다. 동서양의 고대 신화나 여러 전설에도 모멸감으로 인한 복수의 드라마가 수없이 발견된다.

모멸은 '정서적인 원자폭탄'이라는 비유가 있다. 그것은 인간이 인간에게 가할 수 있는 가장 무서운 폭력이며, 평생을 두고 시달리는 응어리를 가슴에 남기기 일쑤다. 「올드 보이」(박찬욱 감독)나

---

* 「정혜신 강연, "폭력 트라우마와 체벌 없는 교육"의 내용 정리」, 『경향신문』 2011년 3월 29일자.
** 영어 성경에는 이렇게 번역되어 있다. "The Lord had respect unto Abel and to his offering: But unto Cain...he had not respect." 성서를 많이 읽은 기독교인들도 이 대목에서 하나님이 카인의 제사를 받지 않은 것만 기억하고, 카인 그 자체를 거부한 사실은 놓친

「디스커넥트」(헨리 알렉스 루빈 감독) 같은 영화에서 잘 묘사했듯이, 사람들 앞에서 창피를 당한 기억은 세상에 대한 증오 또는 자기에 대한 혐오를 불러일으킨다. 억울하게 수모를 당했다는 피해의식은 다른 집단에 대한 맹렬한 공격성으로 이어지기도 한다. 히틀러의 광기와 그에 열광했던 당시의 독일 국민들의 경우가 그러했다. 인간 개인의 내면 그리고 사회에는 스스로 알아차리지 못하는 어두운 심연이 있다. 매일 접하는 뉴스에서 확인할 수 있듯이, 규모와 강도에서 차이가 있을 뿐 이유 없는 저주와 맹목적인 폭행이 지금도 세계 곳곳에서 벌어지고 있다. 많은 경우 그 씨앗은 모멸감으로 밝혀진다.

다. 이 점을 지적해주신 분은 김민웅 교수다. 그의 저서 『창세기 이야기』(전3권, 한길사, 2013)는 성서를 인문학적으로 이해하는 데 소중한 지침을 제시해준다.

4.
부끄러움과
부러움의
자본주의

"과장님, 저 로또 당첨됐거든요. 안녕히 계세요!" 직장인들이 상사에게 가장 하고 싶은 말이라고 한다. 한국 직장인들의 스트레스는 매우 높은 수위다. 언제든 극단적인 감정으로 폭발하거나 중대한 질병으로 생활이 무너질 수 있는 위험군이 많다고 보고된다. 그 원인은 과중한 업무와 인간관계, 특히 상사와의 관계 등이 주로 거론되지만, 봉급과 관련해서도 스트레스가 심하다. 잡코리아가 2012년 9월 직장인 1,800여 명을 대상으로 조사한 자료에 따르면, 직장인들이 가장 스트레스 받는 상황은 일은 똑같이 하는데 동료가 더 많은 연봉을 받을 때가 3분의 1로 가장 높게 나타났다.

돈은 거래와 저장의 수단일 뿐 아니라 가치를 측정하는 기능도 지니고 있다. 우리는 많은 것의 가치를 가격으로 따지고 비교한다. 사람의 존재 가치도 그의 수입이나 재산으로 가늠한다. 직장인들에게 봉급은 생활비이면서, 조직 내에서 위신의 상징이기도 하다. 일에서 보람이나 의미를 찾을 수 없고 돈만이 유일한 보상이 되는 직장인일수록, 봉급에 모든 자존심을 걸기 마련이다. 그리고 이윤이 최고의 목표인 조직일수록 수단과 방법을 가리지 않고 매출을 올리도록 사원들을 몰아세운다. 거기에서 살아남으려면 마음을 모질게 먹어야 하고, 돈을 위해서 다른 가치들을 기꺼이 희생시킬 수 있어야 한다.

'노인을 돈으로 보자.' '노인을 사람으로 보지 말자.' 2011년 울산에서 노인들을 상대로 건강식품 사기 판매를 해오던 조직이 경찰에 붙잡혔을 때, 그들의 영업 전략 노트가 압수되어 공개된 메모의 한 구절이다. 자본주의 사회에서는 인간이 돈벌이 수단이나 대상으로 여겨지기 일쑤다. 물건이나 서비스를 판매하는 업자가 고객을 돈으로 보는 것은 당연하다. 문제는 오로지 돈으로만 보는 것이다. 의사가 환자를 돈으로만 볼 때 과잉진료와 의료사고가 일어난다. 의사들에게 매일 본인이 올린 매출과 그 순위를 문자 메시지로 통보하며 압박하는 병원에서, 환자가 적절한 처방과 시술을 받기는 어렵다.

돈을 유일한 목표로 삼는 조직은 실적을 기준으로 사원들을 줄 세운다. 뒷순위로 밀려날수록 위기 시에 구조 조정의 우선 대상이 된다. 어느 날 갑자기 정규직에서 임시직으로 바뀌기도 하는데 그나마 감지덕지고, 여차하면 해고를 당한다. 그것은 인생 전체를 뒤흔드는 재난이 아닐 수 없다. 시장이 점점 확대되는 세상에서 경제력의 상실은 곧 사회적 죽음의 선고나 마찬가지기 때문이다. 일터가 삶터를 대체해버린 사회에서, 일자리 없는 '잉여 인간'은 '노바디'처럼 여겨진다.

박민규의 소설 「딜도가 우리 가정을 지켜줬어요」에는 계약직으로 전락한 자동차 판매원이 주인공으로 등장한다. 몇 개월 동안 차 한 대도 팔지 못한 주인공은 회사에 출근하든 안 하든 아무도 신경 쓰지 않는 신세가 되었다. 반면에 자신의 실적을 가로챈 지점장은 승승장구한다. 수입이 없으니 가정 형편도 점점 쪼들린다. 32평 아파트를 사기 직전에 그 지경이 되어, 결국 지금은 연립주택에 월세로 살고 있다. 가장으로서 도대체 면목이 서지 않는다. 알바를 하는 아들에게 담배를 사달라고 졸라야 하고, 아내와 다투다가 홧김에 가재도구를 밖으로 내던지고 집을 나와버리기도 한다.

출구가 전혀 보이지 않는 현실에서 그렇게 좌충우돌하다가 주인공은 어느 날 오랜만에 만난 직장 동료에게 죽고 싶을 뿐이라고 신세타령을 한다. 그 이야기를 묵묵히 듣고 있던 동료는 그렇게 힘들다면 새로운 삶의 기회를 찾아 경기도 화성으로 가보면 어떻겠느냐고 권한다. 이에 주인공은 자기 같은 퇴물은 지구상 어디에도 발붙일 곳이 없다면서 차라리 머나먼 별인 화성火星에서 판로를 개척했노라고 선언한다.

달에 갔다고? 그렇다네. 거길 어떻게. 네비에 찍고 줄곧 가면 나온다네. 산소도 없잖나. 먹고살아야 하는 마당에 산소 따지게 생겼나? 〔……〕 내가 알기론 우주엔 암흑물질인가 뭔가, 또 태양방사선이니 뭐니 겁나 위험한 곳이라던데. 여기서 돈 없이 사는 것보다 위험하진 않네. 니미럴, 방사선에 뒈지면 어쩌지? 이래 죽으나 저래 죽으나 마찬가지 아닌가.*

주인공은 감당할 수 없는 현실에서 벗어나기 위해 환상에 젖어드는데, 화성에 가서 미항공우주국NASA에 땅을 판 화성인 부인의 몸을 자동차로 애무해 오르가슴에 이르게 해주고 자동차를 파는 경험을 한다. 이 기괴한 이야기는 신자유주의 사회에서 탈락한 사람들의 비애를 묘사하고 있다. 이 땅에서는 설 곳이 없어 전혀 다른 세계에서 돌파구를 찾아보지만, 거기에서도 돈을 벌려면 자존심 다 내려놓고 고객을 위해 무엇이든 해야 한다. 주인공은 화성인 부인에게 봉사하면서 이렇게 독백한다. "돈이 먼저일까 사람이 먼저일까? 나는 때로 그런 생각에 잠기곤 하는데, 그것은 닭이 먼저요 계란이 먼저요?와 다를 바 없는 돼지 똥 싸는 소리가 아닐 수 없다."

* 박민규, 「딜도가 우리 가정을 지켜줬어요」, 『더블 Side B』, 창비, 2010, 65~66쪽.

돈이 만악의 근원이라고 흔히들 말하지만, 그 본질이 사악한 것은 아니다. 역사의 긴 흐름에서 볼 때, 돈은 인간에게 자유를 증진시켜주었다. 문명의 탄생과 함께 출현해 1, 2세기 전까지 세계 곳곳에 존재하던 노예는 자본주의 시대가 열리면서 자취를 감추기 시작했다. 그리고 노예를 대신해 임노동자들이 대거 도시에 등장했다. 노동자는 자유로운 계약에 의해 일을 할 뿐, 그 누구도 강제로 일을 시킬 수 없다. 이런 변화는 돈이 사회의 지배 원리가 되면서 가능했다. 그런 점에서 돈은 일정 정도의 진보성을 갖는다. 누구나 돈만 있으면 똑같은 대접을 받는 세상을 만들었기 때문이다. 예전에 귀족들만 누릴 수 있던 호사를 이제 돈만 있으면 누구나, 얼마든지 향유할 수 있다.

돈이 선호되는 까닭은 광범위한 호환 가능성에 있다. 모든 것의 가치를 가격이라는 숫자로 추상화하여 시장에서 교환되도록 하는 매개체가 바로 돈이다. 시장의 영역이 넓어질수록 돈의 매개 능력도 커진다. 점점 더 많은 곳에서 점점 더 많은 것을 돈으로 살 수 있게 되는 것이다. 그 결과 우리의 생활은 하루가 다르게 편리해진다. 전 세계가 하나의 교환 시스템으로 통합되면서, 예전에는 상상도 할 수 없었던 분업과 거래가 가능해졌다. 생산과 유통의 효율성 증대로 점점 다양한 상품과 서비스를 값싸게 구매할 수 있게 되었다. 돈은 역사상 유례가 없는 풍요와 자유를 인류에게 가져다주었다.

그러나 아이러니하게도 이제는 바로 그 돈 때문에 빈곤해지고 구속을 받는다. 금융자본의 막강한 힘과 지식 정보 중심의 산업구조 재편, 그리고 비민주적인 국가정책과 경제 시스템 속에서 빈부의 격차는 계속 벌어진다. 게다가 시장 원리가 사회질서를 대체하면서 점점 더 많은 것이 상품화된다. 이제 돈 없이는 할 수 없는 일들이 점점 늘어나고, 돈 벌기는 점점 어려워진다. 공급과잉과 노동의 종말이 급속도로 진행되는 가운데, 밥벌이를 하려면 돈을 쥐고 있는 사람이 시키는 일을 해야 한다. 고용주, 소비자, 주주, 공공 예산 집행 책임 공무원 등 '갑'의 비위에 거슬리면 밥줄이 끊기기 십상이다. 그래서 삶을 지탱하는 소신과 원칙, 자기를 지키기 위한 최후의 보루마저 포기해야 할 때도 있다.

노동시장에서 살아남기 위해 견뎌야 하는 과로와 스트레스 그리고 굴욕감은 어디에서 보상받을 수 있을까. 현대사회에서 가장 유력한 것은 바로 소비시장이다. 개처럼 벌었지만, 정승처럼 쓰고 싶다. 돈 벌면서 받은 '천대'를, 돈 쓰면서 받는 '환대'로 덮어씌우려는 것이다. 그러나 그 또한 만만치 않다. 최소한의 신체적인 안락을 위한 소비라면 어느 정도에서 만족할 수 있지만, 끊임없이 비교가 이루어지는 소비사회에서는 무시당하지 않기 위해 지출해야 하는 비용이 자꾸만 늘어나기 때문이다. 경제의 규모가 커지면서 소비 급수의 사다리가 점점 높아지고, 웬만큼 재산을 갖고 있거나 소비를 하지 않으면 위신을 인정받지 못한다. 최소한의 품위 유지비가 너무 높다.

「개그 콘서트」에서 한때 자칭 '행복전도사'라는 이름의 개그맨이 인기를 끌었던 적이 있다. 그런데 그가 설파하는 행복의 메시지는 빵빵한 재산을 갖추라는 것이고, 그 최소 기준이 상식을 넘어선다. 예를 들어 그는 "다들 100평짜리 타워팰리스 두 채쯤은 가지고 있잖아요? 100평 이하 집은 사람 사는 집 아니잖아요. 그냥 개집이지. 이렇게 좋은 집에 살고 있는 우리들은 정말로 행복한 겁니다"라고 말한다. 물론 이는 상위 1퍼센트 정도에 해당하는 상류사회를 풍자한 개그지만, 그 '높은 세계'에 대한 선망이 널리 공유되고 있음을 부인하기 어렵다.

자본주의의 바퀴는 부끄러움이고 그 동력은 부러움이라고, 박민규는 『죽은 왕녀를 위한 파반느』*라는 소설에서 말한다. 그런데 부끄럽지 않고 남부럽지 않게 사는 사람들은 지극히 일부에 불과하다. 남들 보기에 엄청난 부자라고 해도 자기보다 훨씬 더 부유한 사람들과 견준다면 초라할 뿐이다. 특히 한국처럼 타인과의 비교에 집착하는 사회에서, 자신의 처지에 만족하는 사람은 매우 드물다. 바라는 만큼의 경제력을 확보하는 것도 만만치 않다. 대안이 있다면 자기보다 못한 이들과의 차이를 부각시키는 것이다. 소비의 규모와 수준에서, 다른 사람들이 쉽게 섞여들 수 없도록 만드는 '구별 짓기'가 그것이다.

그 가운데 중요한 항목이 바로 거주지다. 요즘 새로 지어진 고급 아파트들은 주민들 이외에는 자유롭게 들어올 수 없도록 출입문

* 박민규, 『죽은 왕녀를 위한 파반느』, 예담, 2009.

에 신분 확인 장치를 설치한다. 바깥 세계로부터 내부 공간을 철저하게 차단하고, 공동의 편익 시설은 외부인의 이용을 배제한다. 그 것은 비용 절감의 효과와 함께, 입주민들의 자부심을 배타적으로 빚어냄으로써 부동산의 부가가치를 높이기 위함이다. 미국의 도시 근교에 출현한 'gated community'가 한국에서도 비슷하게 형성되고 있다. 그러나 아직 일부에 불과하다. 일반적인 아파트 단지에서 가장 흔히 볼 수 있는 배제 형태는 영구임대아파트와의 격리다. 어떤 단지의 경우, 철조망으로 경계를 쳐놓아 양쪽 주민들이 서로 접촉할 수 없도록 하기도 한다. 중산층 부모들은 자녀들이 학교에서 영구임대아파트에 사는 아이들을 사귀지 못하도록 주의를 준다. 학교에서는 친구들이 그 아이를 '영구'라고 부르며 놀리기도 한다.

우리는 남들을 열등하게 만들면서 자신의 위신을 세우려 한다. 자기보다 못났다고 여겨지는 부류의 사람들과의 선 긋기를 통해 스스로의 잘남을 확인하려고 한다. 자본주의 사회에서 돈은 그 절대적인 기준이다. 경제의 수단으로 고안된 돈이 삶의 목적이 된다. 그 결과 삶 자체가 수단이 되어버린다. 사용설명서specification의 약자인 '스펙'이 경력 및 자격증을 가리키는 말로 쓰이는 것은 의미심장하다. 일찍이 칸트는 '타인을 목적으로 대하라'고 윤리적 원칙을 세웠는데, 자기 자신을 목적으로 대하기도 쉽지 않다. 자신을 수단으로 전락시키는 삶은 타인을 수단으로만 대하는 관계와 맞물려 사회의 비인간화로 이어진다.

5.
미소 뒤의 분노,
감정노동

노예는 항상 자신에게 가장 이익이 된다고 생각하는 방식으로 행동했다.
그러므로 그는 겸손의 탈을 쓰고 비굴하게 아첨했다. 주인에게 사랑스런
인상을 주도록 어린아이 같은 태도를 취하고 완전히 주인에게 의지했다.
그리고 약간 바보인 체했다. 이것이 그들의 또 다른 생존 방법이었다.
—벤자민 콸스, 『미국 흑인사』에서*

한국의 길거리나 공공장소에서 흔히 눈에 띄는 광경으로, 항공사 여승무원들이 유니폼을 입고 다니는 것이 있다. 다른 나라에서 보기 어려운 모습이다. 한국에서도 근무복을 입고 출퇴근하는 직종은 거의 없다. 근무시산 이외에도 그녀들이 유니폼을 입고 다니는 까닭은 뭘까? 자기 직업에 대한 자부심이 높기 때문이다. 그리고 사람들의 시선을 끌기 때문이다. 한국에서 스튜어디스는 소녀와 젊은 여성들에게 대단히 선망받는 직업이다.

그런데 어느 조사 결과에 따르면, 감정노동의 강도가 가장 센

---

* 벤자민 콸스, 『미국 흑인사』, 조성훈·이미숙 옮김, 백산서당, 2002, 79쪽.

직종으로 항공기 승무원이 꼽혔다. 2013년 국제선 항공기 일등석에서 어느 대기업 임원이 여승무원의 서비스가 마음에 들지 않는다고 폭언을 퍼부어 물의를 빚은 적이 있는데, 그것은 빙산의 일각이라고 한다. 까다롭고 거친 성미를 다 드러내면서 상전 노릇을 하려는 승객들이 의외로 많은 것이다. 스튜어디스는 매우 값비싼 상품을 구매하는 고객들을 한꺼번에 응대해야 하는 직종이다. 이코노미석이라 해도 웬만한 국제선은 1백만 원을 훌쩍 넘는 경우가 많으니 말이다. 게다가 한국 승객이 기대하는 서비스 수준은 세계에서 가장 높다. 이는 국제항공업계가 공인하는 바다. 그러나 그 이면에서는 항공사 직원들이 혹독한 감정노동을 대가로 치르고 있다.

'감정노동'은 이제 생활 용어로 정착되었다. 자신의 감정을 스스로 통제하고 일정한 표정과 말투와 몸짓을 계속 지어냄으로써 고객에게 유쾌한 감정을 선사해야 하는 노동을 가리킨다. 즉, 자기의 속마음과 관계없이 일정한 감정을 연출하는 것이 업무의 중요한 일부인 것이다. 대부분의 감정노동자들은 고객의 환심을 사기 위해 밝은 얼굴을 보여주어야 하지만, 정반대의 경우도 있다. 채권 추심원은 험한 인상을 지으면서 위협적인 분위기를 조성해야 하고, 장의사는 유족의 아픔에 공감하며 슬퍼하는 표정을 지어야 한다.

문제가 되는 감정노동은 늘 미소를 짓고 상냥함을 드러내야 하는 분야들에서 주로 수행된다. 주요한 직종을 나열하자면 판매 직원, 식당 점원, 호텔리어, 미용사, 사회복지사, 비서, 영업 사원, 보험

판매원, 은행 창구 직원, 놀이공원 도우미, 여행 가이드, 승무원, 전화 상담원, 간호사 등이다. 2010년 한국 통계청 자료에 따르면, 전체 고용인구 1,600만 명 중 70퍼센트에 달하는 1,200만 명이 서비스 산업에 종사하고 있으며, 이 가운데 감정노동자는 600만 명으로 추산된다. 특히 여성 취업자 1,000만 명 가운데 감정노동이 중점적으로 요구되는 서비스·판매 분야 직종 종사자가 314만 명에 달한다. 예를 들어 전국 3만 5,000여 개 콜센터에서 일하는 상담원 100만 명 중 89만 명이 여성이다.

'감정노동'은 사회학자 앨리 러셀 혹실드가 처음 내놓은 개념으로, 이를 다룬 책의 제목 "The Managed Heart"에 핵심이 담겨 있다. 우리말로 옮기면 '관리되는 마음'인데, 얼핏 들으면 마음공부 같은 종교적인 수행이 연상된다. 그러나 감정노동은 그 본질이 전혀 다르다. 타인을 위해 마음을 길들이는 것이기 때문이다. 아무리 지쳤어도 티를 내면 안 된다. 피로감이나 짜증을 감추고 친절을 베풀어야 한다. 바로 그러한 괴리가 노동자를 소진시킨다. 혹실드는 이를 가리켜 '감정 부조화emotive dissonance'라고 하는데, 감정과 표현을 억지로 분리하는 것을 말한다. 이런 상태를 오래 유지하기는 무척 어렵고, 그로 인해 긴장과 스트레스가 발생한다. 무엇보다 치명적인 것은 노동자가 자신의 감정에서 소외된다는 점이다.*

미국에서 감정노동이라는 개념이 처음 적용된 분야는 항공업계다. 여러 항공사들 사이의 경쟁이 점점 치열해지면서, 고객들을

* 앨리 러셀 혹실드, 『감정노동』, 이가람 옮김, 이매진, 2009, 121~22쪽.

사로잡는 차별화 전략으로 기내 서비스 직원의 친절함을 업그레이드하는 전략이 생겨났다. 말하자면 상냥함을 '끼워 파는' 것이었다. 곧이어 다른 분야들에까지 감정노동이 확산되면서, 더 이상 끼워파는 '덤'이 아니라 당연한 상품의 속성으로 받아들여지는 추세가 되었다. 그런 현실을 분석하기 위해 '감정 프롤레타리아'라는 개념도 생겨났다. 그러나 감정노동의 강도 면에서 보면 미국과 한국은 비교가 되지 않는다.『감정노동』을 읽다 보면, 책에 소개되는 사례들이 너무 밋밋하다는 인상을 지울 수 없다. 만일 저자가 한국의 감정노동 현장을 조사한다면, 증보판 내지 개정판을 쓰고 싶어 하지 않을까 하는 생각이 들 정도다.

항공업계를 보자. 한국 승무원들의 친절함은 세계 최고다. 손님이 다소 무리한 요구를 하거나 억지를 피워도 절대로 상냥함을 잃지 않아야 한다. 하찮은 일에 시비를 걸고 성질을 부리는 막무가내 고객도 만족시켜야 한다. 그래서 그들의 모든 언행은 감동적일만큼 깍듯하다. 문제는 그런 정성에 고마움을 느끼기는커녕 옥에 티를 물고 늘어지면서 횡포를 부리는 진상 손님이 적지 않다는 점이다. 그런 이들에게 더욱 충실하게 시녀 노릇을 수행해야 하는 괴로움은 심신에 중대한 스트레스를 가한다. 게다가 버젓이 성희롱까지 서슴지 않는 승객들도 종종 상대해야 한다. 승무원들이 어떤 곤욕을 치르는지 몇 가지 사례를 보자.

승무원들을 가장 난처하게 만드는 유형은 '성희롱하는 승객'이다. 아시아나 항공 3년차 승무원 김모(26) 씨는 "엉덩이를 만지거나 노골적으로 쳐다보는 것은 물론이고 직접 벨트를 매달라고 요구하는 손님들도 있다"며 "남성 승객들이 요구하면 이러지도 저러지도 못하는 게 사실"이라고 털어놨다. 또 다른 승무원은 "여승무원들을 위아래로 훑어본 뒤 '히프 빵빵해서 애 잘 낳겠네'라며 음흉하게 웃는 승객들을 보면 '내가 여기서 뭘 하고 있나'라는 자괴감이 든다"고 말했다. 그는 "가슴에 달린 명찰을 보고 '이건 어떻게 달려 있는 거냐'며 만지는 승객에, 승무원들의 현지 숙소가 어딘지 물으며 밤에 데이트하자고 졸라대는 손님까지 부지기수"라고 하소연했다.*

공공장소에서 그토록 화사한 맵시를 자랑하고 뭇사람들에게 부러움을 사는 스튜어디스들이 업무 현장에서는 몰상식에 노출되어 있고 비굴함을 강요받는다. 이 아이러니에서 한국 사회의 자화상을 마주한다. 지금도 스마일 운동이라는 캠페인이 벌어지고, 서비스업계에 진출하려는 여성들 가운데는 경쟁력을 갖추기 위해 입꼬리 성형수술도 마다하지 않는 이도 적지 않다.

그런데 스튜어디스만 해도 비교적 고학력에 미모라는 '권력' (?)을 어느 정도 갖고 있다. 비행기 승객들 또한 상대적으로 '교양' 있는 고객들이라고 할 수 있다. 일터에서 훨씬 더 심한 모멸감을 겪

---

* 「"넌 하늘 위의 식모" "안아달라"……술 취해 조종실 돌진하기도」, 『중앙일보』 2013년 4월 27일자.

는 이들은 식당 종업원, 판매 직원, 콜센터 직원 등이다. 패밀리 레
스토랑에서 오랫동안 일을 했던 어느 여성은 손님으로부터 무시당
하는 경험이 일상이라면서 다음과 같이 쓰고 있다. "많은 손님들이
손님으로서 지켜야 할 매너에 대해서는 전혀 괘념치 않는다. 주문
을 받으려는 서버가 얼굴에 경련이 일어나도록 웃으며 '결정하셨어
요?'라고 말을 걸어도 손님들은 '개 짖는 소리' 취급을 하여 서 있
는 사람을 뻘쭘하게 만든다. 손님들이 서버를 '커뮤니케이션의 대
상'으로 보지 않는다는 걸 깨닫는 데 그리 오랜 시간이 걸리지 않는
다."*

　　무시하는 태도는 그러려니 하면서 무심하게 넘겨버릴 수 있다.
하지만 까닭 없이 공격적인 태도로 돌변하는 손님들을 응대하는 일
은 간단치 않다. 어떤 마트의 직원은 고객이 상품권의 이용과 관련
해서 무리한 요구를 하기에 자초지종 원칙대로 설명해주었더니, 그
때부터 폭언을 퍼붓기 시작했다고 한다. "저 생김새 봐라. 저렇게
생긴 여자는 이혼녀다. 저 사람과 사는 남편은 얼마나 불쌍하냐. 저
여자 밑에서 크는 애들은 뭘 보고 배우겠느냐" 등 참기 힘든 폭언을
무려 1시간 30분 동안 그 자리에 가만히 서서 들어야 했다.**

　　콜센터 직원들이 겪는 수모도 만만치 않다. 공공기관의 민원
창구나 기업의 소비자 상담센터에서 일하는 여성들은 말도 안 되는
요구를 하는 시민이나 고객에게 자주 시달린다. 아예 괴롭히거나
분통을 터뜨릴 작정을 하고 전화하는 사람들도 있고, 얼굴이 드러

---

* 이나영, 「손님, 그 무소불위의 권력」, 2011 연세대학교 문화인류학과 개설 '한국 문화
　낯설게 보기' 제출 보고서.
** 「진상 짓 천태만상…… 당신은 떳떳하신가」, 『한겨레21』 2013년 5월 6일.

나지 않는 상황을 악용해 성희롱을 해대는 남자들도 적지 않다. 그런데 상대방이 아무리 막무가내로 나오고 심한 욕설을 퍼부어도 절대로 맞대응을 할 수 없고 무조건 고분고분 사과를 하도록 되어 있다. 그리고 '진상' 고객과 씨름하다 보면 감정이 완전히 엉망이 되어버리지만, 마음을 가라앉힐 틈도 없이 곧바로 다음 손님을 응대해야 한다. 이러한 노동 조건이 앞에서 말한 감정 부조화를 일으키고, 억눌린 분노가 엉뚱하게 가족이나 지인에게 공격적인 언사로 표출되기도 한다.

여기에서 또 한 가지 짚어야 할 점은 고용주의 태도다. 대부분의 경우, 직원들이 고객으로부터 부당한 요구나 비인격적인 대우를 받을 때 전혀 보호막이 되어주지 못한다. 그러기는커녕 오히려 호통을 치면서 손님 앞에서 굴종을 강요하기 일쑤다. 바로 그 상황에서 감정노동자들은 배신감을 느끼며 다시 한 번 좌절하고 무력감에 사로잡힌다. 회사 입장에서는 손님을 빼앗기지 않기 위한 고육지책이지만, 고용주와 중간관리자들의 비열함도 한몫을 한다. 자기가 보기에도 손님이 억지를 부리지만, 직접 나서서 해결하고 설득하는 것이 귀찮고 부담스럽다. 그래서 그냥 말단 직원 선에서 적당히 무마하고 넘어가길 바라는 것이다. "너희는 쓰레기통이야. 그 역할을 하라고 월급을 주는 거야"라고 솔직하게 설명하는 경우도 있다.

그러나 그 대가는 너무 크다. 악의를 가지고 삿대질을 해대는 사람을 계속 대면하다 보면, 심신이 황폐해지고 서비스의 질도 떨어진다. 최소한의 합리적인 자기방어도 불가능한 구조 속에서 최선을 다해 일하기는 무척 어렵다. 그러한 부작용을 뒤늦게 깨닫기 시작한 일부 기업에서는 서비스 직원들로 하여금 고객이 일정 선을 넘게 되면 부드럽게 경고를 하고, 그래도 막무가내면 대응을 거부할 수 있도록 매뉴얼을 마련하고 있다. [4장 (1)에서 그 내용이 소개된다.] 직원의 건강과 자존감이 직무의 태도와 효율로 이어진다고 볼 때, 당연한 조치다. 그러나 그러한 방어 장치는 최소한의 기제일 뿐이다. 극단적인 폭언은 사용하지 않지만 표정이나 말투로 감정노동자를 힘들게 하는 고객에 대해서는 속수무책이다.

결국 소비자의 태도가 문제다. 다른 사람의 마음을 헤아리고 배려하는 양식良識이 요구된다. 예절과 공손함은 상호 존중을 전제로 한다. 서로에 대한 경외가 오가면서 인격은 고양된다. 그렇지 않고 그 흐름이 일방적일 때, 권력과 화폐를 매개로 갑과 을의 비대칭적인 관계가 형성될 때, 미덕은 악덕으로 돌변한다. 서비스는 봉사와 섬김이 아니라 하인servant의 굴종으로 전락한다. 친절과 미소가 자연스럽게 우러나오는 화기和氣가 아니라 영리를 위한 술책으로 수단화되는 것이 감정노동의 비애다. 온갖 몰상식한 요구들을 고스란히 떠안고 울분과 치욕을 꾹꾹 삼키면서 두려움을 상냥함으로 감춰야 하는 종사자들은 병든 사회의 말단이다.

2장

한국 사회와
모멸의 구조

파울 클레, 「서로 상대방이 더 높다고 생각하는 두 사람이 만나다」

Paul Klee, Two Men Meet, Each Believing the Other to be of Higher Rank, 1903

직립보행하는 인간은 신체의 높이를 쉽게 조절한다.
무릎과 허리와 고개를 꺾으면 절반 이하로 숙일 수 있다.
그러한 동작으로 타인에 대한 복종심을 확실하게 표시할 수 있다.
파울 클레의 그림에 등장하는 두 사람은 최대한으로 몸을 낮추고 있다.
겸손의 표현이 아니다. 지금은 벌거벗고 있어서 잘 모르지만 옷을 입으면
상대방이 행여 더 높은 사람이라는 것이 밝혀질지도 모른다는 생각에
알아서 기는 것이다. 작가는 권력에 민감한 사람들을 비판하고 있다.
힘겨루기와 눈치 보기로 점철되는 인간관계에서
우리는 오만과 비굴함에 길들여진다.

4 / 허풍당당 왈츠

작곡가의 말

4. 어머나! 가방 예쁘다! 새로 사셨어요? 아, 이거요? 애 아빠가 프랑스 출장 다녀오는 길에 사다 준 거예요. 아 그래요? 좋으시겠다. 요새 오륙백 하던데. 모르겠어요. 난 그런 거 안 물어봐요. 그건 그렇고, 댁의 아드님 이번에 대학 잘 들어갔나요? 아, 아녜요. 수능을 망쳐서 재수하기로 했어요. 에휴, 자식이 제일 힘들죠? 저도 고민이 많아요. 큰딸이 사귀는 남자가 성격은 좋은데 연봉이 별로라서요. 4천 받는다는데, 솔직히 우리 딸 수준에는 안 맞지 않아요?

1.
언어에 반영된
한국인의
정서 지형

2004년 영국의 번역 전문회사인 투데이 트랜스네이션스Today Transnations는 한 가지 흥미로운 조사를 했다. 1,000명의 언어학자들에게 세계에서 가장 번역하기 어려운 단어가 무엇인지 물어보았다. 어느 언어에나 외국어로 쉽게 옮길 수 없는 단어들이 있기 마련인데, 그 가운데 가장 까다로운 단어가 무엇인지 선정해달라고 의뢰한 것이다. 그 결과 아프리카 콩고의 'Ilunga'란 단어가 꼽혔다. 그 의미는 '어떤 공격을 하더라도 처음에는 용서하고 두번째도 인내하지만 세번째에는 절대 용납하지 않는 사람'이라고 한다. 과연 번역

불가능한 단어 1등을 차지할 만하다. 다른 언어권에서는 그와 동의어는 물론 비슷한 단어조차 없을 듯하다.

모든 언어는 역사와 문화의 산물로서, 저마다 고유한 맥락을 지니고 있다. 구성원들이 오랫동안 공유해온 경험, 자주 겪는 상황과 거기에 결부되는 정서, 사물과 현상에 대한 독특한 해석이나 가치관 등이 반영되어 있다. 따라서 다른 언어로 정확하게 옮길 수 없는 단어들이 있기 마련이다.

한국어의 경우 의태어와 의성어가 두드러진다. 펄쩍, 활짝, 방긋, 졸졸, 쨍쨍 등 어떤 모습이나 소리를 묘사하는 말들이 풍부하다. 흥미롭게도 같은 단어를 반복하여 생동감을 더하는 말들이 많다. 뒤뚱뒤뚱, 성큼성큼, 깡충깡충, 반짝반짝, 무럭무럭, 모락모락, 도란도란, 새록새록, 글썽글썽, 고래고래, 스멀스멀, 팔랑팔랑, 쫄깃쫄깃, 와글와글…… 한 글자만 바꿔서 리듬감을 살리기도 한다. 갈팡질팡, 오락가락, 들락날락, 삐뚤빼뚤, 우물쭈물, 알록달록, 울긋불긋, 오톨도톨, 요리조리, 올망졸망, 싱글벙글, 오순도순, 알쏭달쏭, 아웅다웅, 허둥지둥, 허겁지겁, 흥청망청, 티격태격, 그럭저럭…… 네 음절이 제각각인데 전체적으로 일정한 운율을 띠는 말도 있다. 헐레벌떡, 왁자지껄, 얼렁뚱땅, 엉망진창……

의성어나 의태어 못지않게 풍부한 것이 감정 용어다. 소리나 모습을 세밀하게 묘사하는 만큼이나 사람의 마음도 정교하게 포착하여 언어화한다. 그런데 그 어휘들을 살펴보면 한국어의 한 가지 특징이 드러난다. 부정적인 정서를 가리키는 단어가 압도적으로 많다는 점이다. 원치 않는 상황에 놓였을 때의 느낌을 한국어에서는 매우 다채롭게 표현한다. 구체적으로 나열해보면 다음과 같다.

찝찝하다, 떨떠름하다, 뒤숭숭하다, 싱숭생숭하다, 쓸쓸하다, 슬프다, 비통하다, 쓰라리다, 서글프다, 구슬프다, 고달프다, 애달프다, 쓸쓸하다, 처량하다, 아리다, 황망하다, 착잡하다, 답답하다, 안타깝다, 심란하다, 울적하다, 침울하다, 음울하다, 사무치다, 섭섭하다, 서럽다, 야속하다, 참담하다, 난감하다, 맥 빠지다, 기분 나쁘다, 기분이 구리다, 똥 씹은 표정이다, 못마땅하다, 속상하다, 괴롭다, 불편하다, 부담스럽다, 울며 겨자 먹다, 짜증 나다, 신경질 나다, 성나다, 뿔(딱지)나다, 화나다, 화가 치밀어 오르다, 열 받다, 분하다, 울분이 치솟다, 분통 터지다, 원통하다, 미치다, 꼭지가 돌다, 속이 뒤집어지다, 뚜껑이 열리다, 벙어리 냉가슴 앓다, 부글부글 끓다, 끌탕하다, 속을 태우다, 초조하다, 안달복달하다, 속으로 꾹 삭이다, 가슴이 먹먹하다, 가슴이 시리다, 가슴이 저리다, 가슴이 철렁 내려앉다, 가슴에 구멍이 뻥 뚫리다, 가슴이 까맣게 타다, 가슴에 피멍이 들다, 미어지다, 애타다, 애달프다, 애끓다, 북받치다, 치받치다, 맺히다, 죽을 맛이다, 억울하다, 억장이 무너지다, 퍽퍽하다, 환장하다, 울화통이 터지다, 배알이 꼴리다, 피눈물이 나다, 피가 마르다, 피가 거꾸로 솟다…… (분을 참을 수 없을 때 나오는 행동을 가리키는 동사로 다음과 같은 것이 있다. 난리를 치다, 방방 뜨다, 노발대발하다, 길길이 날뛰다, 씩씩거리다, 으르렁거리다, 골내다, 발끈하다, 눈에 쌍심지를 켜다, 눈을 부라리다, 삿대질하다……)

망라해보니 목록이 꽤 길게 이어진다. 부정적인 감정들이 매우 세밀하게 분류되어 있고,* 극단적인 표현이 많은 것도 새삼 확인할 수 있다. 일상에서 흔히 쓰이는 이 단어들의 뉘앙스를 외국어로 옮기기는 쉽지 않다. 그 가운데 하나로 '억울하다'를 꼽을 수 있다. 사전을 보면 "(사람이 처한 사정이나 일 따위가, 또는 사람이) 애매하거나 불공정하여 마음이 분하고 답답하다"라고 풀이되어 있다. 어린아이에서 노인에 이르기까지 한국인들은 이 말을 자주 쓴다. 그런데 외국어로 번역하기가 무척 까다롭다.

우선 '억울抑鬱'이 한자어인데도 일본어와 중국어에서는 사용하지 않는다. 일본어로 굳이 옮긴다면, '납득하기 어려운'이라고 풀어서 쓰거나, '悔しい'(쿠야시이)라는 말을 쓴다. '悔しい'는 일본인들이 흔히 쓰는 말로서 '분하다, 약이 오르다, 아깝다' 정도로 번역된다. 그러나 실제로 용례나 맥락을 보면 '억울하다'처럼 강한 감정을 가리키지 않는다. 예를 들어 운동선수들이 경기를 마치고 悔しい라는 소감을 밝히는 경우가 많은데, 이는 억울하다는 뉘앙스보다는 아쉬움과 반성의 감정이 들어가 있다. 그것을 '억울하다'로 번역하면 매우 어색해진다.** 중국어에서는 '委屈'(웨이취)이라는 표현

---

* 한국어에서 긍정적인 감정을 나타내는 단어들은 많지 않다. 기쁘다, 뿌듯하다, 즐겁다, 날아갈 것 같다, 째지다, 짱이다, 흐뭇하다, 좋다, 황홀하다, 신나다, 반갑다, 통쾌하다, 유쾌하다, 상쾌하다, 화끈하다, 살맛나다, 떳떳하다, 후련하다, 뭉클하다, 홀가분하다…… 정도다.

** 내가 아는 한국어 교사는 일본인 학습자들이 한국어로 말하면서 '분하다'라는 말을 너

이 '억울하다'에 가장 가까운데, '자기가 하지 않은 일에 대해 부당하게 책임을 물리거나 대우를 받았을 때 심리적으로 불편하고 답답한 마음'을 뜻한다. '억울함'과 매우 비슷한 뉘앙스라고 할 수 있고, 이 외에 '冤枉'(위엔왕), '屈情'(취칭) 등의 동의어가 있다.

영어는 어떤가. '억울하다'에 가장 가깝다고 여겨지는 단어로 'unfair'나 'unjust'를 들 수 있다. '억울한 조처'는 'unfair treatment'로, '억울한 누명을 씌우다'는 'accuse (a person of theft) unjustly'로 번역한다. 그런데 영어에 능통하지 않더라도, 그 의미나 느낌이 전혀 다르다는 것을 금방 알아챌 수 있다. 'unfair'나 'unjust'는 객관적인 평가다. 그에 비해 '억울하다'는 주관적인 감정을 나타낸다. 다른 사람들이 아무리 공정하고 합당하다고 말해도 본인은 매우 억울하다고 느낄 수 있는 것이다.

억울한 감정은 왜 자꾸만 생겨나는가. 한국인들이 그런 느낌에 거듭 사로잡히고 '억울하다'라는 말을 자주 사용한다는 것은 역사적 상황이나 사회적 현실을 반영한다고 볼 수 있다. 크고 작은 힘에 휘둘려 손해를 입거나 불리한 처지에 놓였다고 여겨지는 일이 많은 것이다. 그 힘이 정당하지 않고 그것을 행사하는 사람이 올바르지 않다고 생각되기에, 눈앞에 벌어지는 상황과 결과에 동의할 수 없다. 그럴 경우 부조리한 권력에 맞서거나 개선을 도모해야 마땅하지만, 많은 경우 그와 비슷한 권력을 획득하려고 애를 쓴다. '억울하면 출세하라'는 말은 그러한 사고방식을 단적으로 표현한다.

무 쉽게 쓰는 것을 자주 지적한다고 한다. 일본어라면 '悔しい'라는 말에 담아야 할 상황이나 감정을 그렇게 표현하는 것이다. 일본어에서 悔しい가 쓰이는 맥락을 보면, 그냥 가볍게 '애석하다' '아깝다' 정도로 해석해야 할 경우가 많다. 그런데 일한사전에서 '분하다'라는 말로 가장 먼저 번역되어 있다 보니 한국어를 배우는 일본인 학습자들이 기계적으로 그 말을 사용하여 극단적인 표현이 되어버리는 것이다.

한국 사회의 인간관계가 힘겨루기로 점철되기 쉬운 것은 바로 그러한 맥락과 관련이 있다. 사소한 일에 매우 방어적이 되고, 밀리고 눌리지 않기 위해 공격적인 언사를 퍼붓기 일쑤다. 바로 다음과 같은 말들이다.

나 무시하지 마! 내가 그렇게 우습게 (만만해) 보여? 왜 날 죄인 취급하는 거야? 뒷방 늙은이 신세 취급하지 마라. ***면 다야? 나(우리)를 뭐로 보길래, 이래 뵈도…… 내가 누군지 알아? 지가 (제까짓 게) 뭔데, 어따 대고…… 너 도대체 몇 살이야? 말 다했어? 눈에 뵈는 게 없어? 두고 보자.

이런 대화가 오갈 때 인간관계는 극도로 긴장 상태가 된다. 팽팽한 파워게임에 길들여진 마음의 습관은 사람들의 기질이 되고 사회적 풍토로 자리 잡는다. 상대방에게 화를 내거나 힘으로 짓누르거나 마음을 옥죄는 모습을 한국어에서는 매우 다채롭게 묘사한다.

몰아세우다, 닦아세우다, 다그치다, 날 세우다, 언성을 높이다, 고함을 치다, 내지르다, 노발대발하다, 격앙되다, 떵떵거리다, 호통을 치다, 면박을 주다, 쏘아붙이다, 윽박지르다, 속을 후비다, 속을 들쑤셔놓다, 쥐어짜다, 횡포를 부리다, '갑질'(갑을관계에서 갑이 을에게 부리는 횡포)을 하다, 조지다, 들들 볶다, 구박하다, 갈구다, 닦달하다, 쪼다, 내치다, 핏대를 올리다, 밟다, 콧대를 꺾다, 기를 죽이다, 염장 지르다, 가슴에 비수를 꽂다, 가슴을 갈기갈기 찢다…… (그러한 공격이나 억압을 받는 정황을 표현하는 말로 다음과 같은 것이 있다. 시달리다, 휘둘리다, 험한 꼴 당하다, 치여 살다, 주눅 들다, 풀이 죽다, 찌들다……)

타인과의 대립관계에서 벌어지는 행위를 매우 다채롭게 표현하고 있다. 나열한 단어들은 모두 한국인에게 매우 익숙하고 생활 속에서 흔히 사용된다. 그 표현들에서 연상되는 경험들을 떠올려보면, 이런저런 기억들이 꼬리를 물고 이어질 것이다. 한국 사회와 우리의 일상 곳곳에 갈등의 지점들이 많다. 그리고 우리가 어찌할 수 없는 힘에 억눌리는 경우가 많다. 하지만 공과 사의 경계가 분명하지 않고 비공식적인 관계에서도 언제나 위계 서열을 엄격하게 따지는 문화에서, 자신의 심경을 정직하게 표현하기는 매우 어렵다. 그 대신 약삭빠른 적응이 요구된다. 권력관계에서 약자가 굴복하는 방식도 한국어에서는 매우 다양하게 표현된다.

눈치 보다, 눈칫밥을 먹다, 알아서 하다, 알아서 기다, 잘 보이다, 굽실거리다, 눈도장 찍다, 기죽다, 기를 못 펴다, 끽소리 못하다, 깨갱 하다, 꾸뻑 죽다, 코가 납작해지다, 찌그러지다, 꼬리를 내리다, 숙이고 들어가다, 살살거리다, 빌붙다, 꿀리다, 아양 떨다, 알

랑방귀 뀌다, 깍듯하다, 싹싹하다, 애교를 떨다

이런 표현들이 많이 쓰인다는 것은, 강자 앞에서 비굴하게 몸
을 숙여야 하는 상황이 많다는 것을 암시한다. 힘 있는 자는 그만
큼 지배의 쾌감을 맛볼 수 있다. 아랫사람이 자기를 어떻게 대접하
는지를 주시하고 그에 대해 나름의 보상과 처벌을 준다. 강자의 입
장에서 약자를 평가하는 용어를 보자. 상대방이 마음에 들게 행동
하는 경우, 정반대로 눈에 거슬리고 심기를 불편하게 하는 경우('찍
히다' '눈 밖에 나다' 등의 말로 묘사되는 상황) 그를 평가하거나 상대의
태도를 묘사하는 형용사나 동사는 다음과 같다.

착하다, 기특하다, 고분고분하다, 반듯하다, 경우가 바르다, 싹싹
하다, 깍듯하다

건방지다, 눈치가 없다, 싸가지 없다, 까불다, 깐죽대다, 깝죽대다,
뺀질거리다, 껄렁하다, 되바라지다, 돼먹지 않다, 시건방 떨다, 튀
다, 버르장머리 없다, 괘씸하다, 삐딱하다, 기어오르다, 맞먹다, 같
지 않다, 개념 없다, 나대다, 설치다

언어는 생각과 문화를 담아내는 그릇으로, 현실을 반영하면
서 동시에 창출한다. 인간관계에 스며들어 있는 권력구조나 서열의

식, 그리고 그 안에서 작동하는 감정의 얼개가 언어를 통해 재생산된다. 생활 속에서 사용되는 말들을 해부함으로써 우리의 마음과 사회의 자화상을 그려볼 수 있다. 이 글에서는 한국어의 특징을 비교언어학적으로 살펴보고, 그 밑에 깔려 있는 정서적인 지형을 거칠게 조감해보았다. 무엇을 확인할 수 있는가. 한국인의 삶은 부정적인 감정에 많이 노출되어 있고, 거기에는 불합리하거나 불공정한 (또는 그러하다고 여겨지는) 사회적 관행들이 맞물려 있다. 사소한 일상에서 조직 문화, 경제 질서, 국가기구에 이르기까지 박탈감과 억울함을 불러일으키는 요인들이 너무 많다. 그러나 변화를 일으킬 힘은 턱없이 모자란다. 그런 감정 자체를 표출할 통로조차 너무 비좁다. 그 어두운 에너지가 해소되지 못한 채 증폭되고 사회적으로 악순환을 일으킨다.

2.

귀천에 대한
강박

: 역사로 살펴본
한국인의 복 사상

어느 대학생이 한국어를 한창 배우고 있는 캐나다인에게 친구 이야기를 하던 중 "그 집은 잘사니까"라고 말했다. 그러자 캐나다 청년은 중간에 말을 끊고 질문을 했다. "잘산다고? 그게 무슨 말인데?" 이에 대해 한국 학생은 '부잣집'이라는 뜻이라고 풀이해주었다. 질문에 답을 하면서 그는 한국말과 거기에 담긴 한국인의 사고방식에 대해 새삼 생각하게 되었다고 한다. '잘산다'(때로는 '잘'이라는 부사마저 생략하고, '걔네 집, 좀 살거든'이라고도 한다)를 영어로 직역하면 'live well'이나 'well-being'이 된다. 그러나 한국어에서의 실

제 뜻은 'rich'다. 마찬가지로 '못산다'를 영어로 번역하면 'poor'가
된다.

언어는 약속이고, 습관의 산물이다. 그래서 어느 나라 말에든
관용구들이 많다. 관용구에는 구성원들이 공유하는 사회적 통념이
담겨 있다. '잘사는 것'을 경제적인 부유함으로 등치시키는 어법에
는 한국인의 생활 경험과 가치관이 깔려 있다고 볼 수 있다. 한국인
들이 언제부터 그러한 표현을 사용했는지는 확인하기 어렵지만, 최
근 몇 십 년의 역사 속에서 형성된 의식이 매우 강하게 투영되었으
리라고 짐작된다.

'잘산다'는 것은 여러 가지 의미를 함축하는 개념이다. 건강,
인간관계, 경제적인 여유, 물리적인 공간의 안락함, 일의 보람, 마음
의 평화 등 복합적인 요소들이 맞물려야 한다. 그런데 우리는 왜 그
가운데 경제력 하나만을 따지게 되었을까. 한국인들은 오랫동안 극
심한 가난에 시달리다가 반세기 동안 진행된 압축 성장 덕분에 삶
이 극적으로 달라졌다. 돈이 많고 적음에 따라 삶의 모습이 천차만
별로 나뉘게 되었다. 자본주의 사회가 본디 그러하지만, 한국의 경
우 그 변화가 워낙 초고속으로 진행되어서 경제적인 차원의 변수가
훨씬 압도적인 힘을 발휘했다고 해야 할 것이다. '잘살아보세!'라는
주술은 생활 전반을 크게 바꿔놓았다.

경제력에서 비롯되는 변화는 곧바로 드러나는 것이 특징이다.
예를 들어 가족관계, 일이나 공부, 건강 등에서의 변화는 한눈에 알

아채기 어렵다. 하지만 돈을 많이 벌어서 큰 집이나 자가용을 장만하고 골프를 치고 명품을 걸치는 것은 금방 눈에 띈다. 게다가 부자들이 자신의 부富를 애써 과시하다 보니 더욱 두드러져 보이기 마련이다. (영어에서 과시적 소비를 'conspicuous consumption'이라고 하는데, conspicuous의 뜻 자체가 '눈에 확 띄는'이란 의미를 담고 있다.) '소비의 급수'에 따라 삶의 높낮이가 판정되는 것이 소비사회의 일반적인 상황이지만, 이 역시 한국에서 훨씬 첨예하게 나타난다.

그 속에서 삶은 희미하고 왜소해진다. 사람과 삶을 입체적으로 바라보지 않고 하나의 기준으로만 가치를 매기는 것, 내면세계에는 관심이 없고 오로지 외형적인 비교에 매달리며 우쭐대거나 주눅 드는 모습이 그것이다. 그러한 마음의 습관은 어디에 뿌리를 두고 있는가. 단지 경제성장이 압축적이었다는 것만으로는 해명되지 않는 부분이 있다. 자본주의가 도입되기 전에 형성된 사회적 토양을 살펴보아야 할 듯하다. 여기에서는 '귀貴'라는 관념에 대한 한 가지 해석을 검토하면서 중요한 실마리를 잡아볼까 한다.

최정호 교수는 「복의 구조: 한국인의 행복관」*이라는 논문에서 전통사회의 복福의 관념을 분석한다. 한국에서는 오래전부터 '오복五福'을 말해왔는데, 그 다섯 가지는 문헌에 따라 그리고 시대나 지역에 따라 다르게 규정되었다. 여러 자료를 종합해서 조선 시대에 일반적으로 복이라고 여겨진 것 가운데 가장 공통된 네 가지를 추려보면 수壽, 부富, 귀貴, 다남자多男子라고 한다. 최 교수는 그 개념

* 최정호, 「복의 구조: 한국인의 행복관」, 『계간 사상』, 사회과학원, 1990년 여름에 수록.

114

들의 속성과 사회적 맥락을 해부한다.

이 네 가지 복 가운데 수壽, 부富, 다남자多男子는 모두 객관적으로 증명된다는 공통점이 있다. 숫자로 가늠할 수 있어서, 주관적인 잣대를 내세우며 억지 부릴 수 없다. 가령 젊은 나이에 요절했는데 질적으로는 장수를 했다고 말할 수 없고, 끼니도 제대로 잇지 못하면서 부자라고 우길 수 없다. 아들을 한두 명밖에 낳지 못한 경우, 그들이 열 아들의 몫을 했으니 행복하다고 할 수 있을지언정 아들이 많다고는 주장할 수 없다. 이 세 가지는 누가 보아도 금방 확인하고 합의할 수 있는 내용이다.

그에 비해 귀貴 하나만큼은 다른 차원의 속성을 갖는다. 그런데 이것마저도 외형적인 것으로 환원되어버렸다. 최정호 교수는 다음과 같이 말한다.

무릇 높은 것, 높여야 하는 것, 드문 것, 흔치 않은 것, 공경받는 것, 공경해야 하는 것이 귀貴다. 그런 점에서는 귀란 모든 것에 편재遍在하는 속성, 비록 그에 이르는 길이 쉽지는 않으나, 그 가능성은 모든 사람에게 열려 있는 보편적인 가치 개념이라고 할 수 있다. 사람도 누구나 노력을 하거나, 학식을 쌓고 덕망을 쌓으면 남의 공경을 받고 높임을 받는 고귀한 인격, 존귀한 인격이 될 수 있다. 비록 그러한 인격을 닦은 사람의 존재가 희귀하다고는 하더라도 그 가능성은 누구에게나 개방되어 있어 마땅한 것이다. 이처럼 보편적·개방적인 가치 개념으로서의 귀가 한국적인 복 사상에 있어서는 높은 '지위,' 높은 '벼슬,' 곧 '관작'으로서만 일방적으로 이해되어왔다.*

'귀'는 곧 '고귀하다'는 뜻이고, 영어로 풀이하면 'noble'에 가장 가까울 것이다. 그것은 수壽, 부富, 다남자多男子와 달리 객관적으로 금방 드러나거나 비교되기 어려운 속성을 지니고 있다. 양의 구속을 받지 않고 질로 평가된다. 당사자를 직접 만나거나 함께 지내면서 그 고매함을 느낄 수 있다. 그리고 삶을 가꾸고 마음을 연마함으로써 고귀해질 수 있다. 비록 다른 복을 받지 못했다 해도, 귀貴만큼은 스스로 성취할 수 있다. 그 내용도 매우 다양하다. 어떤 사람은 학문을 닦음으로써, 어떤 사람은 예술이나 종교를 통해, 어떤 사람은 타인에게 많은 것을 베풂으로써 삶을 고양시킬 수 있다. 그런데 조선 사회에서는 보편적으로 개방되어야 할 '귀'마저도 벼슬이라는 것으로 축소되고 획일화되었다는 것이 최 교수의 평가다.

또 한 가지 짚어야 하는 것은 수壽, 부富, 다남자多男子는 지극히 사적인 차원에서 추구되는 복이라는 점이다. 가족의 범위를 넘지 못한다. 그에 비해 '귀'는 공적인 차원에서 끝없는 확장성을 가진다. 이웃에게 덕이 되고 세상을 이롭게 하는 일에 힘쓰면서 삶의 격을 드높일 수 있는 것이다. 그런데 벼슬로 '귀'의 의미가 국한될 때, '가문의 영광'을 세우는 비좁은 목표를 넘어서지 못한다. 사람

* 같은 글, 192~93쪽.

이나 가문을 오로지 관작의 높낮이로 비교할 때, 자신의 삶을 스스로의 눈으로 바라볼 수 있는 관점은 희박해진다. 벼슬을 하지 않아도 귀할 수 있고 벼슬을 하더라도 천할 수 있는데, 그러한 평가의 기준을 세우지 못한다. 제한된 관직을 둘러싼 제로섬 게임에서 이겨야만 귀한 인생으로 여겨지게 되니, 자기만의 고유한 정신세계나 생활 양식을 통해 존재 가치를 추구하는 길이 비좁아진다. 최정호 교수에 따르면, "양반의 자제로 태어나서 귀한 신분에 있는 사람들조차 높은 벼슬을 해서 '귀'를 누려야 비로소 '천'함을 벗어날 수 있다고 생각한 데에 한국적인 '귀'의 추구의 특수성, 혹은 강박성이 있었다."*

이러한 사회 심리 내지 가치관은 지금도 남아 있지 않은가. 역사의 흐름에는 여러 층위가 있어서, 표면에서는 엄청난 변화가 일어나지만 심층에서는 오랫동안 지속되어온 관성이 있다. 조선 시대 사람이 타임머신을 타고 와서 오늘의 한국 사회를 경험한다면 도저히 적응하지 못할 것이다. 물질적 환경은 물론 사람들의 사고방식이나 생활감각이 너무 다르기 때문이다. 그러나 어떤 면에서는 과연 조선의 후예로구나 하면서 동질감을 느낄지도 모른다. 교육열로 드러나는 줄세욕을 보면서 과거科擧 합격을 위해 모든 것을 걸었던 자기 시대의 풍경을 연상하리라.

지금은 조선 시대와 달리 '귀'가 관직에 의해서만 결정되지는 않는다. 관료기구 이외에도 수많은 조직이 생겨났고, 거기에서 차지하는 지위가 '귀'를 나타낸다. 그리고 시장의 영역이 넓어지면서 재

---

* 최정호, 「무사상無思想의 사회, 그 내력과 구조」, 『계간 사상』 1989년 창간호, 35쪽.

력이 곧 '귀'와 동일시되는 경향도 있다. 노동시장에서 얼마나 높은 연봉을 받느냐, 소비시장에서 얼마만큼의 구매력을 갖느냐가 행복의 기준으로 절대화되어간다. 교육열이라는 것도 그 속내를 들여다보면 그러한 일원적인 가치를 향한 경쟁에 다름 아니다. 아이에서 청년에 이르기까지, 장차 '천賤한' 존재로 살아가야 할지도 모른다는 불안에 사로잡힌다.

사회 진입을 앞둔 젊은이들만이 아니다. 한국의 노인 자살은 다른 연령대에 비해서 최근 20년 동안 가파르게 증가했는데(다른 연령대가 2~3배, 65세 이상은 5배), 그 배경에도 귀천에 대한 강박이 깔려 있는 것으로 보인다. 서울의대 정신과 김석주 교수에게서 진료 현장의 경험을 들었다. 자살 충동에 시달리는 노인들 가운데, 객관적으로 보기에는 심각한 상황이 아닌데도 본인은 자기 인생이 끝났다고 단정하는 이들이 적지 않다고 한다. 예를 들어 건물을 여러 채 가지고 임대 수입으로 넉넉하게 살다가 그것을 거의 다 날린 분이 있었는데, 아직 보유하고 있는 재산으로도 쪼들리지 않고 살아갈 수 있는 형편이었다. 그런데도 절망감에 빠진 이유는 그동안 어울려 지내던 사람들과의 비교 때문이었다. 큰 승용차를 타고 으스댈 수 없고, 주말마다 골프장을 다닐 수 없게 되었기 때문이다.

우리가 그토록 중시하는 자존심은 의외로 깨지기 쉽다. 가끔 동창회에 가보면 참석자들이 점점 줄어든다. 세월이 지나면서 자연스럽게 멀어지게 된 측면도 있지만, 그 가운데 상당수는 경제 형편이 나빠져서 자격지심에 발길을 끊은 친구들이다. 여성들 가운데는 동네나 동창회에서 잘 어울려 지내다가 자기의 자녀가 친구들의 자녀에 비해 하위 대학에 들어가면 모습을 감추는 경우가 적지 않다. 한국인에게 친구는 과연 무엇인가. 잘나가는 인생을 자랑하면서 비슷한 수준끼리 어울리는 사교의 대상인가, 아니면 어려울수록 위로와 격려를 주고받으며 살아가는 힘을 북돋아주는 동반자인가. 사업에 실패해서 걷잡을 수 없는 난관에 빠졌을 때 편안하게 만나서 용기를 불어넣어줄 수 있는 벗들은 없는가.

외형적으로 드러나는 몇 가지 요소들을 기준으로 사람의 높낮이를 매기고 귀천을 따지는 것이 우리의 속물적 문화다. 보이지 않는 것의 가치를 발견하면서 자신의 귀중함을 깨닫고 서로의 존엄을 북돋아주는 관계가 절실하다. 그러한 관계가 자라나는 사회적 풍토를 조성하는 과제가 우리에게 주어져 있다. 이를 위해서는 귀천에 대한 기존의 관념을 의문에 부치면서 무엇이 삶의 가치를 높여주는지에 대해 성찰해야 한다.

3.
신분제의 붕괴,
신분의식의
지속

'퍼피 도그Puppy dog 서비스'라는 것이 있다. 패밀리 레스토랑에서 점원들이 테이블 옆에 쪼그리고 앉아 주문받는 것을 가리킨다. 전 세계적인 체인망을 가진 어느 패밀리 레스토랑의 한국지부에서 처음 시행된 이 서비스는 반응이 좋아 다른 나라들로 퍼져나갔다. 하지만 손님들이 오히려 부담을 느낀다는 이유로 허리만 살짝 굽힌 채 주문을 받는 정도로 변형되었다고 한다. 서비스업계에서 한국의 '경쟁력'은 각별하다. 중국에서 한국계 마트가 성공적으로 정착할 수 있었던 요인 중 하나로, 캐셔로 하여금 손님에게 고개

숙여 인사하도록 한 것을 꼽는다. 한국에서는 의례적인 동작이지만, 중국에서 고개를 숙이는 일은 대단한 경외의 표시인 것이다.

한국의 손님들은 까다롭다. 서비스업 종사자들은 그 '윗분'을 깍듯하게 모셔야 한다. 대형할인마트의 선구자인 까르푸가 망하고 홈플러스로 인수된 다음, 가장 먼저 캐셔의 의자부터 없앴다는 것은 의미심장하다. '아랫것'이 감히 편안하게 앉아서 손님을 맞이해서는 안 된다. 앞서 1장에서 논의했지만, 한국의 감정노동은 유난히 가혹하다. 패밀리 레스토랑에서 신입 아르바이트생들을 교육할 때 귀에 못이 박히도록 강조하는 지침은 '아무리 억울한 일을 당해도 절대 말대꾸하지 말아야 한다'는 것이다. 손님의 자존심을 상하게 해서는 안 되기 때문이다. 요즘 젊은이들에게 그것이 얼마나 고역인지에 대해, 그 일에 종사했던 어느 여성은 다음과 같이 술회했다.

흥미로운 점은 동료 아르바이트생들의 태도였다. 집에서는 나름 귀하게 컸을 이들이 말로만 듣던 '손님왕'을 처음으로 영접해야 한다. 그런데 그렇게 하는 과정에서 생전 겪어보지도 못했을 모멸감을 겪고 자존심에 금이 가서는 얼굴이 벌겋게 달아오른 채 씩씩대며 내뱉는 소리는 짜기라도 한 듯 한결같다. "으아아악 지들이 뭔데 나한테 이래? 지들이 내 상전이야 뭐야? 내가 이런 대우를 받아도 되는 사람이 아니라고! 나도 원래 이렇게 레스토랑에서 시중이나 들고 있을 사람이 아니란 말이야!" 곱게 자란 아이들이 감당하기에 레스토랑의 신분 격차는 너무나 컸다.*

　'신분'이라는 단어는 두 가지 의미를 갖는다. 현대사회에서는 '개인의 사회적 지위나 자격'이라는 뜻으로 쓰이는데, '외교관 신분으로……' '자신의 신분을 감춘 채……' 같은 용례가 있다. 신분의 또 다른 개념은 '혈통이나 가문 등 여러 요인에 따라 몇 개의 등급으로 구분한 사람의 지위나 자격'이다. 근대 이전의 사회에서 통용되던 것으로, 세습이 그 핵심이고 사람들의 권리와 의무가 제도적인 등급에 의해 미리 정해져 있다. 근대사회는 그런 봉건적인 질서를 타파하고 개인의 보편적인 권리와 자유를 보장하는 시스템을 만들었다. 제도화된 세습 신분은 사라졌다.

　그러나 실제로는 일종의 관성으로 또는 변형된 형태로 지속되는 경우가 많다. 인도의 카스트 제도가 먼저 떠오르지만, 아직 근대사회로 완전히 이행하지 못한 결과라고 봐야 할 것이다. 그와 달리 산업화에 앞장선 나라들에서도 신분제의 잔영이 꽤 남아 있다. 유럽의 많은 나라들에서는 상징적일지언정 왕실이 계속 유지되고 있고, 배타적인 상류사회가 여전히 존재한다. 개인이 아무리 뛰어나도 특정 가문 출신이 아니면 쉽게 낄 수 없다. 다른 한편으로 노동자 계급의 문화가 형성되어 있고 그들끼리 모이는 공간이 유지되고 있다.

　일본에서는 '부라쿠민部落民'이라는 천민 집단의 후손들이 아

---

*　이나영, 「손님, 그 무소불위의 이름」, 연세대학교 문화인류학과 강좌 '한국 문화 낯설게 보기' 2011년 1학기 개설 제출 리포트.

직도 차별받는다. 그들은 에도시대에 가축의 도살, 사형 집행, 피혁 가공 등에 종사했는데, 살생을 금하는 불교 사회에서 혐오되는 직업이었다. 메이지 유신 이후 제도적으로는 해방되었지만, 문화적으로는 계속 최하층민으로 남아야 했다. 지금도 그 후손들은 취직과 결혼에서 기피의 대상이 된다. 기업에서는 입사 지원자들의 조상이 어디에 살았는지를 추적하고, 음성적으로 유통되는 부라쿠민 거주 지역 리스트를 근거로 색출해서 탈락시킨다. 정치권에서도 자민당의 유력한 총리 후보가 부라쿠민 출신임이 밝혀지면서 지명을 받지 못한 일이 있었다. 이에 반해 상류층의 후예라는 신분이 메리트가 되기도 한다. 예를 들어 1990년대 호소카와가 총리로 지명될 때 영주 가문 출신이라는 것이 유리하게 작용했다.

그런 나라들에 비해 한국은 전통적인 신분제도가 거의 대부분 무너진 사회로 평가된다. 핏줄에 따른 특혜나 불이익이 거의 없다. 양반의 후손임을 내세워 유리할 것이 없고, 상놈 집안 출신임이 밝혀져도 낙인이 되지 않는다. 아니, 그런 계보에 아예 신경을 쓰지 않는다. 만민이 평등하다는 근대적 사상이 확고하게 자리 잡은 듯 보인다. 전근대적인 혈통적 신분주의가 이 정도로 깔끔하게 사라진 사회도 많지 않을 것이다.

그것은 어떻게 가능했는가. 조선 후기에 국가가 나서서 공노비와 사노비를 혁파한 것을 중요한 계기로 볼 수 있지만, 제도적으로 노비를 없앴을 뿐 양반 계층이 사라진 것은 아니었다. 조선 시대의 양반은 법제적으로 공식화된 신분이라기보다는 사회관습적으로 형성된 지배층이다. 국가가 나서서 한꺼번에 없애거나 혁명을 통해 해체하기 어려운 것이었다. 그러한 양반의 위상이 조선 후기에 빠르게 변하기 시작했다. 우리가 역사에서 익히 배운 바대로, 18세기부터 평민들이 돈을 주고 호적에 자신의 이름을 올리기 시작하면서 양반의 수가 늘어갔다. 급기야 19세기에 이르러서는 인구의 절반 이상이 호적상으로 양반이 되었다. 이런 상황에서 본래적 의미에 충실한 귀족으로서의 양반은 존속하기 어려워진 셈이다.

일제 강점기에 접어들어 반상의 구분은 더욱 애매해졌다. 식민 지배의 상황에서 기득권층은 힘을 잃기 마련이다. 반면 새롭게 편성되는 사회체제에서 출세의 기회를 잡는 이들이 생겨났는데, 평양과 서울의 중인들이 거기에 해당한다. 그들이 지닌 전문 지식과 기술은 근대화의 흐름과 잘 맞물려 새로운 세력이 형성되는 토대가 되었다. 그러나 혈통에 따른 차별이 완전히 없어진 것은 아니었다. 천민 집단의 해방운동인 형평사 운동이 1935년까지 지속된 것이 그 증거다. 최하층 집단이 그때까지 받은 학대로 인한 설움은 엄청났다. 그리고 양반들의 권력이 완전히 소멸된 것도 아니었다. 일제는 지주이자 향반인 지역사회 내 기득권 세력에게 면장 등의 지위를 부여하거나 비공식적인 특권을 상당 부분 온존시켰다. 그래서 소작인이나 노비들에게 신분적 특권을 변함없이 행사할 수 있었다.

신분제의 와해에 결정타를 매긴 것은 6.25 전쟁이다. 이에 대해서는 역사학과 사회과학계에서 이견이 거의 없다. 짧은 기간이었지만 엄청난 살상이 자행되면서 기존의 질서가 통째로 뿌리 뽑혔다. 전국에 걸쳐 이루어진 이산離散을 통해 사회가 균질화되었고, 이데올로기의 충돌과 생존을 위한 절박한 몸부림 속에서 반상班常의식은 희미해졌다. 특히 도시가 익명의 공간으로 변해가면서, 출신성분을 따지는 것이 무의미해졌다. 산업화와 함께 대거 이농이 이루어지고 도시가 사회의 변화를 강력하게 주도하는 가운데 전근대적인 신분 질서는 더욱 빠르게 해체되었다. 시골에서 가난하게 살다가 새롭게 열린 자본주의 체제에 민첩하게 적응하여 사업에서 큰 성공을 거둔 신화적 인물들이 연달아 등장하면서 양반과 상놈의 구별은 점점 사라졌다.

이렇듯 한 세기에 걸쳐 이루어진 격변은 전통적인 신분제도를 빠르게 무너뜨렸다. 그러나 그것은 자각적인 청산이 아니었다. 봉건적 신분제에서 억눌려 있던 사람들이 힘을 모아 이루어낸 성과도 아니었고, 구체제에 대해 위기의식을 가진 지배세력이 스스로 개혁한 것도 아니었다. 그런 시도가 몇 차례 있었지만 불발로 끝났고, 식민지배와 전쟁 그리고 산업화의 물결이라는 외부의 힘에 의해 낡은 질서가 깨져나갔다고 보아야 한다. 따라서 권력의 시스템이나 사회구조에 대해 치열하게 고민하거나 논쟁하지 못했고, 새로운 세계를 향한 비전을 창조하면서 현실과 맞붙어 싸운 경험이 박약했다.

그 결과, 겉으로 보이는 신분제도는 사라졌으나 신분의식은 온존하게 되었다. 혼란기를 통과하면서 기존의 지배 질서는 무너졌지만, 귀족적 차별의식은 오히려 보편화되었다. 그래서 한국은 여전히 전통적인 신분 관념이 강하게 지배하는 사회다. 다만 그 틀이 전근대적인 신분 질서가 아닐 뿐이다. 그 대신 학력, 빈부, 외모, 지위 등이 강력한 기준으로 자리 잡았다. 그런 차이들을 중심으로 귀함과 천함을 구분하고 자기와 타인을 위아래로 자리매김한다. 감정노동을 혹독하게 만드는 의식구조도 거기에 맞물려 있다. 다음의 사례를 보자.

> 미용실을 찾은 한 20대 후반 남성이 머리 염색을 원했다. 고 씨가 샴푸로 머리를 감긴 뒤, 디자이너가 남성과 상담을 했다. 그리고 디자이너의 지시를 받은 고 씨가 남성의 머리에 염색약을 발랐다. 그러자 그 남성은 정색을 하고 화를 내며 "얘 뭐야? 왜 인턴이 내 머리를 만져. 원장 오라고 해!"라고 말했다. 남성은 당황해 하는 고 씨는 쳐다보지도 않고, 디자이너에게 계속 반말로 소리를 질렀다. 그 자리에 고 씨는 없는 존재로 취급됐다. 아무런 대꾸도 하지 못했다.*

그 남자에게 사람의 등급을 매기는 기준은 확실하다. 그리고 자신보다 밑에 있다고 여겨지는 사람과 최소한의 접촉도 불쾌해한다. 지독한 신분의식의 발로다. 그 사람은 다른 곳에서 바로 그와 똑

---

* 이재훈, 「지문 잃고 표정 잃은 미완의 '가위손'」, 『나들』 2013년 2월호, 65쪽.

같은 신분의식 때문에 차별을 당하고 모멸감을 느끼며 살아가고 있을 가능성이 높다. 그 울분을 가슴에 억누르고 있다가 자기보다 약해 보이는 사람을 만나면 폭력으로 분출한다. 감정노동자들은 만만한 상대다. 오로지 구매력을 가진 소비자일 때만 큰소리를 치면서 자신의 권력을 확인하는 것이다. 어느 손님은 매장에서 종업원이 실수를 하자, 다짜고짜 이렇게 말했다. "무릎 꿇어. 대학은 나왔어?"

그 한마디에 깔려 있는 거대한 콤플렉스 덩어리는 어떻게 생겨났을까. 그것은 우선 그 사람의 성장 경험에서 찾아야 하겠지만, 다른 한편으로 한국인의 심성을 지배하는 깊은 조류를 함께 더듬어봐야 할 것이다. 철저한 서열의식과 귀천 관념, 자기보다 약한 사람을 짓밟으면서 쾌감을 느끼는 심보는 오래전부터 끈질기게 이어져오고 있다. 한 가지 예로 조선 시대에 양반들이 승려들 위에 군림했던 상황을 들 수 있다. 불교에 대한 탄압은 제도만이 아니라 인격적인 차원에서도 이루어졌음을 다음의 기록을 통해 알 수 있다.

명종 때 회양부사로 임명된 양사언으로부터 시작된 절승지 유람에 유생 모시기는 실로 가혹했다. 가파른 산길에 가마를 메고 가다 보면 돌부리에 걸린 발에서 피가 터졌고, 그 위에서 양반들이 파르라니 깎은 머리에 마구 털어낸 담뱃불로 머리가 그슬리기도 했다. 그 고통을 이기지 못하고 가마를 놓치면 형틀에 묶여 곤장을 맞게 된다. 그렇게 사찰에 당도한 양반들은 기생을 불러 술을 마시고 춤을 추는 등 고요한 수행의 도장을 난장판으로 만들었다. 〔……〕 그래서 작은 사찰의 승려들이 인근에 양반이 떴다는 소식을 들으면 절간을 비우고 줄행랑을 치는 일이 많았다. 그들에게는 마마나 호환, 전쟁보다 무서운 것이 바로 양반이었다.*

요즘 세상에서라면 형사사건으로 구속될 만한 범죄다. 이제는 어떤 경우에도 타인에게 폭력을 행사하면 안 된다는 상식이 정착되었고, 인권을 보호하는 법률도 많이 정비되었다. 그러나 신체적으로 학대하지 않을 뿐, 정신적인 괴롭힘은 자주 행해진다. 양반들이 승려의 머리를 담뱃불로 지지는 행위에 언어폭력을 대입해보자. 그리고 양반과 승려 대신 손님과 종업원, 직장 상사와 부하 직원, 교수와 대학생 등을 배치해보자. 여러 장면들이 떠오르거나 연상될 것이다. 신분제는 지나간 시대의 유물이 되었지만, 신분의식은 여전히 살아 움직이고 있다. 먼 훗날 역사가들이 지금의 한국 사회를 평가한다면, 조선 시대의 여파가 상당 부분 남아 있던 시대로 규정하지 않을까.

---

* 이상각, 『조선팔천』, 서해문집, 2011, 272쪽.

4.

위계 서열과
힘의 우열

누구나 한때는 자기가 크리스마스트리인 줄 알 때가 있다.
하지만 곧 자신은 그 트리를 밝히는 수많은 전구 중 하나일 뿐이라는
진실을 알게 된다. 그리고 머지않아 더 중요한 진실을 알게 된다.
그 하찮은 전구에도 급이 있다는 것을.
—드라마 「직장의 신」에서

'견자교'라는 것이 있다. 서울에 있는 서강대교의 별칭이다. '견자犬子'는 '개의 자식'이라는 뜻이다. 정기국회나 임시국회가 열릴 때 국정 질의에 출석했던 장관들이 집무실로 돌아가려면 그 다리를 건너게 되는데, 차 안에서 "개**!"라고 욕을 해댄다고 해서 붙여진 이름이다. 공식석상에서 국회의원들에게 인격적으로 모독을 당했다고 느끼면서 분통을 터뜨리는 것이다. 국회의원 가운데는 자신의 권력을 과시라도 하듯, 필요 이상으로 호통을 치는 이들이 적지 않다. 장관들은 명색이 관련 행정부처의 우두머리로서 국회의원

못지않은 자부심과 권한을 갖고 있는데, 마치 아랫사람 또는 죄인처럼 취급당하니 화가 치밀어 오르는 것이다. 물론 국회의원이 예의를 갖춰 지적하고 따져 물었음에도 망신을 당했다고 생각하는 경우가 있으리라.

정치인들의 권위주의는 유별나다. 오래전에 어느 도서관에서 주최하는 학부모 강좌에 강사로 초빙된 적이 있다. 강연장에 가보니 사전 행사로 구청장의 인사말이 갑자기 추가돼 있었다. 임박한 지방선거를 앞두고 득표 활동을 하기 위함이었다. 예정 시간보다 10분쯤 지나 구청장이 도착해 단상에 올라갔다. 그런데 그는 인사말이 아니라 일종의 연설을 하기 시작했다. 그날의 강연 주제와 관련해 자기의 생각을 한참 늘어놓더니, 구청장으로서 그동안 지역에서 이룬 치적에 대해 장황하게 떠벌렸다. 시간은 어느덧 20분이나 흘렀고, 강연을 들으러 온 주부들 사이에서는 불만의 소리가 터져나왔다. 나 역시 짜증의 수준을 넘어 화가 나고 맥이 빠졌다. 내 '순서'가 되어 강단에 올랐지만, 정말로 강의할 기분이 아니라는 감정을 솔직하게 표현하고 나서야 힘겹게 본론에 들어갈 수 있었다.

이와 비슷한 상황이 종종 벌어진다. 심포지엄 같은 행사가 열릴 경우 단체장, 국회의원, 구의원, 시의원, 관련 단체 회장 등 지체 높으신 분들의 축사와 인사말로 30분 정도가 훌쩍 흘러가버리기 일쑤다. 주최 측에서는 그들의 발언 순서와 앉는 자리의 배정에 신경을 곤두세워야 한다. 비서실을 통해 서로 앞쪽에 배치해달라는 요청 또는 압력이 들어올 때도 있다. 그런데 그렇게 요란을 떨게 만든 당사자들은 본 행사가 시작되면 자리를 뜨는 경우가 대부분이다. 심포지엄의 첫 발표자가 막 말문을 열었는데 수행원들과 함께 우르르 행사장을 나가버리는 것이다. 심지어 공연장에서 막이 올랐는데 자리를 뜨는 바람에 분위기를 완전히 망가뜨리는 경우도 있다. 축제에 특별히 초대된 내빈이 민폐를 끼치는 셈이다.

한국에서는 고위직 인사들의 품위와 체면을 유지하는 데 너무 많은 사회적 비용이 든다. 자신이 특별한 존재임을 끊임없이 과시하고 확인시키는 데 골몰하는 이들에게 권력은 그 자체로 최고의 목적이 된다. 선거철에는 머리를 깊숙이 조아려 유권자들에게 큰절을 올리지만, 당선되고 나면 알량한 특권의식으로 시민들을 업신여긴다. 정책의 연구와 실행보다는 각종 행사장에 얼굴을 내비치고 축사를 하는 데 더 많은 시간을 할애하는 사람들이 당선되는 것은 정치판이 왜곡됐기 때문이다. 책임을 충실히 이행하지 않는데도 엄청난 권력을 위임받는 불공정한 교환, 그 허세의 시장은 무관심과 냉소주의를 먹고 자라난다.

정치인들만 그런 것이 아니다. 보통 사람들의 생각과 느낌과 행동에도 알게 모르게 권위주의가 깃들어 있다. EBS에서 방영된 다큐멘터리 「두 얼굴의 인간」에서 재미있는 실험을 해보았다. 빨간불 신호등 앞에서 멈춰 있던 차가 녹색불로 바뀌어도 출발하지 않고 그냥 서 있는다. 그 상황에서 뒤에 있는 차가 얼마 만에 경적을 울리는지를 측정한다. 실험에는 두 가지 승용차가 쓰였는데, 한 대는 국산 자동차 중 가장 비싼 에쿠스였고 다른 한 대는 경차인 마티즈였다. 실험 결과 그 차이는 컸다. 마티즈의 경우 평균 3초 만에 경적을 울린 반면, 에쿠스가 서 있을 때는 평균 10초가 걸렸다.* 경적을 울리지 않고 옆으로 차를 돌려서 빠져나가는 승용차도 있었다.

타자와의 관계를 힘의 우열이라는 프리즘으로 가늠하는 마음의 습관은 여러 장면에서 확인된다. 큰 조직이나 기구들 사이에 힘겨루기가 종종 이루어지고, 개개인의 일상적 관계와 소통에서도 은연중에 권력이 작동한다. 거의 무의식적으로 그 논리를 따른다. '갑을관계'라는 것이 그러한 정황을 반증한다. 한국 사회에서 일반명사로 정착된 '갑/을'이라는 개념은 외국어로 어떻게 번역할 수 있을까. 한자 문화권인 일본에서도 계약서에 갑과 을로 양쪽 주체를 표기한다. 그러나 다른 관계에서는 사용되지 않는다.

영어로는 어떨까. 계약서식에서의 대응어를 찾는다면 Party A와 Party B, 또는 owner와 contractor가 된다. 일본이 서양의 계약 시스템을 도입하면서 그 용어를 갑을로 번역했을 것이다. 그런데 그 개념은 동등한 위치에서의 계약 당사자를 의미하는 것이지, 상하 관계를 내포하지 않는다. 반면에 지금 한국어에서는 그 말이 권력관계를 비유하는 용어로 점점 더 많이 쓰이고 있다. 예를 들어 '대기업이 하청업체에게 슈퍼 갑 행세를 한다' 같은 표현에서 '갑/을'을 Party A 또는 owner/Party B 또는 contractor로 번역하면 의미가

---

* 필자의 견해로 평균 10초는 너무 길게 느껴진다. 제작진이 차이를 극대화하기 위해 샘플을 선별하지 않았는지 의심이 간다. 그러나 자동차의 크기에 따라 반응하는 태도가 다르다는 것은 확실하게 밝혀졌다.

살지 않는다. 그 대신 employer/employee, the principal/the subordinate 같은 단어로 옮겨야 한다.

물론 어느 사회에서나 계약의 당사자가 완전히 동등한 입장에 서는 경우는 거의 없다. 자본의 크기, 조직의 규모, 네트워크의 범위, 관련 경험의 유무, 정치권력과의 거리, 사회적 인지도와 평판 등여러 가지 요인에 의해서 어느 한쪽이 유리한 고지에 서는 것은 불가피하다. 다만 한국의 경우, 그 불균형이 지나칠 때가 많아 '갑의 횡포, 을의 눈물'이 끊임없이 이어지는 특징이 있다. 상하관계가 아닌데도 엉뚱한 권력이 작동한다. 그래서 이것저것 눈치를 봐야 할 때가 많고, 비본질적인 것들에 시달리며 마음고생을 해야 한다. 지금 한국 사회가 당면한 불행에 대해 김우창 교수는 다음과 같이 진단한다.

불행이 깊어졌다는 말에 대하여 사람들은 지난 몇 십 년간 삶과 행복의 조건으로서 의식주가 더 풍족해진 것을 지적할 것이다. 또그 이외의 점에서도 사람의 행복 요인이 된다고 하여야 할 물질 생활이 향상된 것도 사실이다. 이것을 가볍게 볼 수는 없다. 그러나 사람들의 **의식주가 풍족하여졌지만 그것을 얻는 방법은 빈궁한 시대에서보다 더 가혹한 것**이 되었고, 이 수단의 가혹화 그리고 그것의 절대화는 조화된 자신의 삶이 가능하게 하는 행복을 빼앗아갔다.* (강조는 필자)

*   김우창, 『정치와 삶의 세계』, 삼인, 2000, 30~31쪽.

외형적인 경제지표나 생활 방식의 측면에서, 우리는 세계 최고의 풍요를 구가하고 있다. 에너지나 물에서 스마트폰에 이르기까지 한국은 과소비 국가다. 그러한 윤택함은 사람들의 생활을 편리하게 해준다. 그러나 그것을 획득하는 과정이 매우 험난해졌음에 김우창 교수는 주목한다. 객관적인 물질 조건은 분명히 향상되었는데, 그것을 성취하거나 유지하기 위해 치르는 대가가 매우 큰 것이다. 억대 연봉을 받는 대기업 임원이 주말에 편안하게 산책할 여유를 좀처럼 갖지 못한다. 시간이 있어도 늘 뭔가에 쫓긴다. 점점 가중되는 실적의 압박, 언제 탈락될지 모르는 불안에 시달린다. 그런데 경쟁은 왜 자꾸만 치열해지는가. 생존을 버겁게 하는 요인은 무엇인가. 김우창 교수의 말을 더 들어보자.

수단의 가혹화는 빈궁의 극한 상황에서 저절로 생겨나는 것이라는 면을 가지고 있다. 그러나 우리 사회에서 수단의 가혹화는 생존경쟁의 치열함으로써만 설명될 수 없다. 우리 사회에서 삶의 살벌화는 그것 자체의 독자적인 동력학을 가진 것으로 보인다. 이것은 심도 있는 연구와 분석을 요구한다. 그러나 보통 사람의 삶이라는 관점에서 볼 때 거기에는 사회적으로 부여되는 일정한 심리적 계기가 있는 것으로 생각된다. 삶의 살벌화에 동기가 있다고한다면, 그것은 생존이 아니라 권력과 부와 지위의 동기이다. 물론 이것도 그 뿌리의 하나는 단순한 의미의 평화스러운 삶의 유지의 필요에 관계되어 있다. 한국 도시의 원시 지대를 헤쳐 다니며 하루의 삶을 영위하다 보면, 돈과 권력의 연줄로써 하루의 고달픔을 줄어들게 할 일이 너무 많이 있음을 곧 느낄 수 있다. 그러나 권력과 부와 지위는 그러한 실제적인 것과는 다른 심리적인 의미도 가지고 있는 것으로 보인다. 사람은 자신의 값어치에 대한 일정한 자아의식을 가지지 않고는 살아가기 어렵다. 우리 사회에서 우리의 값어치(남의 눈에나 자신의 눈에나), 사람의 값은 권력과 부와 지위에 의하여 정하여진다. 이것들은 우리 사회가 믿는 유일한 가치이다. (도덕적 자기 정당성의 느낌도 우리가 남달리 믿는 가치이지만.) 다른 한편으로 이러한 가치의 추구는 사회구조가 오만과 모멸의 구조로 되어 있기 때문에 불가피한 것이 되기도 한다. 오만과 모멸의 사회체계에서 가해지는 수모를 피하며 자존심을 유지하려면 최소한도의 부와 권력과 지위를 확보하여야 하는 것이다. 그리고 더 나아가 그것의 자손만대까지의 발전은 더욱더 많은 권력과 부와 지위를 필요로 하는 결과를 가져온다.*

지금 우리에게 절박한 것은 생존투쟁이지만, 그것은 인정투쟁과 밀접하게 맞물려 있을 때가 많다. 인간은 누구나 타인의 시선과 평가에 민감하지만, 한국인들의 사회적 인정 욕망은 유난히 강렬하다. 권력과 지위와 부를 획득함으로써 자신의 존재 가치를 증명하

* 같은 곳.

고자 하는 욕망이 너무 뜨겁다. 그 희소자원들은 있으면 좋고 없어도 되는 것, 즉 부가적인 행복의 요소가 아니다. 그것이 없으면 불행해지는 삶의 필수 요건이다. '오만과 모멸의 구조' 속에서 힘도 없고 돈도 없는 사람들은 별 볼 일 없는 존재로 무시되고, 더 나아가 이유 없이 짓밟히기까지 한다.

'오만과 모멸의 구조'란 무엇인가. 자기보다 못하다고 여겨지는 사람을 아무렇지 않게 멸시하고 조롱하는 심성이 사회적 관성으로 고착된 것이 아닐까. 자기에게 잘못한 것도 없는 사람의 꼬투리를 잡아 시비를 걸거나 경멸의 눈빛을 내비친다. 한 가지 사례를 들어보자. 중앙일보의 양선희 기자는 안마로 생계를 잇는 한 시각 장애인을 알고 지낸다. 그녀는 늘 밝은 웃음으로 상대방에게 힘을 주는 사람이다. 어느 날 오랜만에 그녀를 만났는데 "어제까지 우울증으로 밑바닥을 헤매다 지금 다시 기어 올라오느라 애쓰는 중"이라고 하면서 몹시 힘들어 했다. 무슨 일이 있었던 걸까. 며칠 전 어느 남자 손님이 그녀가 정성스레 꾸며놓은 방을 보면서 늘어놓은 말에 가슴이 멍들었다. "눈도 안 보이면서 뭣 하러 이런 데 돈을 쓰느냐" "뵈는 것도 없으면서 귀고리는 왜 하느냐"는 등 비아냥거렸다는 것이다.*

이것은 현행법으로 걸면 '모욕죄'로 입건될 수도 있다. (모욕죄에 대해서는 4장 (2)에서 설명할 것이다.) 이러한 사례처럼 심하지는 않아도, 한국인은 상대방의 외모에 대해 함부로 왈가왈부하는 경향이

---

* 양선희, 「고통을 견디며 사는지도 모른다」, 『중앙일보』 2013년 6월 26일자.

있다. 한국 사회에서는 상해나 살인 등 물리적인 피해를 입히는 것에는 매우 민감하지만, 무형의 폭력에 대해서는 둔감한 편이다. 오만과 모멸의 사회체제는 그런 무딘 감수성과 동전의 양면을 이룬다.

5.
공동체의 붕괴,
집단주의의 지속

    타인을 모욕하는 말을 아무렇지 않게 내뱉는 풍토에서 모멸감은 만연한다. 그런데 모멸감을 증폭시키는 또 다른 요인이 있다. 타인들의 시선과 평가에 대한 과민함이 그것이다. 한국인들은 그 점에서도 유별나다는 것을 앞서 언급한 바 있다. 그런데 체면과 위신에 대한 집착은 지체 높은 사람들에게만 해당하는 이야기가 아니다. 심재륜 전 고검장은 어느 인터뷰에서 국내 조폭 두목들의 특징에 대해 이렇게 말한 바 있다. "현장 주도형이다. 두목이 자신의 실체를 노출하지 않고 배후에서 은밀하게 활동하는 마피아·야쿠자와는 다르다. 누가 자신을 알아준다는 데서 쾌감을 느끼는 경향이 있다. 상대방을 기죽이는 걸 좋아하고 세를 과시하는 걸 선호한다."[*]

'폼 잡는다'라는 표현이 있다. 기회만 되면 권력(속어로 '끗발')을 뽐내기를 좋아하는 정치인들처럼, 실질적인 이권이나 파워에 만족하지 못하고 자신이 얼마나 힘이 센지를 상대방에게 납득시켜야 직성이 풀리는 조폭들의 성향도 그러한 심성의 발현이라고 할 수 있다. 보통 사람들의 일상에서도 과시적인 문화가 자주 드러난다. 한국인은 '자랑하고' '잘난 체하는' 것을 주저하지 않는 편이다. 돈 자랑, 자식 자랑, 인맥 자랑, 학벌 자랑, 몸매 자랑……

인정에 대한 열망은 사이버 공간에서 더욱 적나라하게 표출된다. 싸이월드라는 미니홈피가 폭발력을 가졌던 이유 가운데 하나로 사진을 쉽게 올리는 시스템을 들 수 있다. 남들이 부러워할 만한 장면이나 사물들이 주를 이뤘는데, 그러한 과시는 페이스북과 카카오스토리로 계속 이어지고 있다. 여행길에 멋진 풍광을 배경으로 찍은 독사진, 우아한 커피숍에서 차를 마시며 책을 읽는 모습, 뮤지컬을 보고 나서 기념으로 간직하는 티켓, 연인에게 받은 선물, 맛집에서 주문해서 먹기 전에 찍은 고급 요리…… 소위 '때깔 좋은' 이미지들을 선별하여 장식한다.

타인의 인정에 신경을 곤두세우다 보면, 칭찬과 비난에 일희일비하는 진폭이 커지기 마련이다. 사이버 공간에서 그 파동은 더욱 격렬하다. 페이스북에서 '좋아요!' 클릭 열 번을 받다가도 어쩌다가

---

[*] 「30대 검사, 권총 들고 사우나 앞에서 조폭과……」, 『중앙일보』 2013년 1월 12일자.

섭섭한 피드백이 하나만 올라오면 기분이 바닥으로 떨어진다. 그런 공간은 그래도 지인들이 연결되는 공간이라 심한 말이 오가지는 않는다. 문제는 익명으로 얼굴을 감추고 인신공격을 가하는 악플이다. 연예인들 가운데 안티 팬들의 험담과 욕설에 시달리다가 자살을 하는 일이 종종 벌어지기도 하는데, 보통 사람들도 익명의 게시판에서 느닷없는 댓글에 상처를 받는 경우가 적지 않다.

인터넷이 있는 곳이면 어디나 악플이 있기 마련이지만, 한국은 정도가 심하다. 악플러들 가운데는 피해의식과 열등감에 시달리는 이들이 많다고 한다. 그들에게 악플의 즐거움은 무엇인가. 자신이 올린 글 한 줄에 다른 사람들이 동요하는 모습을 보면서 자기 효능감self-efficacy을 맛볼 수 있다. (그것은 컴퓨터 바이러스를 유포해 세상에 혼란을 일으키는 사람들이나 시스템을 파괴하는 해커들이 느끼는 쾌감과 비슷하다. 그들도 의외로 유약하고 소심한 성격의 소유자가 많다고 한다.) 아무에게도 영향력을 행사하지 못하고 자신의 삶과 환경을 통제하지도 못하면서 무력감에 시달리는 사람일수록 공격적인 발설로써 자기 효능감을 느끼려 한다.

그런데 자기 효능감은 상대방의 반응에 좌우된다. 마구 욕을 퍼부었는데 상대방이 별로 개의치 않는다면, 계속할 마음이 사라질 것이다. 무시당했다는 생각에 오히려 자괴감에 빠질 수도 있다. 개인주의가 안착된 사회에서는 자신을 향한 비판에 대해 '그건 너의 생각'이라면서 넘겨버리는 사람들이 많다. 말도 안 되는 욕설이나 험담이 날아오면 제정신이 아닌 사람의 소행으로 웃어넘기거나 법적인 조치를 취할 것이다.

개인주의는 여러 속성을 지니고 있지만, 자신의 존재 가치를 스스로 매긴다는 긍정적 측면이 있다. 한국에는 그런 의미에서의 개인주의가 뿌리내리지 못했다. 남에 대해 신경을 너무 곤두세운다. 그것은 두 가지 차원으로 나뉘는데, 한편으로 타인에게 필요 이상의 관심을 보이면서 참견하고 타인의 영역을 침범한다. 다른 한편으로 자기에 대한 타인의 평가와 반응에 너무 예민하다. 이 두 가지 특성이 인터넷 공간에서 맞물려 악플을 양산한다. 우선 다른 사람에 대해 너무 쉽게 험담을 늘어놓고 당사자에게 악담을 던진다. 그렇게 약을 올리면 상대방이 발끈하거나 움츠러든다. 이따금 일파만파로 사회가 요동을 치기도 한다. 악플러 입장에서는 재미가 쏠쏠하다. 예상했던 피드백을 즉각적으로 받으면서 자기 효능감을 맛볼 수 있기 때문이다.

물론, 개인주의에는 부정적 측면도 있다. 문제는 삶의 형태와 의식 사이의 부정합이다. 한국에서 나 홀로 가구의 증가 속도는 세계 최고이고, 가족 및 친척과의 접촉 빈도는 세계 평균의 절반 수준이다. 고층 아파트와 대형 단지가 늘어나고, 이사를 자주 다니는 생활환경에서 이웃관계는 점점 소원해진다. 그렇다고 다른 영역에서 안정적이고 지속적인 관계가 풍부한 것도 아니다. 한국은 경제협력개발기구OECD 34개국 중 공동체 지수(공동체 생활로 위안을 얻고 정체성에 도움을 받는 지수)가 33위다. 개인주의가 깊이 뿌리내린 서구 선진국들보다도 공동체가 훨씬 허약하다.

이처럼 삶은 급속하게 개별화되는데, 그것을 지탱할 수 있는 개인주의는 제대로 형성되지 않았다. 사회적 관계가 단절되었더라도, 자기의 존재 가치를 스스로 발견할 수 있다면 그런대로 견딜 만하다. 남 눈치 보지 않고 자기 나름의 인생철학에 기대어 살아갈 수 있고, 고독을 즐겁게 채울 수 있는 내면세계가 있기 때문이다. 또한 개인주의가 정착된 사회라면 다양한 개성을 존중하기에 불필요한 관심을 갖거나 함부로 간섭하지 않는다. 사람과 사람 사이에 적절한 거리를 유지하면서 저마다의 삶의 양식과 다양한 가치관을 인정한다. 그러면서도 각각의 개별성을 넘어서는 보편적인 사회질서를 수립함으로써 개인의 자유를 획득할 수 있다.

한국의 근대화는 선진 산업사회를 재빨리 따라잡는 것을 목표로 긴박하게 추진되었다. 그러다 보니 합리적 개인화를 수반하지 못한 채 집단 에너지를 동원하게 되었다. 그 과정에서 기존의 공동체는 빠르게 해체되었지만, 대안적인 공동체나 자발적인 결사체의 형성은 지극히 미미했다. 결국 개인의 독립도 사회적 유대도 모두 엉성한 채 외형적인 경제 규모만 커졌다. 고도 성장기에는 상승 이동의 즐거움으로 그러한 부실함이 상쇄될 수 있었다. 그러나 저성장 단계로 접어들자, 사회의 약한 고리들에서 파열음이 나기 시작했다. 갈수록 증폭되는 갈등과 대립, 학교 현장에서의 왕따와 폭력,

가족의 해체, 우울증과 자살의 급증 등이 그것이다.

사회적 결속이 느슨해지고 사적인 영역에서도 친밀한 관계가 어려워지는 상황, 그렇다고 개인주의적 세계관이 형성된 것도 아니어서 타인의 시선에 늘 전전긍긍하는 삶은 모멸감에 취약할 수밖에 없다. 그 얼개는 이러하다. 고립된 개인들이 자기 정체성이 박약한 가운데 남들과의 비교 속에서 행복과 불행, 오만과 콤플렉스 사이의 왕복을 거듭한다. 귀천貴賤이나 우열의 가파른 위계 서열에서 상위 몇 퍼센트를 차지하는 것으로 자존감을 찾으려 한다. 그래서 실제 자신이 처한 현실이나 맞이하게 될 미래를 직시하면서 스스로를 투명하게 바라보지 못하고 천박한 통념과 허위의식에 사로잡힌다.

그러한 성향은 다양한 현상으로 표출되는데, 교육에서도 그 전형이 발견된다. 2012년 노동부와 교과부가 한국직업능력개발원과 공동으로 고등학교 교과서 7개 과목 16종을 분석해보니 직업에 대한 귀천 관념을 심어주는 표현이 상당수 발견되었다. 교과서에 기술된 직업 빈도가 전문직에 치중돼 있고, 이들에 대해서는 긍정적 묘사가 주를 이루었다. 반면 단순 노무직, 판매직, 기능직, 농·어업 종사자 등은 비중이 적을 뿐 아니라 부정적 묘사가 많았다. 심지어 무거운 짐을 지고 있는 사람의 그림과 함께 "중학교밖에 못 나왔으니…… 이런 일밖에 못하네"라고 기술한 부분까지 있었다.* 하종강 교수는 한국의 학교나 가정교육에서 노동자에 대한 편견이 얼마나 뿌리 깊게 박혀 있는가를 다음과 같이 지적한다.

* 「청소년에게 편향·왜곡된 직업관 조장하는 교과서」, 『경향신문』 2012년 11월 19일자 사설.

우리 아이들은 장차 대부분 노동자가 될 것이다. 또는 노동자의 가족이 되거나 화이트칼라든 비정규직이든 노동자라는 본질에는 변함이 없다. 그런데도 아이들이나 부모 대부분은 노동 문제를 자신과 관계없는 문제라고 생각한다. 모두가 경영자가 될 것처럼 군다. 노동자를 바라보는 한국 사회의 시선부터가 지극히 부정적이다. 범죄자 수배 전단에 '키 172cm에 체격 건장, 노동자 풍'이라는 표현이 아무렇지도 않게 쓰인다. 부모들은 자기 아이한테 "너 공부 안 하면 노동자 된다"라며 겁박한다.*

육체노동을 경시하던 조선 시대의 직업관이 자본주의 소비사회의 위세 경쟁과 맞물려, 차별의식이 더욱 첨예해진 듯하다. 공돌이 공순이라는 표현, 전문계고를 외면하고 대학으로만 몰리는 과잉 학력, 블루칼라와 화이트칼라 사이의 임금 격차 등이 그런 가치관을 반영한다. 그리고 일상에서 스스럼없이 편견을 노출하면서 사람에게 모멸감을 안겨주기도 한다. 나의 지인은 어느 중학교에서 급식 도구를 운반하는 자원봉사를 하고 있었는데, 교사 한 명이 멀리서 이분을 가리키며 "너희들 공부 안 하면 저렇게 된다"라고 말했다고 한다. 이것은 손가락질당하는 사람에 대한 모멸이자, 동시에 그런 일을 하면서 살아갈지도 모르는 상당수 아이들에 대한 저주이기도 하다.

* 하종강, 「노동 문제 해결해야 교육 문제도 해결된다」, 『시사IN』 2013년 6월 8일.

자신이 하고 싶은 일을 찾는 것이 아니라 남들에게 그럴듯해 보이는 직업으로 쏠리는 가운데 행복은 점점 껍데기로 형해화된다. 그렇게 남의 이목에 신경을 곤두세우도록 자라나면, 부끄러워할 필요가 없는 일에도 모멸감을 느끼게 된다. 한 가지 사회적인 징후로, 언제부터인가 '굴욕'이라는 표현을 남용하는 것을 들 수 있다. 유명인이 어정쩡한 옷차림으로 등장하면 '굴욕 패션'이라고 명명하고, 잘 팔리던 명품의 매출액이 급감하자 '굴욕적인 현상'*이라고 묘사한다. 그냥 스타일이 어수룩한 것이고 단순히 판매가 부진한 것뿐인데, 거기에 자존심을 결부시키면서 모멸감을 강요하고 있다. 그런 풍조가 만연하면서 사람들은 타인을 쉽게 업신여긴다. 평가 기준이 점점 높아지면서 '평범하게 생겼다'는 것이 욕처럼 여겨지고, 키가 170센티도 넘는 남자들이 키높이 깔창 구두를 신는다. 사업에 실패한 사람들이 재기하는 데 걸림돌이 되는 것은 실패자라는 낙인이라고 할 만큼 주변의 시선이 너무 싸늘하다.

'일등만 기억하는 더러운 세상!' 한때 유행했던 한탄이다. 지극히 잘난 사람들만 추켜세우고 떠받들기에 대다수 사람들은 기가 죽는다. 어린아이부터 노인에 이르기까지 자괴감과 열패감에 시달린다. 그런데 냉정하게 말하자면, 가해자와 피해자가 따로 있는 것은 아니다. 나도 그 더러운 세상의 일부가 되어 일등이 아니면 눈길을 주려 하지 않는다. 나 자신에게조차 그런 가혹한 기준을 적용한다. 모멸감의 일정 부분은 자업자득이다.

---

* 「"짝퉁도 안 만들어" 루이뷔통의 굴욕」, 『경향신문』 2013년 3월 26일자.

6.
인종주의와
콤플렉스

2012년 가수 싸이가 세계적인 선풍을 일으킨 후에 열린 서울 잠실운동장 공연에서 함께 춤을 춘 아이가 있었다. 발랄한 몸짓으로 눈길을 끈 그 댄서는 한국인 아버지와 베트남 어머니 사이에서 태어난 아이로, 다문화 가정의 사회 통합이 절실한 분위기를 고려해서 주최 측이 초대한 손님이었다. 그런데 아이의 '정체'가 드러나자, 일부 네티즌들은 사이버 공간에서 그에게 모욕의 말을 퍼부었다. "리틀 싸이 설레발 치는 거 정말 꼴도 보기 싫어. 너도 다문화라며? 눈앞에서 꺼져."

    2009년 한국의 어느 대학에서 연구 교수로 재직하던 인도 남성이 버스를 타고 가다가 봉변을 당해 뉴스에 크게 보도된 적이 있었다. 함께 타고 있던 어느 승객이 느닷없이 "더럽다" "냄새 난다"라고 욕을 한 것이다. 그 인도 남성은 동료 연구원인 한국 여성과 영어로 대화를 나누고 있었는데, 그 승객은 함께 있던 여성에게도 심한 욕설을 퍼부었다. "넌 조선X이냐, 새까만 외국놈이랑 사귀니까 기분이 어떠냐." 여성의 신고로 승객은 경찰에 구속되었지만, 100만 원의 벌금형으로 마무리되었다.

    나이지리아 출신의 어떤 남성은 서울 이태원의 한 식당에서 음식을 주문했는데, 신분증 제시를 요구받았다. 직원은 단순히 흑인이라서 확인이 필요하다는 이유를 댔다. 또 다른 나이지리아인은 미국 국적을 가진 부인과 함께 그 식당에 들어가려다가 본인만 입장을 거부당했다. 예전에 나이지리아인이 문제를 일으킨 적이 있다는 것이 이유였다.* 만일 백인이 문제를 일으켰다 해도, 그렇게 대놓고 입장을 금지했을까.

    한국인의 외국인 혐오증xenophobia은 노골적으로 표출될 때가 많다. 오랫동안 동질적인 문화를 이루어 살아왔고, 단일민족의 신화가 탄탄하게 유지되어온 역사적 배경과 관련이 깊을 것이다. 고려시대까지만 해도 한반도에 많은 외국인들이 왕래했던 것은 잘 알려진 사실이다. 조선 시대에 접어들어 쇄국정책으로 일관했는데, 예를 들어 배들이 일정한 거리를 벗어난 원해遠海로 나가는 것을 금했을

---

    * 「한국, 다문화 사회인가…… 식당 가면 "흑인은 출입 금지"」, 『경향신문』 2011년 7월 27일자.

정도로 철저했다. 500년 동안 외부 세계는 경계의 대상이었다. 실제로 침입과 점령이라는 부정적인 접촉만 몇 차례 반복되면서, 조선인의 의식은 점점 비좁은 울타리 안으로 갇히게 되었다.

그런 가운데 한국에 조금씩 유입된 외부인이 화교로, 그들은 150년 동안 이 땅에 대를 이어 살아오면서 경제활동을 하고 세금도 똑같이 납부하지만 재산권 행사나 복지 혜택 등에서 철저하게 배제되었다. 제도적인 차원에서만이 아니라 심정적인 차원에서도 화교는 이방인이었다. 오래전부터 '되놈'이라는 별명으로 비하되기도 했고, 배타성이 극에 달해 식민 지배의 설움을 그들에 대한 적개심으로 표출한 사건도 있었다. 6.25 전쟁 중에 피난민 수용소에서 음식을 배급할 때 차별한 사례도 보고된다. 2003년에 이르러 겨우 영주권 획득의 권리를 부여받았지만, 한국인들이 그들을 동등한 국민으로 받아들이고 있다고 보기는 어렵다. 어느 초등학교에서는 교사가 학생에게 "너 짱개 같다. 짜장면 배달해라"라고 말을 해 물의를 빚기도 했다.

그나마 화교는 외모에서 한국인과 거의 차이가 없고 한국어도 완벽하게 구사하기 때문에 위화감이 적은 편이다. 한국인과 결혼해서 자녀를 낳아도 전혀 티가 나지 않는다. 정말로 낯선 타자로 나타난 외국인은 구한말 서양인 선교사들이었다. 그러나 숫자가 많지 않아서 일반인이 자주 접하지는 못했다. 한국인이 서양인을 한꺼번에 마주치게 된 것은 6.25 전쟁을 통해서였다. 미군과 유엔군이 대거 참전하면서 전면적인 접촉이 이루어졌다. 그들은 막강한 군사력 뿐 아니라 그것을 뒷받침하는 경제력을 발휘하면서 한국인에게 우월한 힘으로 다가왔다. 전쟁 후 복구와 재건 과정에서 그 존재감은 더욱 분명해졌고, 미국 대중문화가 유입되면서 아메리카니즘은 확고하게 뿌리내리기 시작했다.

휴전 이후 미군의 주둔과 함께 주요 도시들에 형성된 군사 기지는 또 다른 문화의 시발점이었다. 한편으로 가수 신중현으로 상징되는 가요, 카바레와 춤과 같은 대중문화의 흐름이 있었다면, 다른 한편으로는 기지촌 여성과 혼혈아라는 그늘이 드리우고 있었다. 기지촌 여성들에게는 '양갈보'라는 낙인이 찍혔다. 그들이 낳은 혼혈아는 한국 사회에서 극심한 차별을 받으며 살아왔는데, 자기의 모습을 외부에 드러내는 것 자체가 고문이었다. 그들은 젊은 나이에 많이 죽었고, 사망 원인은 알코올중독, 영양실조, 자살, 살인, 동사凍死 등으로 파악된다.[*]

혼혈인에 대한 차별에는 인종차별주의가 맞물려 있는데, 그것 역시 미군 주둔과 함께 자연스럽게 흘러들어온 문화라는 해석이 있다. 김현미 교수에 따르면, 혼혈인들은 핏줄의 정통성을 위협하는 존재로 배척당해왔고 한미 군사동맹을 위해 성매매를 집단적으로 조직화하는 과정에서 태어난 이들로 인식되었다. 그들의 사회적 위상이 인종주의와 어떻게 연결되는지를 다음과 같이 정리하고 있다.

[*]   이주여성인권포럼 엮음, 『우리 모두 조금 낯선 사람들』, 오월의봄, 2013, 42~43쪽.

이들은 인종적, 성적, 계급적 차별을 받았고, 이들의 존재는 곧 힘없고 가난했던 냉전체제 하의 남한 사회를 떠오르게 하는 '수치'와 '열등'의 상징이었다. 순혈주의를 최고의 가치로 떠받들며 민족 동질성을 옹호하기 위해 자국의 아이들에 대한 문화적 폭력을 용인해온 것이다. 이들을 '안 보이는 존재'로 만들기 위해 심지어 조직적으로 입양을 보냈다. 이런 현상에 대해 혼혈인 활동가 곽사진은 한국인들이 본질적으로 인종차별적 인식을 가진 것이라기보다는 일본 식민지와 미군정하에서 지배자의 뿌리 깊은 인종차별적 인식을 이식받아 인종차별 의식이 강화되었다고 해석한다. [……] 당시 한국에 파견되었던 미국 군인들은 잠자리, 식당, 클럽 모든 영역에서 백인 병사와 흑인 병사들을 격리했고, 한국의 기지촌은 이러한 인종차별주의를 그대로 내재화하면서 번성했다.[*]

한국에서 다문화가 갑자기 주요한 정책 의제로 떠오르게 된 계기 가운데 결정적인 것은, 2006년 미식축구 선수 하인스 워드의 방한이었다. 이주결혼여성이 꾸준하게 증가하고 그들이 낳은 자녀들이 계속 늘어나면서 이로 인한 사회적 통합을 고민하고 있던 차에, 아메리칸 풋볼계에서 한국계 혼혈인이 혜성처럼 나타난 것이다. 우리는 같은 민족으로서 뿌듯해하면서도 뒤통수가 가려운 점이 있었다. 우리의 기억에서 애써 지워버렸고 사실상 시민권을 완전히 박탈하다시피 한 혼혈인이 미국의 한복판에서 영웅으로 불쑥 떠올랐

[*]   김현미, 「누가 100퍼센트 한국인인가」, 같은 책, 28쪽.

기 때문이다. 그가 찾은 고국에는 수많은 혼혈인이 여전히 인간 이하의 취급을 받고 있었다. 그런 현실에서 하인스 워드를 특별하게 환대한다는 것은 불편한 일이었다. 정부는 차제에 순혈주의적인 사회 풍토를 바꾸고 공존과 화합을 도모하기 위해 다문화 정책을 전면에 내세웠다.

그러나 의식과 감각은 느리게 변한다. 때로 거꾸로 가기도 한다. 다문화 정책이 시행되면서 일부 외국인에 대한 반감이 생겨나고 그들을 적대시하기도 한다. 독일의 네오나치스트들만큼 과격한 폭력을 쓰지는 않지만, 한국의 안티 다문화 움직임도 만만치 않다. 다문화 정책에 대해 정면으로 반대할 뿐 아니라, 근거 없는 소문을 퍼뜨려 적개심을 부추기기도 한다. 이슬람교에 대해 반감을 갖고 있는 일부 기독교인들은 그쪽 출신 외국인들이 한국 여성들에게 몹쓸 짓을 한다고 인터넷상에서 중상모략하는 경우도 있다. 혐오감으로 맺어지는 유대는 단단하기 마련이고, 그 힘으로 퍼뜨리는 담론은 외국인들을 위축시키기에 충분하다.

한국인들이 불편함 내지 거부감을 드러내는 이방인의 범주에는 한국인도 들어간다. 앞서 언급한 혼혈인이 그러하고, 그 정도까지는 아니지만 입양인 또한 설움을 많이 겪는다. 그들은 '순수한' 한국인의 핏줄을 이어받았기에 외모상으로 이질감이 없고, 가난 때문에 타국에 맡겨졌다는 점에서 연민의 대상이 된다. 문제는 한국어다. 재일교포들이 한국어를 하지 못한다는 이유로 종종 핀잔을 듣듯이, 입양인들도 외모는 한국인인데 한국어가 통하지 않는다고 언짢은 대접을 받는 경우가 많다. 어느 입양인은 그런 상황이 반복되자 아예 다음과 같은 글을 써 가지고 다니면서 필요할 때 보여준다. (어느 한국어 교사가 내게 보내준 글이다.)

네, 그렇습니다. 영어 하고 있습니다. 당신의 반응 때문에 저는 교포라고 말씀드리고 싶습니다. 당신은 잘 모르시겠지만 저는 어렸을 때 입양되어서 외국으로 건너갔습니다. 따라서 우리나라 말을 못합니다. 모국에 돌아온 이유는 한국 문화와 한국말을 배우기 위해서입니다. 그래서 당신의 행위로 인해 한국 사람들에 대한 편견을 가지고 싶지 않고 당신도 저, 즉 교포들에 대한 선입견을 가지지 않기를 바랍니다. 내가 영어를 써서 당신을 불편하고 언짢게 만들었지만 당신도 마찬가지로 저를 불편하게 만든 것에 대해 유감입니다.

한국인이 여전히 집착하는 순혈주의에는 지극히 편의주의적이고 자기중심적인 면이 있다. 동포로서 따뜻하게 품어주기는커녕, 한국인이면서 한국말도 못하냐고 구박하는 심리에는 전체주의의 냄새가 배어난다. 상대방이 살아온 인생이나 그가 처해 있는 상황에 대한 섬세하고도 너그러운 이해 없이, 겉으로 드러난 몇 가지 사실만 가지고 함부로 그의 본질을 규정하고 몰아세우는 것은 쇼비니

즘의 전형적 태도다. 다름을 존중하는 마음은 다양한 사람들이 어우러져 살아야 하는 시대의 미덕일 뿐 아니라, 창의성이 점점 중시되는 세계에서 요구되는 문화적 토대다.

이를 위해서는 우리 내면에 깊숙하게 자리 잡은 콤플렉스를 먼저 성찰해야 한다. 거기에서 우러나오는 비굴함과 허세를 돌아보아야 한다. 외국 사이트에 원어민 영어 강사를 구하는 게시물을 올리면서, 심지어 공립초등학교 방과후 프로그램을 위한 영어 강사 채용 공고에도 '백인만 가능white person only'이라고 버젓이 표기하는 의식구조를 들여다보자. 외국 항공사에는 소비자로서의 기본적인 권리도 제대로 주장하지 못하면서, 한국 비행기의 승무원 앞에서는 상전 노릇을 하려는 이중성을 직시하자. 생각과 느낌 속에 굳건하게 자리 잡은 인종적 위계 서열의식은 우리를 미성숙한 굴레에 계속 가두어두고 있다.

홍세화 씨는 오래전 파리에서 택시 운전을 하면서 한국인 승객을 몇 차례 태운 적이 있는데, 그 가운데 잊지 못할 경험이 하나 있다고 한다. 사십 세쯤 되어 보이는 두 명의 승객은 회사의 간부들로 보였고, 한 사람은 삼십여 세로 그들의 부하 직원이었다. 운전사가 한국인인지 모르고서 그들이 나눈 대화는 한국인의 자화상을 비춰주는 듯하다. 다음은 홍세화 씨가 기억을 더듬어 옮겨놓은 대화록이다. 이 대화를 읽으면서 우리 안에 깊게 뿌리내려 있는 콤플렉스를 응시해보자.

A 아니, 세 사람이 이렇게 꼭 끼어 앉아야 하는 거야? (나는 이때 움찔했다. 우리말이 생생하게 들려왔기 때문이다. 나도 모르게 긴장이 되었다. 그의 불평 섞인 말투는 나로 하여금 같은 한국 사람이라는 말을 하지 못하게 했다.)

C 네, 여기선 택시 앞자리엔 사람을 안 태운대요. (나에게) 리도! 리도! (그는 이렇게 행선지를 말했다.)

A 아니 그러려면 차체가 좀 큰 차로 택시를 하든지, 이 차 소나타보다도 작지 않아. (B에게) 어때? 더 작지?

B 글쎄, 내가 뭐 뒷자리에 앉아봤어야지. 내 차보다 작아 보이기도 하고.

A 원 이거 좁아서…… 그러니까 돈을 벌어야 해. 돈을 벌어서 이럴 때 리무진을 타야지, 이거 원 창피해서…… 근데 이 친구 월남애지? (분명 나를 두고 하는 말이다.)

C 글쎄요. 여기에 인도지나 사람이 많으니까요. 옛날에 식민지였으니까요……

A 아냐, 내 말이 맞아. 월남애가 틀림없어. 깡마른 게 월남애가 틀림없다구.

B 보트피플 아냐?

(나는 이때 일부러 휙 뒤돌아보았다. 아주 잠깐 동안. '보트피플'이라는 말은 영어니까 그 말만은 알아들었다는 듯이.)

B (작게) 내 말이 맞아. 보트…… 이 친구가 내 말을 알아들은 것

같지?

A (크게) 뭘 뒤돌아봐, 인마. 운전이나 잘할 것이지. (나는 그가 왜 큰소리로 말했는지 잘 안다. 알아들었으면 어쩌겠느냐는 뜻이 들어 있을 터다.)

C 히히

B 그래도 이 자식들 출세했어. 파리에서 택시 운전을 다 하고.

A 그러게 말야. 용 됐지, 용 됐어.*

---

*   홍세화, 『나는 빠리의 택시 운전사』, 창비, 1995, 217~18쪽.

3장

모멸의
스펙트럼

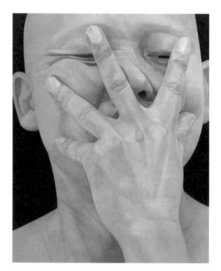

변웅필, 「한 사람으로서의 자화상」, 2008

얼굴은 신체의 일부분 이상의 의미를 갖는다.
그것은 정체성의 그릇이요 감정이 표현되는 통로다.
그런데 우리는 가끔 그것을 감추고 싶을 때가 있다.
작가 변웅필의 그림에 등장하는 주인공은 얼굴을 손으로 덮고 있다.
독일에서 유학할 때 단지 동양인이라는 이유로
차별을 받았던 경험을 떠올리며 그린 것이라고 한다.
피부색이 다르고 말이 서툴기에 겪은 거부와 단절이 일그러진 무표정으로
표현되고 있다. 생각해보면 민낯으로 대면하기 어려운 인간관계가
우리의 일상과 사회에 가득하다.
그냥 사람 그 자체로 받아들여지지 않는 세상.
자기를 온전하게 비춰볼 수 있는 거울 앞에 가끔 서보고 싶다.

5 / 울지 못한 자들을
위한 노래

6 / 연민의 메아리

작곡가의 말

5. 어이없는 바닥에 내동댕이쳐지는 사람들이 있다. 모파상의 「비곗덩어리」에서 남을 위해 대신 모욕당해주었건만 도리어 능멸의 대상이 되어버린 매춘 여성(172~74쪽), 단지 병들어 죽어간다는 이유로 조지프 터너의 그림 「노예선」에서처럼 바다에 수장되어버린 노예들(163쪽)…… 그렇듯 참담한 운명에 놓이는 이들이 많다. 그러나 아무도 알아주지 않는다. 슬픔은, 그 누군가가 공감하고 위로해준다면 오히려 힘이 될 수 있다. 그러나 이들의 눈물을 닦아줄 사람이 없다면, 서러움과 외로움은 고통일 뿐이다. 그런 이들에게 이 곡이 한 장의 손수건이 될 수 있기를.

6. 무심코 지하철 맞은편의 장애우를 바라본다. 여러 생각과 느낌이 교차한다. 참 안됐다. 이렇게 속으로 중얼대는 나. 그런데 타인의 어려움에 잠시 머물던 내 마음이 엉뚱한 쪽으로 움직인다. 저 사람에 비하면 나는 얼마나 행복한가. 내 고단한 삶을 위로받기 위해선 불우한 당신이 필요하다. 당신과 나 사이의 넘어설 수 없는 경계는 내 온전함의 증거다. 그렇게 속으로 우쭐대다가 문득 입장을 바꿔서 느껴본다. 동정의 시선을 받는다는 것의 불편함, 자신이 대상화되고 있다는 모멸의 감정을 생각해본다.

모멸은 모욕하고 경멸하는 것, 즉 마음으로 낮추어 보거나 하찮게 여기는 것이다. 다시 말해 다른 사람을 의도적으로 또는 무심코 격하시키고 그 존엄성을 부정하는 것, 상대방을 비하하고 깔아뭉갬으로써 수치심을 유발하는 행위다. 그러한 대접을 받는 사람이 느끼게 되는 감정이 모멸감이다.

　　모멸은 인간이 모든 것을 다 포기하고 내준다 해도 반드시 지키려는 그 무엇, 사람이 사람으로 존립할 수 있는 원초적인 토대를 짓밟는다. 그런 처지에 몰리면 인간이 처할 수 있는 가장 밑바닥에 떨어졌다고 느끼면서 자신 또는 남을 죽이고 싶은 충동마저 일어날 수 있다. 앞서 인용했듯이, 『여씨춘추』는 죽음보다 더한 것이 '생명이 억눌리는 것'이라고 설파한 바 있다. 굴복과 치욕은 인간의 존귀함이 무참하게 파괴되는 경험이다. 그것은 물리적인 폭력보다도 훨씬 치명적일 수 있다.

모멸감을 유발하는 상황은 매우 다채롭다. 모멸을 주고받는 사람들은 어떤 관계에 있는가. 구체적으로 무엇을 꼬투리 삼아 업신여기는가. 모멸이 이루어지는 맥락은 어떠한가. 이런 다양한 변수들이 맞물려 모멸의 특성을 구성한다. 이 장에서는 비하, 차별, 조롱, 무시, 침해, 동정, 오해의 일곱 가지 범주로 나누어서 그 스펙트럼을 조망하려 한다. 이것은 어디까지나 개념적인 분류일 뿐이다. 실제로는 명확하게 분리할 수 없는 요소들을 뽑아서 추상화한 것이다.

1.
인간 이하로
취급

_비하

조지프 터너가 그린 「노예선: 죽은 자와 죽어가는 자를 배 위에서 던지는 노예주들—태풍은 다가오고」라는 작품이 있다. 1840년에 그려진 이 작품에는 바다에 빠져서 허우적거리는 사람들이 보인다. 잘 들여다보면 몸이 쇠사슬에 묶여 있고, 물고기들에게 물어뜯기고 있다. 이 그림은 실화를 바탕으로 그려졌다고 한다. 1781년 아프리카에서 노예 400명을 실은 배 한 척이 자메이카로 향하고 있었는데, 연안에 가까이 왔을 때 50여 명의 노예가 죽은 것을 발견했다. 당시의 상황을 재연한 영화들에서 자주 묘사되고 있듯이, 노예들은 사슬에 묶인 채 햇빛도 들지 않는 배 밑에서 지내야 했다. 기본적인 위생도 전혀 보장되지 않았을 뿐 아니라 용변도 그 자리에서 해결해야 했다.

이미 죽은 50명이 문제가 아니었다. 그대로 방치하면 훨씬 더 많은 노예가 목숨을 잃을 판이었다. 그런데 당시의 보험제도는 실종된 노예에 대해서는 보험금이 나오지만, 병으로 죽은 노예에 대해서는 선장과 투자자들의 손실로 처리했다. 이에 선장은 아직 살아 있는 350명의 노예 가운데 위중한 130명을 선별하여 이틀에 걸쳐 바다에 던져버렸다. 다행히 그 사실이 보험회사에 의해 밝혀져 선장은 보험금을 한 푼도 받지 못했다. 그러나 그것으로 끝이었다. 선장은 그렇게 많은 사람을 산 채로 수장水葬했지만, 아무런 처벌을 받지 않았다. 노예는 사람이 아니었기 때문이다.

근대사회에 접어들어 노예제도는 공식적으로 폐지되었고, 사람을 사고파는 일도 크게 줄어들었다. 그러나 피부색이 다른 사람들을 대상화하고 이용한 것은 서양사에서 길게 이어졌다. 1850년 무렵 유럽에서 번성한 박람회에는 아프리카나 남태평양에서 원주민을 데려다가 전시했다. 희귀한 동식물처럼 단지 흥미로운 구경거리로 취급한 것이다. 일본도 1920~30년대에 유럽을 본떠 자국에서 박람회를 여러 차례 개최했는데, 조선인을 데려다가 전시를 했다. 제국주의의 흉내를 내면서 서구 열강과 어깨를 나란히 하고자 했던 허세의 표출이었다.

제국주의는 다른 민족에 비해 자기 민족이 절대적으로 우월하다는 믿음을 바탕에 깔고 있다. 그런 세계관에 사로잡히면 다른 민족은 마음대로 처분할 수 있는 대상으로 보인다. 그래서 아무런 죄책감 없이 영토를 침탈하고 인신을 포획하면서 타민족을 인간 이하로 취급하는 일이 비일비재했다. 20세기에 들어와서도 여러 차례 벌어진 대량 학살은 종족 숭배의 극악한 표출이었다. 그렇다고 같은 민족끼리는 서로 존중하느냐 하면 꼭 그렇지도 않다. 독재자들이 반체제적인 국민을 탄압할 때 끔찍한 고문과 학대가 행해졌다. 그리고 같은 국가 안에서 정치적인 분파가 대립하다가 내전으로 치달으면 광기 어린 폭력에 사회가 말려든다. 인간이 인간에게 얼마나 잔인할 수 있는가를 증언하는 역사적 사례는 무궁무진하다.

종족 학살의 과정에서 또는 독재정권 치하에서 사람이 짐승으로 전락하는 전형적인 장소로 강제수용소를 빼놓을 수 없다. 아우슈비츠에서 어떤 일들이 자행되었는지는 수많은 증언과 그를 토대로 한 소설이나 영화를 통해 전해졌다. 언제든 가스실로 끌려가 한 줌의 재로 날아갈 수 있는 상황에서 수감자들은 최소한의 인권도 보장받지 못했다. 그런데 차라리 죽는 것이 나을 법한 일들이 숱하게 벌어졌다. 예를 들어 배설물 고문을 들 수 있다. 수감자들이 배변을 하지 못하도록 심한 몽둥이질로 통제하는 것이다. 변을 참는 것은 배고픔보다 훨씬 고통스러울 수 있다. 육체적인 괴로움에서 끝나지 않는다. 결국 참지 못하고 터져 나오는 배설물은 옷과 침대에

묻고, 결국 다른 사람의 몸에도 옮겨가기 때문이다.

왜 그런 학대를 했을까. 테렌스 데 프레는 2차 세계대전 때 만들어진 수용소에서의 인간 본성을 분석한 『생존자』*라는 책에서 그 효과를 두 가지로 분석한다. 첫번째는 수감자들의 정신이 황폐해지고 서로를 혐오하게 된다.'아무리 가까운 사이라도 상대방의 배설물이 내 몸에 묻는다면 인간적인 유대감을 유지하기 어렵다. 그렇게 파괴된 관계 속에서는 수감자들이 힘을 합쳐 통제 시스템에 저항할 가능성이 지극히 낮아진다. 두번째는 수용소를 지키는 독일군들이 수감자들을 짐승으로 볼 수 있게 된다. 몸에 배설물이 묻어 악취가 나는 사람들을 자기와 동일한 인간으로 여기지 않게 되는 것이다. 그래서 별 죄책감 없이 잔혹한 행위를 할 수 있다. 결국 배설물 고문은 사람의 존엄성을 말살함으로써 스스로 인간이기를 포기하게 하고 상대방을 저열한 존재로 바라볼 수 있도록 만드는 장치였다고 할 수 있다.

그와 비슷한 폭력은 끊임없이 이어져 왔다. 이라크 전쟁 때 일어난 포로 학대가 최근의 예다. 그런 악행에 가담한 병사들은 원래 매우 착실하게 살아왔고 학구적이기도 한 젊은이들이었다고 한다. 다른 사람을 비인간화하면서 자신의 인간성도 부정한 것이다. 그러한 만행을 서슴지 않고 저지를 수 있는 것은 상대방이 자기와 동일한 인간으로 보이지 않기 때문이다. 예전에 노예를 채찍질하던 기독교도들은 흑인을 하나님의 자녀라고 생각하지 않았다. 모든 인류

* 테렌스 데 프레가 쓴 『생존자』(차미례 옮김, 서해문집, 2010)의 3장에 자세한 상황이 묘사되어 있다.

가 동등한 영혼을 가진 주체로 인정된 것은 최근의 일이다. 하지만 대의명분의 차원에서 그러할 뿐, 실제로는 타인을 하등한 존재로 바라보거나 격하시키는 일이 여전히 비일비재하다.

그런 일은 어느 사회에서나 일어난다. 특히 요즘처럼 경쟁이 가파른 세상에서 돈이나 일에 쫓기다 보면, 감정이 거칠어지고 타인의 인격을 무시하기 일쑤다. 상품 판매와 고객 유치를 하는 콜센터 상담원에게 실적이 저조하다며 점심 식사를 금지한 사례도 있었다.* 그런 결정을 내린 중간관리자는 성과를 나타내는 숫자에만 매몰되어 사람을 짐승 내지 기계로 취급한 것이다.

일시적으로 스쳐 지나가는 사람들 사이에서도 상대방을 물건처럼 취급하는 일이 벌어진다. 자동차도로가 그 현장 가운데 하나다. 인격과 대비되는 '차격車格'이라는 말이 있듯이, 운전대만 잡으면 심성이 거칠어지는 사람들이 있다. 자동차라는 사물 속에 얼굴을 숨기고 익명의 타자들과 상호작용하는 상황에서, 다른 차가 조금만 진로를 방해해도 마구 경적을 울려댄다. 얼굴을 마주보고서는 내뱉지 못할 극언을 혼잣말로 퍼붓는다. 그 난폭함이 겉으로 드러나기도 하는데, 상대방을 인간 이하로 깎아내리는 경우도 많다. 신체장애를 견디면서 뛰어난 연구 업적을 이룬 영문학자이자 대중들에게 널리 알려진 저자인 고故 장영희 교수는 다음과 같은 일을 겪었다.

며칠 전 일이다. 우리 집 앞은 4차로인데 내 차가 길 건너편에 주

---

* 「"실적 낮으니 점심 먹지 마"…… 원청 뜻대로 '말하는 기계' 취급」, 『경향신문』 2014년 1월 23일자.

차돼 있어 차를 타기 위해서는 그 길을 건너야 한다. 출근하기 위해 여동생과 함께 길을 건너다 내 목발이 무언가에 걸려 넘어지면서 나는 길 위에 큰 대大자로 널브러지고 말았다. 놀란 동생은 비명을 지르며 나를 일으키려고 안간힘을 썼다. 그사이에 나를 가운데에 두고 좌우 양쪽으로 차들이 정지했다. 동생은 겨우 나를 일으켜 앉히고 내 겨드랑이 밑으로 손을 넣어 일으켜 세우려고 안간힘을 다했지만 역부족이었다.

그때였다. 자동차 한 대가 요란스럽게 경적을 울렸다. 자기의 진행을 방해하니 빨리 없어지라는 경고였다. 동생이 죽을힘을 다하고 있는 것을 보고도 그 운전자는 다시 신경질적으로 오랫동안 경적을 울렸다. 그때 맞은편 자가용 운전자가 내려와 동생을 도와 나를 일으켰다. 경적을 울렸던 그 차는 그 틈을 타서 잽싸게 떠났다. 낡은 포텐샤였고, 라 3×××번호판이었다.*

극단적인 사례이긴 하지만, 그런 잔인한 행동이 나올 수 있는 배경에는 흉흉한 일상이 깔려 있다고 보아야 할 것이다. 저마다 그 대상을 알 수 없는 분노의 화약고를 가슴에 재워 넣고 있다가 신경질과 화풀이라는 총탄으로 연신 쏘아대는 사회에서 사람다움이 들어설 자리는 매우 비좁다. 타인의 인격을 부정하는 풍토는 결국 자신의 존엄성도 훼손하는 결과를 낳게 된다.

* 　장영희, 「내가 저 사람이라면」, 『동아일보』 2008년 5월 16일자.

2.

열등한 존재로
구분 짓기

_차별

'개천에서 용 난다'라는 말이 있다. 불우한 환경을 딛고 출세한 사람을 가리키는 비유다. 한국의 고도 경제성장 과정에서 그런 신화를 이룬 인물들이 많이 쏟아졌다. 집안이 가난해도 공부나 일에 남다른 노력을 기울여 운명을 바꾼 이들은 선망의 대상이 된다. 하지만 지성징기에 접어들면서 그런 신화는 섬섬 희귀해진다. 계층이 고착되어갈 뿐 아니라 중산층마저 빈곤층으로 전락한다. 그동안 계층 상승의 통로였던 교육이 이제는 오히려 빈익빈 부익부의 구조를 확대 재생산하는 고리가 되고 있다. 이런 상황을 가리켜 '더 이상 개천에서 용이 나오지 않는다'고 개탄한다.

그런데 그 표현에 담긴 가치관을 보자. '개천'의 사전적 의미는 '시내보다는 크지만 강江보다는 작은 물줄기'다. 그러나 실제로는 시궁창을 연상하게 된다. 그럴 만한 배경이 있다. 서울의 청계천이 그러했듯이, 산업화가 이루어지기 전에는 개천이 매우 더러웠고 그 주변에서 하층민들이 애옥살이하고 있었다. '개천에서 용 난다'는 비유는 그런 구체적인 공간 경험에서 나온 것이리라. 하지만 그런 표현을 계속 사용하다 보면, 은연중에 가난을 더러움으로 직결시키는 고정관념이 지속되기 마련이다. 경제적인 궁핍이 단순한 결핍이나 불편이 아니라, 인간 자체의 저열함으로 등식화되는 것이다.

문화인류학적인 관점에서 살펴보면, 사회에서 행해지는 차별은 언제나 상징적인 조작을 수반한다. 피차별 집단을 부정적인 이미지로 묘사하면서 한 차원 낮은 존재로 격리시키는 담론이 작동한다. 예를 들어 한자에서 奸邪(간사)하다, 姦淫(간음), 嫉妬(질투) 등에 女자를 부수로 취하고 있다. 또한 많은 사회에서 생리혈을 근거로 여성이 불결한 존재라고 믿었는데, 그것을 가리켜 '오염 신화'라고 한다. 한국에서도 경북지역에서 전해지는 민담을 보면, '월경 중인 아녀자가 깔고 앉은 빗자루는 도깨비가 된다' '월경하는 여인네 속옷은 악한 귀신도 쫓는다'라는 말들이 발견된다. 너무 불결한 나머지 혼령마저 도망친다는 뜻이었다.* 여성이 남성보다 불결하다는 관념은 꽤 보편적이었다. 특히 종교행사와 관련해서 그러한 경우가

---

* 백민정, 「월경 경험과 여성의 정체성 인지」, 『민속학연구』 제33호, 2013.

많았는데, 우리 전통사회에서 산신령께 제사를 드릴 때 '부정 탄다'
는 이유로 여성들을 배제했던 사례를 들 수 있다.

특정한 부류로 낙인찍어 기피하는 대상은 '여성'이라는 범주
말고도 많이 있었다. 그 가운데 하나가 '질병'으로 나병, 성병, 에이
즈, 몇 가지 정신 질환 등이 거기에 해당된다. 인도의 불가촉천민처
럼 타고난 혈통을 근거로 집단 전체를 더러운 존재로 규정하는 경
우도 있다. 간음을 했거나 매매춘업에 종사하는 여성들에게 심한
모욕을 가하는 경우도 비일비재했다. 『신약성서』를 보면, 창녀는
세리와 함께 바리새인들에게 경멸의 대상이 되었고, 간통한 여인
은 군중으로부터 돌팔매질을 당해 죽임을 당했다. 한국에서도 '화
냥년'의 사례에서처럼, 정조를 잃었다는 이유로 사회에서 버림받는
일이 많았다.

시대가 바뀌어 그런 학대는 거의 없어졌지만, 성적으로 정결하
지 못하다고 여겨지는 여성들은 여전히 심한 차별을 받는다. 유흥
업소에서 손님을 접대하는 여성들이 가장 힘들어 하는 것은 고객의
경멸하는 눈빛이라고 한다. 다음은 여성가족부가 펴낸 성매매 예방
교육자료집 『성매매, JUST SAY NO』에 실린 어느 매매춘 여성의
말이다.

나는 여자들이 뭐라고 하는 것은 그래도 괜찮아. 뭐 모르니깐 그
런다고 할 수도 있을 거 같아. 그런데 남자들이 그러는 것은 진짜

못 참겠더라고. 뭐 할 일이 없어서 이런 데서 일을 하냐고, 훈계하고, 큰소리치고 그런 놈들 많아. 지들은 여기 왜 왔는데? 그러니까! 더 기가 막힌다니까. 암튼 그런 놈들 많아~. 심한 경우는 "내가 씨발 얼마나 고귀한 영혼인데 너 같은 년들을 상대하고 있냐"며 막말 많이 해. 근데 진짜 이럴 때 기가 막히지. 지가 밖에서 얼마나 고귀한 영혼인지 내가 알게 뭐냐고! 그럼 오질 말던가.

이렇게 자기 분열적인 태도를 보이는 남성들은 대개 학력과 지위가 높다고 한다. 그 심경을 짐작할 수 있겠다. 내가 지금 너랑 이렇게 놀고 있지만, 난 너와 달라. 넌 늘 이곳에 있잖아. 난 어쩌다가 오거든. 넌 천하고 나는 귀한 몸이지. 지금 자신의 모습이 싫지만 욕정은 억누를 수 없고, 그래서 상대방을 비하하고 훈계하면서 자신을 구별 짓는 것이다. 그러한 마음은 상대에 대한 경멸의 눈빛으로 나타나게 된다.

성적인 정숙함을 기준으로 인간의 격을 나누는 도덕주의는 이기심과 허위의식의 발로일 가능성이 많다. 그 위선의 정체를 적나라하게 파헤친 소설로 모파상의 『비곗덩어리』를 들 수 있다. 배경은 보불전쟁 때다. 승리한 프로이센 군대가 프랑스 루앙에 입성하자, 일부 주민들은 점령 장교의 환심을 사서 여행 허가증을 얻는다. 아무래도 부와 권력을 가진 사람들이 민첩하게 움직이기 마련이다. 눈이 쏟아지는 추운 겨울밤, 마차 한 대가 열 명의 손님을 태우고 루앙을 출발한다. 돈 많은 포도주 도매상 부부, 큰 공장을 운영하는 지역 유지 부부, 많은 부동산을 소유한 백작 부부, 두 명의 수녀와 정계 진출을 노리는 공화파 정치인, 그리고 비곗덩어리라는 별명을 가진 뚱보 매춘부 한 명이다.

세 쌍의 부부는 처음 보는 사이였지만 곧 마음이 통했다. 특히 마차에 동승하고 있는 창녀를 바라보는 시선에서 부인들은 암묵적인 동질감을 느끼고 있었다. 작가는 그 심보를 이렇게 묘사한다. "이 매춘부의 출현이 갑자기 그녀들을 친밀하게 하여 친한 친구처럼 만들어버렸다. 그녀들은 파렴치한 매춘부를 앞에 놓고 유부녀로서의 위엄으로 뭉쳐야 한다는 생각이 들었던 것이다. 대개 합법적인 사랑은 언제나 자유로운 사랑을 경멸의 눈으로 바라보게 마련이니까."* 그런데 험상궂은 날씨 때문에 이동 시간은 생각보다 훨씬 오래 걸렸고, 비곗덩어리 이외에는 아무도 음식을 챙겨오지 않아 점점 배가 고파졌다. 일행은 그녀가 가진 포도주와 빵을 얻어먹기 위해 경멸의 시선을 거두고 아양을 떤다. 비곗덩어리는 아량을 베풀어 모두에게 음식을 나눠주고, 잠시 마차 안에는 소박한 음식 잔치가 벌어진다.

그런데 마차가 중간 기착지에 이르렀을 때 뜻밖의 상황에 맞닥뜨린다. 해당 지역을 관할하는 프로이센 장교가 '비곗덩어리'와의 잠자리를 요구하면서 일행을 억류한 것이다. 동승하고 있던 일행들은 그의 파렴치함을 비난하면서 그녀의 거부를 지지했지만, 그 지

* 기 드 모파상, 『비곗덩어리』, 정성국 옮김, 홍신문화사, 1997, 24~25쪽.

역에서 곧 교전이 벌어질 것이라는 소문이 전해지면서 분위기가 돌변한다. 처음에는 은근히, 나중에는 매우 노골적으로 그녀를 설득하기 시작한다. 수녀마저 나서서, 목적이 선하니까 죄가 되지 않는다면서 등을 떠민다. 급기야 비곗덩어리는 장교를 찾아가고 바로 다음 날 마차는 다시 출발한다.

그러나 모두의 신변을 위해 자기 몸을 내어준 그녀에게 돌아온 것은 미안함이나 감사는커녕 불결한 존재를 애써 외면하는 싸늘한 시선이었다. 프로이센 장교에 대한 분노도 사라졌다. 그녀는 음욕의 화신이자 적군의 위안부로 여겨지면서 모두의 수치스러움이 되어버렸다. 자기들끼리 맛있는 음식을 나눠 먹으면서도 비곗덩어리에게는 누구도 권하지 않는다. 완전히 배신당한 주인공이 허탈과 분노 속에서 흐느끼는 것으로 소설은 끝난다. 짧은 시간 동안 작은 집단 안에서 일어난 일이지만, 인간들이 종종 드러내는 가증스러움과 비겁함을 세밀하게 묘사하고 있다.

자신과 타인을 구별하는 이분법은 다양하다. 나는 선하고 너는 악하다. 나는 옳고 너는 틀렸다. 나는 똑똑하고 너는 멍청하다. 나는 유능하고 너는 무능하다. 나는 강하고 너는 약하다. 나는 예쁘고 너는 못생겼다. 나는 깨끗하고 너는 더럽다…… 이런 구분 속에서 스스로에 대해 우월감을 느끼고 상대방의 열등감을 자아낸다. 단편적인 잣대로 사람의 격을 나누고 자의적으로 가치를 매기는 속에서 모멸감을 주고받는다.

3.

비웃고
깔보고

_조롱

「헤어 드레서」(도리스 도리 감독)라는 영화는 베를린 장벽이 무너지고 난 뒤의 독일을 배경으로 한 작품이다. 주인공은 빈곤 지역에 사는 싱글 맘으로, 몸이 너무 뚱뚱해서 거동이 불편하고 어디에서든 금방 눈에 띈다. 생계를 위해 일자리를 알아보던 중 전화 인터뷰를 통해 드디어 동네의 한 미용실에 취직하게 되었다. 그런데 미용실 주인은 그녀를 처음 대면한 자리에서 고용을 취소하며, 그 이유를 이렇게 말한다. "우리는 아름다움을 파는 직업이에요. 하지만 당신은 전혀 아름답지가 않아요." 단지 살이 쪘다는 이유로 거절당한 것이다. 고용시장에서 이런 식의 모욕적인 대우는 흔하다.

날로 가혹해지는 취업난 속에서, 대학생들이 취업 준비의 일환으로 꾸리는 학습 모임으로 '모욕 스터디'라는 것이 있다. 대화나 토론에서 드러나는 상대방의 실수나 약점을 짚으면서 모욕을 주는 것이 목적으로, 취업을 대비한 훈련의 일환이다. 기업의 면접 심사 때 면접관들이 던지는 곤혹스러운 질문이나 코멘트에 당황하지 않고 침착하게 대처하기 위한 연습인 것이다. "외모 때문에 고생 좀 하겠네요" "그 나이가 되도록 뭐했어요?" "공부 엄청 못했나 봐요"와 같은 질문이 들어오는 이른바 '압박 면접'에서 살아남기 위해 가상의 인신공격을 주고받으면서 저항력을 키우는 것이 '모욕 스터디'다.

2013년 취업포털업체 잡코리아가 면접 경험이 있는 남녀 구직자 800여 명을 대상으로 조사한 바에 따르면, 75퍼센트가 "면접관의 태도로 불쾌했던 적이 있다"고 답했다. 구체적인 이유로는 '무시하는 듯한 어투'가 47.7퍼센트로 가장 많았다. 이어 면접장에서 이력서를 처음 검토하는 듯한 자세(23.3퍼센트), 반말(10.4퍼센트), 답변 중 다른 질문(9.8퍼센트), 흡연(4.5퍼센트) 등이 꼽혔다. 그리고 불쾌한 질문 유형으로는 학벌·출신학교가 35.5퍼센트를 차지했고 외모·신체 사항(15.2퍼센트), 이성 친구·결혼 여부(13.2퍼센트), 부모의 직업 등 가족 관련(12.8퍼센트), 상세한 개인 신상(7.1퍼센트), 주거 형태(6.6퍼센트), 종교·개인 취향(3.1퍼센트) 순으로 나타났다.

입사 지망생이나 수험생은 면접관 앞에서 절대 약자다. 아무리

고약한 질문이라도 고분고분 응해야 한다. 답변을 거부할 수도, 그런 걸 왜 물어보세요? 하며 따질 수도 없다. 이러한 일방적인 관계는 면접관들에게 평소 누리기 힘든 '권력'을 부여한다. 바로 그 때문에 아무렇지 않게 면접자에게 상처를 줄 수 있다. 영화 「내 깡패 같은 애인」(김광식 감독)에는 지방대 출신의 취업 준비생인 주인공에게 면접관이 갑자기 춤을 춰보라고 주문한다. 이에 주인공은 당황스러운 표정을 애써 감추면서 무반주에 박자를 넣어가며 춤을 추기 시작한다. 면접관들은 그 몸짓을 보면서 히죽거린다. 주인공은 더 이상 수모를 견딜 수 없어, 춤을 멈추고 면접관들에게 한바탕 퍼부은 다음 자리를 박차고 나간다.

영어에 'at the mercy of (A)'라는 표현이 있다. 직역을 하면 'A의 자비심에 달려 있다'가 되는데, 'A의 마음대로 하다' 'A에게 꼼짝 못하다'는 뜻이다. 즉, 상대방의 처분에 자신을 온전히 맡겨야 하는 상황을 가리킨다. 요즘 유행하는 표현을 빌리면, 갑과 을의 완전한 수직적 관계라고 할 수 있다. 상대방의 마음먹기에 따라서 내 신세가 풀릴 수도, 꼬일 수도 있는 처지인 것이다. 그런 관계는 한국 사회 곳곳에 너무 흔하고, 많은 사람들이 을의 위치에서 설움을 감내해야 한다. 그러나 내부분의 사람들은 누군가에게는 갑이라 할지라도 또 다른 누군가에게는 을이다. 절대적인 '슈퍼 갑'은 아주 드물다. 그에 비해 오로지 을(또는 병, 정)은 꽤 많다. 그 처지에서는 갑이 아무리 인격을 모독해도 꾹 참고 넘겨야 한다.

갑과 을의 상하관계가 아닌 평범한 사람들 사이에서도 조롱이 빈발한다. 아동 및 청소년의 왕따 문제를 보자. 물리적인 폭력이나 금품 갈취보다 훨씬 괴로운 것이 집단 괴롭힘인데, 한 학생을 향해 온갖 저주와 조롱을 퍼붓는 경우가 대부분이다. 「디스커넥트」라는 영화에는 중학교 남학생들이 평소 못마땅하게 여기던 학우 한 명을 골탕 먹이려고 친 장난이 끔찍한 결과에 이르는 에피소드가 나온다. 외톨이로 지내면서 음악과 SNS에 빠져 사는 벤에게 두 명의 학우가 제시카라는 미모의 가짜 여성 아이디를 만들어 친근하게 다가간다. 벤은 자기의 고민을 털어놓으면서 마음을 열고 급작스럽게 가까워진다. 어느 날 제시카는 자신의 누드 사진을 보내면서 벤에게도 사진을 찍어서 보내달라고 요청한다. 이 모든 일이 친구들의 장난인 줄 모른 채 벤은 순진하게 응한다. 알몸에 립스틱으로 '사랑의 노예'라고 쓴 다음, 셀카로 찍어 보내준다. 다음 날 두 친구는 그 사진을 전교생에게 발송하고, 벤은 '사랑의 노예'라는 별명과 함께 놀림감이 되어버린다. 결국 벤은 자살을 감행한다.

조롱으로 인한 모멸감은 자살에 이르게도 하지만, 정반대로 타인에 대한 폭력으로 터져 나오기도 한다. 분노와 치욕감을 억누를 수 없을 때 선택하는 극단적인 방법으로, 자해와 남을 해치는 것 두 가지를 들 수 있다. 둘 다 타인과 세상에 대해 앙갚음하는 것이다. 1999년 미국 오하이오 주의 콜럼바인 고등학교에서 두 학생이 무차별 총기 난사로 13명의 학우들을 살해한 사건이 있었는데(그 내용은 마이클 무어 감독의 「볼링 포 콜럼바인」이라는 다큐멘터리로도 소개되었다), 범인들은 운동이나 공부에 취미가 없었고 학교의 조직폭력배들로부터 지속적으로 조롱받아왔음이 밝혀졌다.

한국에서도 어처구니없는 일들이 가끔 벌어진다. 1990년대 초 노래방에서 어울려 놀던 친구가 자신의 가발을 벗겨 망신을 주었다고 살해한 일이 있었다. 그와 비슷한 사건이 2009년에 또 일어났다. 범인은 인터넷 채팅 사이트에서 알게 된 여성 등 10명과 나이트클럽에서 술을 마시고 있었는데, 함께 있던 친구가 두 차례나 자신의 가발을 벗겨 바닥에 던졌다. 여자들 앞에서 망신을 당한 범인은 격분을 누르지 못하고 인근 포장마차에서 흉기를 가져와 친구를 찔러 숨지게 하였다.

다른 사람을 조롱하고 망신을 주는 것은 인간이 인간에게 가하는 가장 잔인한 학대 가운데 하나라고 볼 수 있다. 굴욕을 강요하거나 부끄러운 부분을 까발리는 행위는 사람으로서 지녀야 할 최소한의 존엄성을 파괴하기 때문이다. 그러한 치욕스러운 경험은 사람을 위축시키기도 하지만, 정반대로 매우 폭력적인 결과로 이어지기도 한다.

4.
대놓고
또는
은근히 밀어내기

_무시

고골의 단편소설 「외투」는 인간이 타인의 사소한 반응 하나에 얼마만큼 불행해질 수 있는지를 묘사하고 있다. 주인공 아까끼 아까끼예비치는 만년 9급 공무원으로 서류를 정서正書하는 일을 한다. 외모와 옷차림이 너무 초라해서 관청 안에서 누구도 그를 존중하지 않는다. 하지만 그는 자신의 행색에 별로 신경을 쓰지 않고 주어진 일에 최선을 다한다. 어느 겨울 유난히 추위를 견딜 수 없어서 집에 돌아와 외투를 살펴보니 곳곳이 해져 누더기가 되어 있는 것을 발견한다. 재봉사를 찾아가 수선을 부탁하지만, 너무 낡아서 도

저히 손을 쓸 수 없다는 말을 듣는다.

　그는 큰마음을 먹고 새 외투를 장만하기로 한다. 그 값이 너무 비싸서 생활비를 최대한 아껴가면서 저축을 해야 했다. 얼마 후 외투를 구입하여 사무실에 입고 갔을 때 동료들이 깜짝 놀라고, 상사는 그날 저녁 자기 집에서 열리는 파티에 초대까지 한다. 그런데 파티가 끝나고 늦은 밤에 귀가하는 길에 강도를 만나 외투를 빼앗기고 만다. 그는 황급하게 파출소를 찾아갔지만 담당 경찰은 직접 경찰서장을 찾아가보라고 하면서 돌려보낸다. 다음 날 경찰서장을 직접 만나 아주 어렵게 자신의 사정을 털어놓으면서 외투를 찾는 데 도움이 되도록 여러 기관에 협조를 구해달라고 부탁한다. 그런데 서장은 강도 사건은 제쳐두고 아까끼가 왜 그렇게 늦게 귀가했으며, 혹시 매춘굴에 가지 않았는지 등을 심문한다.

　실의에 빠진 아까끼에게 동료들은 어떤 고위층 인사를 찾아가 손을 쓰면 해결될 것이라는 조언을 준다. 이에 그 고위층 인사가 정확하게 어떤 직위에 있는지 알지 못한 채 다급하게 찾아가 청원을 했다. 사정을 들은 관료는 그렇게 하찮은 일을 가지고 어떻게 자기를 직접 찾아올 수가 있느냐고, 관공서에 서류를 넣어 일을 진행하는 절차도 모르냐고 타박한다. 바짝 긴장하며 절박한 사정을 이야기하려는 주인공에게 그 관료는 말을 끊으면서 이렇게 다그친다. "뭣이 어쩌고 어째? 어디서 그런 정신 상태를 갖게 됐나? 〔……〕 지금 얘기하는 사람이 누구인지 아나? 누구 앞인지 아느냐고? 도대체

알기나 하난 말일세? 대답해봐."* 언성을 높이며 어찌나 심하게 호통을 치는지 아까끼는 다리가 후들후들 떨려서 제대로 서 있기조차 어려웠다. 상사에게 그런 식으로 질책을 받아본 적이 없는 주인공은 넋이 나간 사람처럼 비틀거리며 그곳을 빠져나온다. 그는 눈보라 속을 헤치며 겨우 집에 돌아왔지만, 심한 후두염에 걸려 고열에 시름시름 앓다가 숨을 거두게 된다.

이 작품은 등급으로 사람의 위아래를 나누는 관료체계 속에서 모욕받고 상처 입은 사람들에 대한 사회적 관심을 담아낸 것으로 평가된다. 내 눈에는 하찮은 것이라 해도 그 누군가에게는 목숨처럼 소중할 수 있다. 그런데 권력을 가진 자들은 오만에 사로잡혀 타인의 사정을 헤아리려 하지 않는다. 자기 방식대로 간단하게 상황을 해석하고 상대방의 심경을 외면한다.「외투」에서 고발하는 인간상을, 우리는 시공간적으로 멀리 떨어진 지금 한국에서 자주 마주치게 된다. 다음 사례는 강의실에서 만난 어느 대학생이 고등학교 시절의 경험을 글로 쓴 것이다.

고등학생 때 장학금을 신청하러 갔을 때였다. 담임선생님은 장학금 서류를 다 써서 들고 온 나를 벌레 보듯이 보았다. 귀찮다는 뜻이었다. 당신은 바쁘니 나더러 교사용 추천서를 써오라고 했다. 나는 선생님의 시간을 앗아 죄송스러웠고 빨리 교실로 가 추천서를 작성해서 다시 교무실에 찾아갔다. 그리고 나에게 돌아온 것은

* 니콜라이 고골,「외투」,『뻬쩨르부르그 이야기』, 조주관 옮김, 민음사, 2002, 87쪽.

"거기 두고 가"라는 차가운 한마디였다. 그리고 다음 시간에 담임 선생님이 나를 부르셨다. "서류는 다 챙겼고? 뭐야, 외부에서 상 받은 게 이것밖에 없어? 이것 가지고 돈을 어떻게 받아내겠다는 거야? 에이, 가봐!" 나는 담임선생님의 질책을 듣고 서러움에 흐르는 눈물을 참을 수 없었다. 수업 시간 내내 꺽꺽 숨죽여 울었다. 친구들이 나에게 왜 우냐고 물었을 때 나는 대답할 수 없었다.

냉혹한 명령체계와 관료적 조직 문화에 길들여져 학생들을 단지 업무 처리의 대상으로만 여기는 교사들은 내키는 대로 말을 하고 아무렇지도 않게 폭언을 쏟아낸다. 그것은 아이에게 평생의 응어리가 될 수 있다. 그런 언행은 학생들의 심성에도 영향을 미쳐 또래관계를 황폐하게 만들기 쉽다.

사람을 무시하는 행위는 말 못지않게 표정이나 분위기로 나타날 때도 많다. 나의 경험 하나가 떠오른다. 예전에 어느 직장에 근무할 때의 일이다. 예기치 않게 지인 한 분이 찾아온 적이 있었다. 근처에 용무가 있어서 왔다가 불쑥 들른 것이다. 나는 하던 일을 멈추고 그를 맞이하여 이런저런 이야기를 나누었다. 30분쯤 그렇게 시간을 나누고 그는 돌아갔는데, 나중에 제3자로부터 뜻밖의 이야기를 전해 들었다. 그때 내가 그분을 대하는 표정이 너무 쌀쌀맞았고 대단히 귀찮아하는 듯했다면서, 모처럼 찾아왔는데 자기가 왜 이런 냉대를 받아야 하나 하는 생각에 엄청난 모멸감을 느꼈다는 것이다.

돌이켜 생각해보니 그날 나는 무척 골치 아픈 일로 머리가 꽉 차 있어서, 갑자기 찾아온 손님을 반갑게 맞이할 기분이 아니었다. 대화를 하면서도 생각은 온통 일에 붙들려 있었으니, 그분에게는 자기를 귀찮아하는 듯 느껴졌으리라.

생각해보면 이와 같은 일을 우리는 종종 경험하면서 산다. 오 랜만에 친구를 만나 반가움을 표시했는데 상대방이 시큰둥해하는 경우, 섭섭함을 넘어 당혹스러워진다. 나는 그이를 귀하게 생각하 는데 그쪽은 전혀 그렇지 않다는 것을 확인하게 되면서 배신감마저 밀려온다. 자신이 그이에게 그다지 중요한 인물이 아니었음을 받아 들이기가 쉽지 않다. 그렇다고 해서 그것을 가지고 시비를 걸 수도 없다. 예를 들어 그 사람이 내게 막말을 했다면 정당하게 화를 낼 수 있다. 그런데 이 경우엔 도대체 꼬투리를 잡기가 어렵다. 그 사람의 잘못을 대놓고 따질 수가 없는 것이다. 안에서 크게 요동치는 감정 을 숨기면서 태연하게 상대방을 대해야 하는 일이 무척 힘들다.

왜 우리는 소통하고 있는 상대방에게 성실하지 못할까. 우선, 내가 그 사람을 대수롭지 않게 여기는 경우를 생각해볼 수 있다. 거 기에는 인간적 오만함이나 사회문화적 통념 같은 것이 깔려 있지 않 은가를 성찰할 필요가 있다. 그것은 다음 장에서 살펴보기로 하고, 여기에서는 내가 나름대로 소중하게 여기는 사람을 얼떨결에 무시 하게 되는 상황을 생각해보고자 한다. 앞서 언급한 나의 사례처럼, 상대방을 업신여길 의도가 전혀 없었는데도 다른 일에 마음이 쏠려 결과적으로 박대하게 되는 경우 말이다. 다음의 사례를 보자.

최근에 친언니를 잃은 한 여자가 그보다 몇 해 전에 역시나 누나를 잃은 친구로부터 위로 전화를 받았다. 전화를 건 친구는 애도의 말을 전했고 그렇게 감정을 헤아려주는 말에 감동을 받은 여자는 오랜 병치레로 고생했던 언니의 일들을 털어놓았다. 그리고 언니를 잃은 슬픔에 얼마나 상실감을 느끼고 있는지 얘기했다.
그런데 전화 너머에서 키보드를 두드리는 소리가 들려왔다. 어떤 상황인지 서서히 윤곽이 잡혔다. 그녀가 1시간 남짓 자신의 고통에 대한 하소연을 하는 동안 그녀의 친구는 이메일을 주고받았던 것이다. 얘기를 나누는 동안 그의 대답은 점차 성의 없어지고 요점을 벗어났다. 전화를 끊고 나서 그녀는 너무나 실망한 나머지 애초에 그가 전화를 걸어오지 말았으면 좋았을 걸 하는 생각을 했다.*

말이라는 것이 참으로 묘하다. 전화로 이야기를 나눌 때 상대방이 지금 어떤 상황인지 눈으로 확인할 수는 없지만, 적어도 나와의 대화에 얼마나 집중하고 있는지는 느낄 수 있다. 앞의 사례에서는 키보드 소리가 들려와서 알게 되었지만, 그렇지 않더라도 말투나 반응의 타이밍으로 직감할 수 있다. 정보 환경이 대화의 몰입을 방해한다. 사회의 속도가 전반적으로 빨라지고 일상의 흐름도 날로

---

* 대니얼 골먼, 『SQ 사회지능』, 장석훈 옮김, 웅진지식하우스, 2009, 164~65쪽.

숨 가빠지면서 느긋하게 다른 사람의 이야기에 귀 기울이지 못한다. 멀티태스킹에 익숙해져 있기에 종종 다른 일을 하면서 전화를 받는다. 그러다 보니 건성으로 대화를 나누게 된다.

모바일 통신이 보편화되면서 상대방을 무시하게 되는 일이 더 잦아진다. 함께 마주앉아 한참 이야기하는데 상대방이 갑자기 전화를 받거나 문자에 몰입할 때 앞사람은 무시당하는 느낌이 들 수 있다. 그야말로 몸 둘 바를 모르게 되면서 자기도 전화기를 만지작거린다. 심지어 회의 중에 누군가에게 열심히 말을 건네고 있는데, 상대방이 전화를 받으러 잠깐 자리를 뜨는 경우도 있다. 자기에게만 말하는 것이 아니라고 생각해서 별 생각 없이 한 행동이겠지만, 말하던 나는 갑자기 상대가 사라져 황당해진다. 옆에서 보는 사람도 민망해진다.*

소통에는 정성이 중요하다. 정성이란 몸과 마음이 함께 있는 것이다. 지금 몸으로 함께 있는 사람이 내게 온 마음을 기울여줄 때 자신의 존귀함을 느끼게 된다. 그렇지 않고 듣는 둥 마는 둥 건성으로 경청하고, 하나 마나 한 말들만 늘어놓으면 자존감이 상한다. 그렇게 겉도는 만남과 대화 속에서 심성은 자꾸만 건조해지고 냉랭해진다. 친밀한 관계일수록 사소한 부주의가 상대방을 무시하는 태도로 받아들여져 섭섭한 감정을 자아낼 수 있음을 잊지 말아야 한다.

* 김찬호, 『휴대폰이 말하다』, 지식의날개, 2008, 121~22쪽.

5.

시선의 폭력에서
섣부른 참견까지

_침해

어떤 여성이 라디오 프로그램에 보낸 경험담이다. 여느 때처럼 화장을 하고 외출을 했는데, 그날따라 사람들이 자기를 자꾸 쳐다보더라는 것이다. 남자든 여자든 할 것 없이 힐끗힐끗 시선을 던지는 이들이 유독 많았다. 내가 오늘 좀 예뻐 보이나 보다, 화장이 잘 받고 옷차림이 돋보이나 보다 하면서 뿌듯한 마음으로 돌아다녔다. 그런데 집에 돌아와 거울을 응시한 순간 아연실색했다. 한쪽 눈썹만 선명하게 그려져 있었고 나머지 한쪽은 하얀 맨살이었기 때문이다. 서둘러 나가느라 미처 확인하지 못한 채, 요상한 눈썹으로 돌아다닌 것이다. 사람들은 이상하게 생겨서 쳐다본 것인데 자신의 외모가 출중해서 눈길을 끈 것이라고 착각하고 보낸 하루였다.

공공장소에서는 모르는 사람들끼리 자연스럽게 시선이 마주치게 된다. 그러나 대개는 재빨리 피한다. 불편하기도 하지만 상대에 대한 배려이기도 하다. 빤히 쳐다보고 있다가는 자칫 '뭘 봐?' 하면서 시비가 붙을 수도 있다. 그런데 다른 사람을 살짝 또는 한참 쳐다볼 때가 있다. 너무 잘생겼거나 아니면 외모가 특이할 경우 그러하다. 전자의 경우에는 흐뭇하고 뿌듯하다. 그러나 후자의 경우 불쾌하기 짝이 없다. 얼굴에 흉터가 있거나 신체에 장애가 있을 경우 타인의 눈길은 부담스럽기만 하다. 그런데 한국인들은 그런 고충을 헤아리지 못한 채 노골적으로 바라보기 일쑤다.

바로 그 때문에 장애인들은 외출을 꺼린다. 예전에 비해 나아지기는 했지만, 여전히 사람들의 시선이 곤혹스럽다. 전철이나 버스에 뇌성마비 환자가 탑승하면 눈길이 모아진다. 거기에 깔려 있는 감정은 동정심인 경우가 많은데, 이에 대해서는 바로 다음 글에서 살펴볼 것이다.

외국인들도 곧잘 불편한 시선을 받는다. 국제화와 글로벌화가 빠르게 진행되고 외국 여행이나 출장도 아주 흔해져서 해마다 1천만 명 이상의 한국인이 출국한다. 한국에 체류하고 있는 외국인도 2013년 기준으로 무려 150만 명에 육박한다. 그런데 이런 급속한 상황 변화에 비해 크게 바뀌지 않는 것이 외국인을 바라보는 시각적 습관이다. 우리와 피부색과 생김새가 다른 사람일수록 자기도 모르게 눈길이 간다. 단일민족의 신화가 당연하게 받아들여지고, 비슷하게 생긴 사람들끼리 오랫동안 모여 살아오다 보니 외양이 다른 외국인이 금방 두드러져 보인다. 사회학에 '예의 바른 무관심civic inattention'이라는 개념이 있는데, 공공장소에서는 신경을 끄는 것이 곧 배려인 경우가 많다.

타인에 대한 침해는 사이버 공간에서 더욱 거침없이 자행된다. 날로 발전하는 각종 기기들 덕분에 이제 누구나 언제 어디서든 다른 사람의 모습을 찍을 수 있다. 상대방이 전혀 눈치 채지 못하게 몰래 촬영하는 것이 점점 쉬워지고, 그 영상을 세상에 유포할 수 있는 인터넷 시스템도 나날이 업그레이드된다. 자신의 의사와 상관없이 사생활에 대한 정보가 널리 퍼져나가는 일이 잦아지면서 '잊혀질 권리'가 인권의 새로운 항목으로 추가되었다. 타인에 대한 배려가 없는 정도가 아니라 허위정보를 유포하거나 중상모략을 일삼는 이들이 많기 때문이다. 무자비하게 인신공격을 가하고, 당사자의 인생을 송두리째 망가뜨릴 수 있는 동영상을 퍼 나른다.

모멸감을 불러일으키는 침해로서 빼놓을 수 없는 것이 간섭이다. 시선과 인터넷이 주로 모르는 사람을 불편하게 한다면, 간섭은 아는 사람들을 불편하게 한다. 한국인들은 다른 사람의 신상에 대한 관심이 지나치다. "오늘 화장이 좀 떴네" "몸매 관리 좀 해라" "옷이 그게 뭐니"처럼 외모에 대해 너무 쉽게 말한다. 나이와 결혼

여부, 출산 등에 대해서도 아무렇지 않게 질문한다. 이 점 역시 외국인들이 한국인과 대화할 때 당혹스러워하는 부분이다. 물론 그것은 문화의 차이로서, 상대주의적인 관점에서 보아야 할 사안일 수 있다. 외국인들이 긍정적으로 평가하는 정情의 표출일 수도 있다. 그러나 정도가 지나쳐 침해로 느껴지기도 한다. 상대방의 마음에 대한 상상력과 감수성이 부족하면 무심코 상처를 주기가 쉽다.

　연장자가 상투적인 간섭으로 젊은이에게 모멸감을 주는 경우도 많다. 이제 만혼이나 비혼이 대수롭지 않은 시대가 되었지만, 기성세대는 '정상'에 대한 고정관념이 여전하다. 일정한 나이가 되면 당연히 가정을 꾸리고 자식을 낳아야 한다는 생각이 굳건하다. 그래서 타인의 인생에 대해 함부로 평가하면서 이렇게 살아라 저렇게 처신해라 훈계를 늘어놓는다. 일가친지들이 다 함께 모이는 명절이면 어른들이 꼬치꼬치 캐묻고 간섭하는 분위기가 싫어 아예 불참하는 이들도 적지 않다. 시인 유하는 친척들이 모인 자리에서 자신의 처지가 도마 위에 올라 한순간 비참해지는 신세를 다음과 같이 묘사하고 있다.

　　난 명절이 싫다 한가위라는 이름 아래
　　집안 어른들이 모이고, 자연스레
　　김씨 집안의 종손인 나에게 눈길이 모여지면
　　이젠 한 가정을 이뤄 자식 낳고 살아야 되는 것 아니냐고

네가 지금 사는 게 정말 사는 거냐고

너처럼 살다가는 폐인 될 수도 있다고

모두들 한마디씩 거든다 난 정상인들 틈에서

순식간에 비정상인으로 전락한다.

—유하, 「달의 몰락」에서*

의도는 선하다. 가족이나 친지들은 나를 진심으로 걱정한다. 그런데 바로 그렇기 때문에 더 버겁다. 나쁜 뜻으로 하는 말이 아니기에 무시하거나 정면으로 반박하기가 어렵다. 사람들이 듣기 싫어하는 말 중에 하나가 '내가 한마디 하겠는데'라면서 시작되는 충고라고 한다. 물론 쓴 약이 양약이듯 고언苦言이 꼭 필요한 경우가 많지만, 어설픈 단정과 주제넘은 조언이 짜증을 불러올 때도 적지 않다. 상대방이 놓여 있는 처지, 어쩔 수 없는 상황, 거기에서 겪는 일들과 그에 대한 느낌 등에 대해 무심한 채 피상적으로 판단하고 자기식대로 도움말을 주는 것은 모멸감을 자아내기 쉽다.

* 『세운상가 키드의 사랑』, 문학과지성사, 1995.

6.

불쌍한 대상으로
못 박기

_동정

앞서 장애인들을 물끄러미 바라보는 눈길이 그분들을 침해하는 결과가 되는 것에 대해 생각해보았다. 그런데 그런 시선에는 어떤 감정이 묻어 있을까. 경멸이 섞여 있을 수도 있지만, 그보다는 딱한 모습을 애석하게 여기는 동정심이 깔려 있을 때가 더 많은 듯하다. 힘들게 살아가는 사람을 보면서 가슴 아파하는 것은 인지상정이다. 그러나 타인의 상황에 대한 단정과 피상적인 감정이입이 정작 당사자들에게는 지극히 불편할 수 있음을 유념해야 한다. 어느 여성 장애인은 다음과 같이 말한다. "동네에 가끔 나가는데 사람들이 그래요. 너무 연약해 보인다고. 장애가 있어서 힘들지 않느냐고. 물론 걱정해주는 것도 좋은데, 자꾸 나를 희생자처럼, 불쌍한 사람처럼 쳐다보는데, 그 눈빛이 진짜 싫어요."*

장애인들에게서 그와 비슷한 하소연을 종종 듣게 된다. 어느 중증 척추 장애인은 목욕탕에 갈 때마다 모든 사람들이 자기를 바라보는데, 속으로 무슨 생각을 하는지 표정으로 짐작할 수 있다고 한다. '힘들지?' '어쩌다 저런 저주를 받고 태어났을까?' '부모님이 얼마나 속상하실까.' 뇌성마비나 지적 장애인들은, 특히 여성의 경우, 나이가 꽤 들었어도 어린아이 취급을 받기 일쑤다. 내 강의를 들은 어느 학생이 엘리베이터에서 목격한 장면을 말해주었다. 그와 동승한 여성 장애인분이 얼굴에 화장을 하고 있었는데, 함께 타고 있던 할머니가 그녀를 잠시 내려다보더니 머리를 쓰다듬으며 이렇게 말했다고 한다. "어이구, 지도 여자라고."

'불쌍하게 여긴다'는 말의 뉘앙스를 살펴보자. 얼핏 상대방의 어려움에 깊이 동감하는 듯하지만, 냉철하게 뜯어보면 열등한 존재로 대상화하고 있다. 그래서 우리는 자신이 불쌍해 보이는 것을 원치 않는다. 동정의 시선을 달가워하지 않는 것이다. 자기의 비참한 처지를 부각시키면서 불쌍해 보이려고 애쓰는 사람도 있지만, 이미 자존감을 포기한 상태라고 할 수 있다. 거리나 전철에서 구걸하는 이들이 거기에 해당한다.

타인을 불쌍하게 바라보는 시선에는 위안을 얻고 싶은 마음이

* 한국장애인재단 엮음, 『장애의 재해석 2011』, 한국장애인재단, 2011, 252쪽.

깔려 있다. 행복에 대한 강박이 만연한 현대사회에서 자기보다 불행한 사람들과의 대면이나 비교는 상대적인 행복감을 가져다준다. 자신이 얼마나 복 받은 사람인가를 새삼 일깨워준다. 물론 그러한 비교를 통해, 자기에게 주어진 삶의 조건에 감사하고 평범한 일상의 가치를 새롭게 인식하는 것은 정신 건강에 도움이 된다. 그러나 그들의 존재가 단지 나의 행복을 확인하는 배경으로만 여겨진다면, 한낱 대상이나 수단에 머물고 만다. 나와 그들 사이에 인격적인 관계는 성립하지 않는다.

그런 위안에 미디어가 충실하게 봉사한다. 고통에 신음하는 사람들을 찾아가서 비참한 모습을 보여줄수록 정보의 상품 가치가 올라간다. 정보 소비자들의 동정심을 유발하고 눈물을 짜내는 뉴스를 만들기 위해 기자들은 백방으로 뛴다. 텔레비전 뉴스에서 심심치 않게 접하는 장면이 있다. 사고로 인해 가족을 잃은 유가족들이 통곡하는 모습을 생생하게 보여주면서, 기자는 지금 심경이 어떠시냐고 그들의 얼굴에 마이크를 들이댄다. 텔레비전을 켜놓고 저녁 식사를 즐기는 시청자들을 위해 세상사의 온갖 비극이 진열되고, 불행의 나락으로 떨어진 사람들의 울부짖음이 전송된다. 뉴스나 다큐멘터리는 '쯧쯧쯧' 혀를 차면서 동정심이 일어나도록 편집된다. 그 구도 속에서 등장인물들은 미리 정해진 각본대로 출연해야 한다. 대상이 다르긴 하지만, 다음의 사례를 통해 그것을 확인할 수 있다.

한국에서도 해외입양은 평생 낙인으로 남는다. 5월 연세대에서 열린 한 축구대회에서 해외입양아들이 축구단을 꾸려 결승까지 진출했다. 방송사 취재팀이 그들을 찾았다. 그러나 취재팀은 축구에 대해서는 단 한마디도 묻지 않았다. 입양아로 사는 것이 얼마나 힘든지, 얼마나 고통스러운지만 물었다.

그는 피식 웃음이 터졌다. 사람들의 눈물샘을 자극하는 슬픈 이야기를 끌어내려는 '노력'이 억지스러워 보였다. 미국에서는 '버려진 아이'라는 시선이, 한국에서는 '불쌍한 아이'라는 시선이 옥죄는 느낌이었다. 어느 쪽이나 불편하기는 매한가지다.

"한국인들은 입양됐다고 하면 곧바로 슬픈 눈을 하고 나를 바라봐요. 질문을 던진 것조차 몹시 미안해하며 어쩔 줄 몰라 하죠. 마치 내게 뭔가 잘못한 것처럼 대해요."

'동정'의 시선을 보내는 순간 그는 '남'이 돼버렸다. 한국에서도 이방인이라는 사실을 곱씹게 했다. 그가 어떤 지위에 있든, 어떤 것을 성취하든 그는 해외입양아일 뿐이었다. "사람들의 시선은 '안됐구나. 넌 우리와 다른 아이야'라고 말하고 있었어요."*

보도의 객관성은 애당초 포기되었다. 결론은 미리 정해져 있다. 그 구도 속에서 취재의 대상은 특정한 모습으로 고정되어 있다. 당신들은 반드시 불쌍해야 한다. 불행한 존재여야 한다. 우리가 고단한 삶에서 얼룩진 마음을 정화하려면, 당신들이 있어야 한다. 당

---

* 「돌아온 입양아 박혜진 씨의 희망 찾기」, 『동아일보』 2011년 7월 28일자.

신들의 비참을 잠시 어루만지면서 우리의 남루한 처지를 위로하는 카타르시스가 필요한 것이다.

우리는 다른 사람의 외형적인 처지나 상황을 근거로 판에 박힌 관념을 덮어씌우는 경우가 많은데, 이것을 가리켜 전형화stereotyping 라고 한다. 인종, 출신 지역, 소속 집단, 신체적 특징 등을 기준으로 각각의 사회적 범주에 일정한 상像을 결부시키는 것이다. 그것이 바로 고정관념의 본질이고, 그로 인해 수많은 차별이 생겨난다. 이에 대해서는 많은 지적과 분석, 성찰이 있었고, 인권운동의 차원에서 변화를 꾀하려는 움직임이 활발하게 이어져 왔다. 그런데 타인을 동정하는 시선에도 전형화가 종종 수반된다. 브레네 브라운은 그 점을 다음과 같이 짚어낸다.

우리 대부분은 별 생각 없이 쉽게 짐작하고 판단한다. 그 결과 이런 잔인한 말을 내뱉는다. "그 사람 예전처럼 살 수 없을 거야." "그 여자 완전히 망가졌어." 〔……〕 성추행이나 성폭행을 당한 여성은 '트라우마를 근거로 정체성을 규정하려는 타인의 시선'을 수치심의 가장 큰 원인이라고 꼽는다. 물론 경험 자체도 끈질기게 영향을 미친다. 그렇지만 전형화의 반응, 즉 '과거의 내가 아니며 더 이상 평범하게 살 수 없을 것'이라는 꼬리표는 그 경험만큼이나 고통스럽고 때론 더 큰 수치심을 안겨준다.*

* 브레네 브라운, 『나는 왜 내 편이 아닌가』, 242~43쪽.

타인의 시선은 스스로를 바라보는 눈에 결정적인 영향을 미친다. 상처와 아픔에 관심을 집중하면서 그것으로 사람의 정체성을 규정하는 마음의 습관은 상대방을 그 굴레에 가두어둔다. 그의 모든 성격과 행동을 트라우마와 결부시키면서 비정상의 부류에 묶어버린다. 그 결과 연민의 눈길은 수치심을 자극하게 된다. 그리고 그렇게 바라보는 자는 자신이 더 낫다는 우월감에 사로잡힌다. 일종의 권력관계가 성립하는 것이다.

동정은 인간적인 감정이다. 타인의 아픔에 공감하는 마음이 거기에 깔려 있다. 그러나 그것은 분리를 전제로 한다는 점에서 한계가 있다. 보는 자와 보여지는 자, 행복한 자와 불행한 자, 도와주는 자와 도움받는 자…… 그러한 이분법에 갇혀 있는 시선이나 그로부터 비롯되는 행동은 자기도 모르게 상처를 줄 수 있다. 자선은 미덕이지만, 자칫 도움받는 이들의 자존감을 손상시킬 수 있는 것이다. 가령 누군가가 물질적 궁핍으로 고생한다고 해서 아무 데서나 불쑥 돈을 건넨다면 모욕이 된다.

시혜에도 지켜야 할 도리가 있다. '오른손이 하는 일을 왼손이 모르게 하리'는 말은 베푸는 사람이 오만에 빠지지 않도록 경고하는 잠언이지만, 행여 상대방이 부담을 갖거나 위축되지 않도록 배려하라는 뜻으로도 해석할 수 있지 않을까. 진정한 덕행이 되기 위해서는 혜택을 받는 사람의 입장에 서서 세심하게 배려해야 한다. 동정이 침해나 폭력이 될 수도 있기 때문이다.

7.
문화의
코드 차이

_오해

1996년 영국의 토니 블레어가 노동당 당수 자격으로 일본을 처음 방문했을 때의 일이다. 만찬장에서 일본의 어느 기업인이 환영사를 했는데, "우리 일본은 모두 당신의 선거를 학수고대하고 있습니다"라고 말했다. 당시 선거를 앞두고 있던 블레어가 승리하기를 기원한다는 뜻이었다. 그런데 블레어를 비롯한 영국인들은 그 말을 듣고 몹시 당혹스러워했다. l과 r의 발음을 혼동한 것이 문제였다. "The whole of Japan is looking forward to your election"이라고 해야 하는데, election을 잘못 발음해서 erection이라고 한 것이다. 그래서 "우리 일본은 모두 당신의 발기가 잘되기를 고대하고 있습니다"라는 말이 되어버렸다. 게다가 그는 엄지손가락을 위로 치켜들면서 "Big one"이란 말을 반복했다. 선거에서 크게 승리하기를 바란다는 메시지였지만, 영국인들에게는 황당한 의미로 읽힐 수밖에 없었다. 미묘한 발음 하나 때문에 전혀 의도치 않은 모욕을 준 셈이다.

문화의 경계를 넘어선 소통은 늘 어렵다. 코드가 다르기 때문이다. 발음은 그 한 종류일 뿐이다. 이 외에도 다양한 코드의 차이가 오해를 낳는다. 중국인에게 탁상시계를 선물하면 안 되는데, 죽음을 재촉하는 의미로 읽히기 때문이다. 이슬람권 사람들에게는 돼지가 죽으로 만들어진 물건을 선물하면 안 된다. 상징들이 보다 다양하고 복잡하게 얽히는 것이 신체언어body language다. 인간의 커뮤니케이션에서 몸짓은 매우 큰 비중을 차지하고, 음성언어가 통하지 않는 사람들 사이에서는 특히 더 중요하다. 웬만한 몸짓은 보편적으로 통용된다. 그래서 외국에서 말이 통하지 않으면 '손짓 발짓' 하면서 의사를 전달하곤 하는데, 꽤 잘 먹힌다. 음성언어보다 먼저 생겨난 만큼 문화의 차이를 넘어서 많은 나라 사람들이 널리 공유하는 바탕이라고 할 수 있다.

그런데 신체언어에서도 가끔 착오가 일어난다. 예를 들어 중국인들은 물건을 건넬 때 살짝 던져서 주는 경우가 있다. 우리의 감각으로는 상대방을 무시하는 행위로 보이지만, 그들의 습관일 뿐이다. 또 다른 예를 보자. 우리는 다른 집의 아이가 예쁘면 머리를 쓰다듬어주는데, 태국 같은 나라에서는 절대 금물이다. 머리는 신성한 신체 부위이기 때문에 함부로 만져서는 안 된다. 어떤 일본인 야쿠자는 태국의 한 음식점에서 서비스가 너무 늦다고 불평을 하면서 웨이터의 머리를 툭툭 쳤다가, 곧 웨이터가 쏜 총에 살해당했다. 그 문화권에서는 머리를 건드리는 행위가 참을 수 없는 치욕감을 자아내기 때문이다.

외교 무대에서는 더욱 미묘한 갈등 내지 오해가 종종 일어난다. 1950년대 남미를 방문한 닉슨 대통령이 엄지와 검지를 동그랗게 말아 오케이 사인을 했는데, 그것이 그 지역에서는 매우 상스러운 신호였다. 그런가 하면 프랑스에서는 그 사인이 '별 볼 일 없다'라는 제스처가 되고, 한국이나 일본에서는 돈을 의미하기도 한다. 승리를 의미하는 V자 사인도 조심해야 한다. 영국에서는 손바닥을 보여야 하고 터키와 그리스에서는 손등을 보여야 한다. 그것을 헷갈리면 욕설이 되어버린다. 인간의 신체언어 가운데 손짓의 비중이 가장 높다 보니 문화에 따른 차이도 다양하다.

이처럼 말이나 행위를 해석하는 의미체계는 문화에 따라 천차만별이다. 전혀 그럴 의도가 없었음에도, 받아들이는 쪽에서 모욕감을 느낄 수 있다. 예전에 어느 독일 여성이 한국에 대해 쓴 책이 논란이 된 적이 있었다. 그 가운데 하나로 지하철에서의 나쁜 매너를 '(사막)쥐'의 습성에 비유한 것이 한국 독자들을 화나게 했다. 저자에 따르면 독일에서는 사람과 동물을 즐겨 비교하고, '쥐'는 독일인들이 그다지 혐오하는 동물이 아니라고 한다. 독일어에는 들쥐, 생쥐, 사막쥐 등 쥐에 관한 여러 표현이 있는데, 귀가 큰 사막쥐는 집에서 기르는 애완용 동물로서 부정적 이미지보다 귀엽고 친근한 이미지가 강하다. 그런데 인터넷에서 그냥 '쥐'(들쥐)라고 번역되면서 오해가 생긴 것 같다고 한다.*

코드의 의미 차이가 좀더 복잡한 경우가 있다. 중국인과 거래를 하는 한국인들이 가끔 당황하는 일 가운데 하나가, 상대측 사장이 초대한 식사 자리에 운전기사가 함께 앉아 있는 상황이다. 한국에서는 상상도 할 수 없는 일이다. 식사를 함께한다는 것은 비슷한 사회적 지위나 영향력을 갖고 있음을 암묵적으로 의미하기 때문이다. 격格이 낮은 사람이 동석하는 것은 상대방에 대한 무시로 받아들여진다. 그런데 중국인의 입장에서는 정반대다. 내가 운전기사까지 함께 앉힐 정도로 당신을 귀하게 대접한다는 의미가 담겨 있다.

예의의 표현 방법 차이로 인해 본의 아니게 상대방을 불쾌하게 만든 경험이 내게도 있다. 한국에 있는 일본의 어느 기관에서 한국 청소년들을 선발하여 일본 연수를 보내주는 프로그램이 있었는데, 그 면접에 심사위원으로 참석한 적이 있다. 나 이외에 기관의 센터장 등 3명의 일본인과 한국인이 한 명 더 있었다. 그런데 센터장은 사전 미팅을 하는 자리에서 모래시계를 하나 준비해왔다며 자랑스럽게 내놓았다. 지원자가 너무 많아 한 사람당 면접 시간을 5분으로 정해놓았고, 그 시간을 가늠하는 데 도움이 되겠다 싶어 장만했

* 「한국 폄훼 논란 미수다 베라 홀라이터」, 『경향신문』 2009년 10월 13일자.

다고 한다. 그러니까 면접 대상자가 바뀔 때마다 모래시계를 뒤집어놓으면 정확하게 5분을 체크할 수 있는 것이다.

그런데 면접이 진행되면서 내 옆에 앉아 있던 센터장은 모래시계를 뒤집는 것을 자꾸만 잊어버렸다. 면접을 2~3분 정도 진행하고 나서야 그 사실을 깨닫고 뒤집지만, 이미 무용지물이나 마찬가지였다. 그런 일이 몇 번 반복되었을 때, 나는 모래시계를 불쑥 가져다가 내 앞에 놓았다. 말없이 한 행동이었지만, 거기에 담긴 나의 메시지는 분명했다. 센터장님이 이런 허드렛일을 하시면 안 되죠. '아랫것'인 제가 할게요. 한국인끼리라면 금방 그 뜻이 전달되었을 것이고, 기특하게 생각했으리라. 진즉에 그럴 것이지 왜 이렇게 눈치가 늦느냐고 속으로 핀잔을 줬을지도 모른다.

그런데 그때는 정반대의 상황이 벌어졌다. 센터장의 얼굴이 순간 굳어졌다. 옆에 있던 다른 면접관들의 분위기도 갑자기 썰렁해졌다. 나는 큰 실수를 했음을 바로 알아차렸다. 그분의 입장에서는 자기 영역이 침해당했다고 느낀 것이다. 자기가 도구를 준비해왔고 시간 체크의 역할도 자임했는데, 내가 동의를 구하기는커녕 한마디 말도 없이 그것을 가져와버렸으니 얼마나 불쾌했겠는가. 어쩌면 내가 그 단순한 일도 제대로 하지 못하느냐는 비아냥과 함께 그분의 역할을 일방적으로 박탈해버린 것으로 받아들였을지도 모른다. 나는 연장자를 '배려'해드린 것인데, 그분에게는 정반대의 느낌으로 다가간 것이다.

문화의 차이에서 비롯되는 오해는 종종 벌어진다. 한국인의 경우 젊은 사람이 어른 앞에서 술을 마실 때 고개를 살짝 옆으로 돌려 예의를 갖추는데, 어떤 외국인들은 그런 몸짓에서 모멸감을 느끼기도 한다. 자신에 대한 거부감이나 혐오감의 표시로 받아들이는 것이다. 비슷한 예가 또 있다. 어느 미국인이 아프리카의 한 나라에서 사원을 면접하는데, 한 지원자가 엉덩이를 길게 빼고 어깨 윗부분만 등받이에 살짝 걸치는 식으로 삐딱하게 앉아서 질문에 답을 했다. 기본이 되어 있지 않거나 취직할 의사가 없나 보다 생각했는데, 알고 보니 그 사람이 살던 지역에서는 높은 사람과 마주할 때 상대방보다 눈높이를 낮추어야 하는 관례가 있었다. 그 젊은이는 면접관과 똑같은 높이의 의자에 앉아 있는 상황에서 상대방에 대한 경외심을 표시하기 위해 최선을 다하고 있었던 것이다.

　　지구촌 시대에 문화를 달리하는 사람들을 만날 일이 많아진다. 매너, 상징체계, 습관, 세계관 등이 다른 사람들과 생활하거나 함께 일을 해야 한다. 그 과정에서 사소한 차이가 중대한 오해를 불러일으킬 수 있다. 서로에 대한 존중은 보편적인 가치이지만, 그것을 나타내는 방식이 전혀 다르기 때문이다. 자기의 존재가 무시당할 때 모멸감을 느끼는 것은 인간의 공통된 성향이지만, 그 감성이 유발되는 상황에는 편차가 있다. 따라서 문화의 코드를 익히는 것은 외국어를 배우는 것만큼이나 중요하다.

4장

인간적인 사회를
향하여

오귀스트 로댕, 「대성당」

Auguste Rodin, Cathedral, 1908

인간은 손으로 여러 가지 도구를 제작하면서 각종 무기도 만들어 휘둘렀다.
그러나 우리는 그 똑같은 손으로 다른 사람을 껴안고 쓰다듬을 수 있다.
그리고 서로의 손을 맞잡을 수 있다.
이 로댕의 조각품은 얼핏 보면 평범한 동작이다.
그러나 당신의 손으로 그 모양을 똑같이 만들어보라.
아무리 손을 돌리고 비틀어도 불가능하다.
두 사람이 각자 오른손을 올려 세워 맞잡은 것이기 때문이다.
내세울 것 없는 사람들일지라도 서로의 손을 내밀어 마음을 모으면,
우리의 존재는 더 높은 세계로 고양된다. 관계 그 자체가 거룩한 성전이 된다.

7 / 거머리 행진곡

8 / 사라방드:
시를 좋아하시나요?

작곡가의 말

7. 게시판이 난리라고 해서 들어가 보았다. 온갖 욕설과 험담으로 도배되어 있는 댓글들. 악플의 싸움꾼들은 과연 누구일까? 현실에서는 침묵 뒤에 숨어 있다가 익명의 사이버 공간에서 활개를 치는 이들. 자신의 글 한 줄에 요동치는 세상을 보면서 비로소 존재감을 맛보게 된다. 그 비겁한 충동은 거머리처럼 행진하다가 불특정 다수의 히스테리로 발작한다. 가끔 내게도 침투해 들어오는 그 바이러스는 나를 뜨악하게 만들기도 한다.

8. 살면서 많은 질문을 받는다. 꼬치꼬치 캐묻고, 다그치며 몰아세우고, 정답을 가지고 떠보고, 이리저리 참견하고…… 이런 질문들로 나는 지치게 된다. 정말로 나에 관해 알고 싶어 하는 사람은 누구인가. 얼 쇼리스 씨가 노숙인 여성에게 던진 질문(257쪽)은 그 자체로 한 송이 장미다. 내가 좋아하는 것, 나의 본질에 관심을 기울이는 사람은 영혼의 향기로 존재를 채워준다. 어설픈 위로보다 순수한 물음표 하나가 훨씬 큰 힘이 된다. 그 환대의 시공간에 사라방드Sarabande 한 자락을 띄운다.

1.
품위를
잃지
않도록

말 한마디가 돌이킬 수 없는 비극을 낳는 일이 종종 있다. 조우성 변호사의 『내 얘기를 들어줄 단 한 사람이 있다면』에 나오는 사례를 보자. 어느 젊은 세입자가 주머니 사정이 어려워 월세를 계속 밀리고 있었다. 주인이 여러 차례 독촉하러 왔지만, 그때마다 죄송하다는 말뿐이었다. 그날도 마찬가지였다. 또다시 헛걸음을 하게 된 주인은 화가 잔뜩 나서 되돌아가며 한마디 툭 던졌다. "어이구, 젊은 사람이…… 인생이 불쌍하다, 불쌍해……" 이 말을 또렷이 들은 세입자는 주인을 붙잡았다. 방금까지 굽실거리면서 봐달라던 태도가 돌변하여 "당신, 방금 뭐라고 했어?" 하며 흥분해 순식간에 부엌에 들어가 칼을 들고 나왔다. 집주인은 오히려 비웃으면서 말했다. "못난 인간이 별짓을 다 한다!" 이 말에 세입자는 주인을 찔러 그 자리에서 죽이고 말았다.*

인간에게 생명보다 중요한 것이 자존감이다. 품위decency를 훼손당했다고 생각할 때, 목숨을 걸고 보복하거나 그것을 회복하려고 몸부림친다. 아니면 삶의 의욕을 잃고 무기력 상태에 빠지거나 극단적인 선택을 하기도 한다. 그런 일이 일어나지 않거나 일어났을 때 적절하게 대응하는 사회를 가리켜, 철학자 아비샤이 마갈릿은 '품위 있는 사회decent society'라고 말한다. 정확한 정의를 내리자면 '구성원들이 자기가 모욕당했다고 간주할 만한 이유가 있는 조건에 맞서 싸우는 사회, 또는 그럴 만한 이유를 제공하지 않는 사회'다.

철학이나 사회과학에서 '정의'에 대해서는 오래 다루어져왔지만, '품위'에 대한 논의는 아직 생소하다. 그런데 생각해보면 정의가 실현되었다 해도 인간적인 품위가 자동으로 보장되는 것은 아니다. 그리고 그 두 가지가 꼭 순차적으로 달성되는 것도 아니다. 마갈릿의 말을 더 들어보자. "이상적 사회를 실현하기 위해 정의보다 더욱 시급할 뿐 아니라, 보다 현실적이고 성취 가능한 아이디얼이다." "품위 있는 사회를 실현하기 위한 정치 전략이 정의로운 사회를 만들기 위한 전략과 아주 다를 가능성도 크다. 품위 있는 사회는 그 자체로 실현할 가치가 있는 이상이다."**

* 조우성, 『내 얘기를 들어줄 단 한 사람이 있다면』, 109~10쪽.
** 아비샤이 마갈릿, 『품위 있는 사회』, 신성림 옮김, 동녘, 2008, 295쪽.

정의에 어긋나는 상황은 객관화하기 쉽고 개선을 요구할 명분도 확실하다. 정치적인 탄압, 부정부패, 육체적인 고문, 경제적인 불평등, 제도적인 불이익 등은 누가 보아도 부인할 수 없는 근거가 있다. 그에 비해 품위를 떨어뜨리는 조건이나 행위는 문제의식을 공유하기가 어려울 수 있다. 그 사람이 나를 바라보는 눈빛이 기분 나쁘다, 내 말에 대꾸는커녕 비웃는 표정을 지었다, 내게 배당된 사무 공간이 너무 누추하다…… 이런 사안들은 사적인 문제로 치부되거나 주관적인 느낌으로 무시되기 쉽다. 그래서 대놓고 따지기 어렵고 공론화도 쉽지 않다.

감정노동도 마찬가지다. 부당한 줄 알면서도 문제 삼을 방법을 알지 못한다. 정색하고 대결하자면 사직까지 각오해야 한다. 그럴 용기가 없거나 그냥 귀찮아서 꾹 참고 넘어간다. 그러나 덮어두고 넘어갈수록 더 깊이 곪아간다. 과잉 친절에 손님들은 기고만장해지고 더욱더 응석받이가 된다. 노동자는 울분을 참느라 속병이 나고 정신적으로 피폐해진다. 이런 악순환을 막기 위해서는 잘못된 행동에 대해 단호하게 대응할 수 있는 분위기가 형성되어야 한다. 서양에도 감정노동이 있지만, 우리에 비해 노동자의 권리가 훨씬 잘 보장된다. 요리사 박찬일 씨는 다음과 같은 경험을 한 적이 있다.

나는 서양에서 감정노동자로 일해 보았는데, 그들의 노동문화는 친절하되 결정적인 선을 넘으면 가차 없는 반격을 한다. 무리한 요구를 하며 무례하게 구는 손님이 있었는데, 지배인이 나서더니 식당 문을 열어주고 당장 나가라고 요구했다. 어기면 경찰을 부르겠다고 엄포도 놓았다. 실제 경찰을 부른 적도 있었다. 이때 놀라웠던 건 업주와 다른 손님들의 태도였다. 누구도 그 지배인을 비난하지 않았다. 다시 말해서 감정은 팔지만 자존심은 절대 팔지 않는다는 원칙이 존중받는 사회였다는 것이다.*

이것은 인권과 정의의 문제다. 그것이 보장되기 위해서는 사회 구성원들의 의식이 향상되어야 하지만, 하루아침에 이루어지는 것은 아니다. 그러한 단계로 나아가기 위해서는 변화를 매개하는 제도적인 장치가 필요하다. 감정노동자들이 자신의 인격을 방어할 수 있는 시스템이 마련되어야 한다. 예를 들어 소비자의 불만이나 민원을 접수하는 전화 상담원의 경우, 고객이나 시민이 부당한 요구를 늘어놓거나 말도 안 되는 억지를 피울 때, 험한 욕설이나 성희롱적인 언사를 퍼부을 때, 어떻게 대응해야 하는지에 대한 매뉴얼이 제공되어야 한다.

이미 일부 기업에서는 시행 단계에 들어갔다. 폭언이나 성희롱 전화를 받을 때 우선 상대방에게 경고를 보내고, 그래도 계속할 경우 전화를 끊거나 자동응답으로 넘긴다. LG전자 콜센터는 2014년부터 감정노동자 보호 시스템을 시행하고 있다. 예를 들어 언어폭력의 경우 고객에게 두 차례 경고를 하고, 그래도 멈추지 않으면 다

---

* 박찬일, 「식당의 감정노동자」, 『경향신문』 2013년 5월 3일자.

음과 같은 ARS 멘트가 나간다. "고객님, 업무 상담과 관련 없는 욕설이나 비속어 사용 시 관련 법률에 의해 고발될 수 있으며, 통화 내용은 녹음되어 증거 자료로 제공됩니다. 더 이상 정상적인 상담 진행이 어려워 통화가 종료됨을 안내드립니다. 기타 고객님의 요구 사항은 홈페이지 고객의 소리에 접수해주시기 바랍니다. (통화 자동 종료)" SK텔레콤은 욕설 등을 일삼는 블랙컨슈머를 따로 관리하고, 내용증명 발송과 고발까지도 하고 있다. 특히 성희롱에 대해서 단호하게 대처한다고 한다. 서울시인권위원회도 2014년 2월, 120다산콜센터 상담원들이 고객으로부터 욕설을 듣거나 성희롱을 당하면 1회 경고 후 전화를 끊도록 하는 방어권을 보장하라고 권고했다. 맞서 싸우느라 에너지를 소모하기보다 간단하게 회피하도록 하고, 그로 인해 화가 난 고객이 다른 경로를 통해 공격해와도 직원을 철저하게 보호해준다. 그런 시스템을 도입한 결과, 직원들이 불필요한 신경전에서 해방되니 업무 효율이 높아졌다고 한다. 또 한 가지 중요한 것은, 진상 고객에게 묶여 있던 시간을 줄이니 다른 고객들의 대기 시간이 짧아져 결국 전체적으로 서비스 이용 만족도가 높아졌다는 점이다.

비행기 승무원이나 식당의 종업원처럼 직접 고객을 접대하는 업종에서는 이런 식의 간단한 대응이 어렵다. 전화는 끊어버리면 일단 벗어날 수 있지만, 대면하는 상황에서는 내쫓거나 제 발로 나가도록 유도하지 못하면 계속 고객 앞에 묶여 있어야 한다. 신입이거나 나이가 어릴수록 당황하면서 쩔쩔 매게 될 가능성이 높다. 그럴 경우, 베테랑 직원이 신속하게 대응할 수 있는 시스템이 필요하다. 고객의 입장에서는 제3자적 입장에 가까운 직원이기에 흥분을 가라앉힐 수 있다. 그리고 더 높은 직급의 사원이 자기 말을 들어주기에 존중받는다는 느낌을 가질 수 있다.

물론 더욱 기고만장해져서 고함을 치고 삿대질을 할 수도 있다. 그 경우에 베테랑 직원의 능란한 수완이 요구된다. 무조건 고객의 편을 들면서 직원을 꾸지람해서는 안 된다. 그럴 경우 직원은 상사나 회사에 대해 배신감을 느낄 수밖에 없다. 고객의 말을 정중하게 경청함으로써 감정을 가라앉히는 동시에 그의 주장이나 태도에서 어떤 점이 문제가 되는지를 냉정하게 짚어줄 수 있어야 한다. 그런 일을 귀찮아하면서 책상만 지키고 앉아 있는 관리자는 그 모든 짐을 말단 직원에게 떠맡기면서 조직을 허약하게 만들 뿐이다. 의리 없는 상사, 합리성과 공정함을 결여한 회사를 위해 직원이 최선을 다하고 싶어 할 리가 만무하다.

2.
문제는
감수성이다

: 역지감지, 상대방의 입장에서
느끼는 단계까지

감정노동의 괴로움을 줄이기 위해서는 서비스 종사자들의 자기방어를 위한 매뉴얼과 시스템만으로는 한계가 있다. 그것은 악질 고객의 극단적인 행동에 대처하는 최후의 보루 내지 히든카드일 뿐이다. 어떤 면에서는, 고함을 치고 난동을 피우는 행동에 대응하기가 차라리 편할 수 있다. 누가 보아도 그 사람이 멍백하게 물의를 일으키고 있기 때문이다. 감정노동자들을 힘들게 하는 이는 은근히 기분을 상하게 하는 고객들이다. 퉁명스러운 말씨, 안하무인의 태도, 경멸하는 듯한 표정, 자연스럽게 섞여 나오는 반말투…… '심증'

215   4장_2. 문제는 감수성이다

은 있으나 '물증'을 잡기가 어려운 상황들이다. 그래서 문제 삼기가 무척 힘들다. 결국 그 부분은 고객들의 양심과 소양에 호소할 수밖에 없다. 소비자들의 생각과 태도가 변해야 한다.

우선 '손님은 왕이다'라는 생각에서 벗어나야 한다. 그 구호는 일본에서 '손님은 하나님이다お客様は神様'라는 말이 한국적으로 변형된 것으로 보인다. (사마様는 일본어에서 극존칭으로, 고객과 신神 정도에만 붙여진다. 그런 점에서 배용준 씨를 '욘사마'라고 부른 것은 엄청난 칭송이었다.) 왕보다 훨씬 높은 신적인 위치로 손님을 격상시키겠다는 것이 일본 서비스업의 각오다. 아닌 게 아니라 일본을 방문해보면 누구나 금방 느끼는 것이지만, 서비스업 종사자들의 매너는 감동적일 만큼 깍듯하다. 정말로 자신이 신으로 대접을 받는다는 기분이 든다. 그렇다고 해서 일본의 감정노동이 엄청나게 가혹하냐면 결코 그렇지 않다. 손님들 역시 매우 깍듯하기 때문이다. 그들은 친절이 몸에 배어 있고, 공손함은 문화 그 자체다. 그래서 손님이라는 이유만으로 판매원을 막 대하는 경우는 매우 드물다.

한국에서는 판매원이 신하처럼 굽실거릴 때가 적지 않다. '손님은 왕이다'라는 구호가 왜곡되어 잘못된 관행과 문화를 빚어냈기 때문이다. 서비스를 하는 입장에서 최선을 다해 모시겠다는 다짐이지, 손님이 '나는 왕이로소이다' 하면서 스스로를 드높여 상대방 위에 군림하기 위한 구실이 되어서는 안 된다. 예를 들어, 어떤 훌륭한 일을 해낸 사람이 겸손의 말로 "저는 아무것도 한 것이 없습니다"

"저는 아직도 부족한 것이 너무 많습니다"라고 했다고 가정하자. 그에 대해서 "맞아요. 당신이 뭐 한 게 있나요?" "말씀을 듣고 보니, 정말로 당신은 결점투성이로군요"라고 대꾸한다면 얼마나 민망하고 무례한 일인가. 겸손과 공경은 상호적이어야 한다. 그렇지 않고 일방적으로 행해지거나 강요될 때, 그것은 횡포가 된다.

손님에게도 지켜야 할 도리가 있다. 구체적으로 한 가지만 들자면, 반말을 쓰지 말아야 한다. 의사나 검사들 가운데 상대방의 나이를 불문하고 반말을 쓰는 이들이 가끔 있다. 지독한 권위주의가 체질화된 것이라고 할 수 있다. 위계적인 질서에 길들여진 심성, 자신의 사회적 지위를 남용하는 습성의 소산이다. 그런 구태를 답습하는 손님들이 있다. 거의 모두, 나이 든 남성들이다. 물론 종업원이 아주 어리다 보니 마치 자기 딸을 대하는 듯한 친근감의 발로일 수도 있지만, 전혀 그럴 만한 분위기가 아닌데도 반말을 툭툭 던져서 기분을 상하게 하는 경우가 훨씬 많다. 핵심은 조심해야 한다는 것이다. 아무 생각 없이 던진 한마디가 상대방의 모멸감을 자아낼 수 있다. 늘 하던 대로 한 행동이 시대착오적인 것일 수 있다.

'모욕 감수성'이라는 개념을 제안해본다. 젠더 감수성, 장애 감수성처럼 인권 감수성 능은 이제 익숙한 말이 되었다. 이 개념들을 내세우면서 담론을 만들고 사람들의 성찰을 이끌어낸 운동, 거기에 맞물려 전개된 정책의 성과는 적지 않다. 성희롱의 예를 들어보자. 80년대까지만 해도 그 말은 매우 낯설었다. 성희롱이 드물어서가 아니었다. 오히려 그 반대였다고 할 수도 있다. 돌이켜보면, 지금의 기준으로는 성희롱 죄로 충분히 입건될 수 있는 언행들이 공공연히 벌어졌다. 남성이나 여성이나, 가해자나 피해자나 모두 그에 대해서 둔감했다.

여성운동이 꾸준하게 전개되고 언론과 교육이 함께 흐름을 만들어내면서 사회 전반에 젠더와 관련된 의식이 확산되었다. 정책과 법률 차원에서도 성희롱에 대한 규제가 이루어지면서 일상의 문화가 서서히 바뀌었다. 이제는 성희롱 내지 성차별적인 발언을 하면 남성들이 먼저 지적해주고 경고하는 경우도 적지 않다. 물론 페미니즘에 대한 거부감이 섞인 비아냥으로 비꼬는 듯이 말하는 남성도 있지만, 그것조차도 긍정적으로 해석해야 한다. 내면이 바뀌는 데는 시간이 걸린다. 처벌이 두려워서 조심하는 정도만 돼도 대단한 변화라고 할 수 있다. 장애 감수성도 마찬가지다. 장애인에 대해 속으로는 깔보는 마음이 남아 있다 할지라도, 그것을 대놓고 표출하는 사람들은 크게 줄어들었다.

그러한 성과를 토대로, 모욕 전반에 대한 감수성을 사회적으로 끌어올리는 방안을 구상할 수 없을까. 이미 모욕죄라는 것이 법률에 명시되어 있다. 명예훼손죄가 공연히 사실 또는 허위사실을 적시하여 사람의 명예를 훼손하는 것이라면, 모욕죄는 사람의 가치를 저하시키는 가치판단을 공연히 표출하는 것을 말한다. 예를 들어 어떤 사람이 전과자인 사실 또는 허위사실을 여러 사람 앞에 드러내면 명예훼손죄이고, '미친놈' '멍청이' 같은 비하적인 발언 또는 어떤 욕설을 공연히 퍼부으면 모욕죄가 된다. 여기에서 '공연히'란 불특정 다수 앞에서, 즉 전파 가능성이 있는 상황에서 모욕이 이루어짐을 뜻한다. 그 기준으로만 보아도 한국인들은 모욕죄를 숱하게 범하고 산다고 볼 수 있다. 사실 또는 허위사실의 적시라는 객관적 근거가 있는 명예훼손죄에 대해서는 꽤 의식이 있는 반면에, 가치판단이라는 모호한 기준이 적용되는 모욕죄는 제대로 인식조차 되어 있지 않은 실정이다.

결국 감수성의 문제다. 상대방에게 입힌 손해의 명백한 증거가 있는 명예훼손죄와 달리, 모욕죄에 해당하는 언사는 그냥 기분이 좀 상했다는 정도로 넘어갈 수도 있기 때문에 둔감하기 쉽다. 성희롱도 예전엔 그러했다고 볼 수 있다. 성폭행처럼 눈으로 드러나는 해를 입힌 것이 아니기에 쓴쓸한 웃음 한번 짓고 지나가 버리기 일쑤였다. 그런데 그렇게 흘려보낸다고 해도 나쁜 기운은 침전물처럼 쌓인다. 그런 말들이 반복되면서 자존감은 떨어지고 남녀관계는 피상적으로 겉돈다. 상대의 인격을 무시하고 농락의 대상으로 삼는 마음의 습관이 굳어지다 보면, 성폭행 등에도 둔감해진다.

그러한 정황을 모욕 일반에 확대 적용해볼 수 있겠다. 내가 무심코 던진 말 한마디, 습관적으로 짓는 표정이나 눈빛에 대해 민감해지도록 분위기를 조성하고 담론을 만들어가야 한다. 상대방의 입장에 서는 연습이 필요하다. 역지사지易地思之로는 부족하고 역지감지易地感之, 즉 상대방의 입장에서 느끼는 단계까지 나아가야 한다. 대학에서 청소를 하는 어느 아주머니가 일부러 엘리베이터를 이용하지 않는다는 이야기를 들은 적이 있다. 동승한 교수들이 자신을 바라보는 시선이 불편해서라고 한다. 그 이야기를 듣고 유심히 관찰해보니, 대학의 청소 아주머니들은 교수는 물론 학생들과도 눈을 마주치지 않으려 애쓰는 듯했다.

그런 괴로움은 당사자가 되어보지 않고서는 알 수 없다. 『블랙 라이크 미』*라는 책을 쓴 존 하워드 그리핀은 차별받는 사람들을 이해하기 위해서 1959년에 특별한 피부과 시술을 받아 흑인의 모습을 하고 7개월 동안 미국을 횡단했다. 그 과정에서 그동안 백인으로서 당연하게 영위하던 일상사들에 생각지도 않은 장애물이 생기는 것을 발견했다. 매일 드나들던 식당에 발을 들여놓을 수 없었고 버스 휴게소의 화장실도 이용하지 못했다. 평소에 밝은 인사를 건네던 가게 점원은 굳은 얼굴로 자기를 대했다. 친절하게 대하는 백인이 있기는 했지만, 대화를 나누다 보면 흑인을 멸시하는 태도가 금방 드러났다. 그는 "내가 가진 개인의 자질을 보고 나를 판단하는 사람은 아무도 없으며 모든 사람이 내 피부색을 보고 판단했다"라고 말했다.

오래전에 어느 기사에서 읽은 내용으로, 노인 문제를 연구하는 프랑스의 어느 여성도 비슷한 실험을 했다. 노인의 처지를 보다 생생하게 경험하기 위해 며칠 동안 노인 분장을 하고 시내를 돌아다

* 존 하워드 그리핀, 『블랙 라이크 미』, 하윤숙 옮김, 살림, 2009.

녀보았다. 그 체험을 통해 그녀는 자신이 지금껏 수행해온 노인 연구가 얼마나 공허했는지를 깨달았다고 한다. 길거리에서 마주치는 행인들의 싸늘한 눈빛, 전철이나 식당이나 공공장소에서 은근히 무시하는 태도를 몸소 느낄 수 있었기 때문이다. 타자를 온전히 이해하기 위해서는 그 사람이 되어보아야 한다.

우리는 여러 상황에서 타인을 나와 동등한 인격체로 바라보지 않는 습관에 익숙해져 있다. 그 무의식과 타성을 성찰하면서, 관계를 비인간화시키는 문화에 의식적으로 제동을 거는 노력이 필요하다. 철학자 아비샤이 마갈릿은 그 점에 대해 다음과 같이 설명하고 있다.

> 인간을 인간으로 보는 것은 습득된 것이 아니라 선천적인 것이다. 그러나 인간을 인간 이하로 보는 것은 습득되었을 확률이 높다. 나치의 교육 때문에 많은 사람이 유대인과 집시를 인간 이하로 보게 되었듯이 말이다. 인간이 자기가 보는 것을 직접적으로 통제할 수 없다. 하지만 지금 보고 있는 것에 대한 자신의 태도를 의식적으로 변화시킴으로써 간접적으로 통제할 수 있다. 우리의 눈은 낙인을 무시하고 정확히 인간직 측면에서 사람들을 보도록 훈련될 수 있다. 〔……〕 어떤 사람을 모욕적으로 인간 이하의 측면에서 보게 되는 경우, 우리는 우리 눈을 믿지 않도록 신경 써야 할 뿐 아니라 상대를 인간 이하로 보지 않도록 노력해야 한다.*

* 아비샤이 마갈릿, 『품위 있는 사회』, 122쪽.

'deprograming'이라는 말이 있다. 우리말로 정확하게 번역하기는 어려운데, 이미 짜여 있는 프로그램을 해체시키는 것을 말한다. 그와 비슷한 개념으로 'unlearning'이라는 것도 있다. 배운 것을 애써 지움으로써 원래의 백지상태로 되돌아가는 것을 의미한다. 우리가 당연하게 여기는 생각이나 느낌은 대부분 문화에 의해 프로그래밍된 것이다. 일부러 배우지 않아도 자연스럽게 습득되는 마음의 회로가 있다. 그것이 있음으로 해서 인간 사회는 순조롭게 작동하지만, 그 질서가 인간을 행복하게 하는 것만은 아니다. 부당한 권력, 부조리한 제도, 일상 속에서의 차별과 억압 등은 그 의미체계를 통해서 지속된다. 그것은 인간이 만든 것이면서 동시에 인간을 지배한다.

사람다운 세상을 이루기 위해서는 우리의 의식과 감각이 어떻게 프로그래밍되어 있는가를 종종 해부해보아야 한다. 널리 공유되는 상식의 문법과 행동의 원리를 파악해야 한다. 그 문화가 우리의 삶을 윤택하게 하는지를 되묻고, 문제가 있는 부분은 수정해야 한다. 그 리모델링은 성찰에서 시작된다. 내가 무심코 반복하는 언행이 사회를 형성하는 과정의 일부라는 것, 타인을 무시하고 모욕하는 관행에 자신도 피해자가 될 수 있음을 알아차리는 감수성이 요구된다.

모욕 감수성은 면대면의 인격적인 관계가 아니라 제도적인 차원에서도 고려되어야 한다. 국가의 여러 정책들이 젠더의 관점에서 평가되듯이 모욕의 관점에서도 검토되어야 하는 것이다. 한 가지 예로, IMF 금융위기 직후에 정부에서는 실직자들을 위해 다양한 일자리를 창출해왔다. 그 가운데 하나가 버스 정류장에서 어깨띠를 두르고 승객들을 안내하는 일이었는데, 사실상 의미가 없는 일거리였다. 별다른 역할이 없었고 누구도 그들을 필요로 하지 않았기 때문이다. 실직자들에게 돈을 주기 위해 억지로 만들어낸 취로 사업이었던 것이다. 요즘에도 그와 비슷한 일자리들이 있는데, 전철역에서 승차나 보행에 관한 질서의식을 촉구하는 피켓팅이다. 출근하는 직장인들이 바쁘게 오가는 장소에서 피켓을 들고 우두커니 서 있는 그분들을 보기가 민망할 때가 많다. 그들이 걸친 어깨띠는 '나는 무능한 사람입니다'라는 표시처럼 보인다.

고학력 실업자를 위해 마련한 일자리가 종사자들의 자존감을 깎는 경우도 있다. 행정 문서 보관함의 서류 정리를 맡았던 나의 후배는 관청이 억지로 만든 일을 한다고 느꼈다. 돈 몇 푼 받기 위해 무의미한 일을 하루 종일 하고 있자니 자괴감이 들었다고 한다. 자원봉사 점수를 따러 곳곳에 파견되는 청소년들도 비슷한 경험을 한다. 준비가 제대로 이뤄진 것이 아니다 보니 하니 마나 한 일을 시키게 되고, 누구도 그 노고에 고마움을 느끼지 못한다. 아이들은 꿔다 놓은 보릿자루처럼 시간만 때우게 되는데, 그런 푸대접 속에서 스스로를 비하하기 쉽다.

공공 일자리든 자원봉사든 참여하는 사람들이 환대받을 수 있어야 한다. 공무원들은 자신이 수립하고 운영하는 프로그램에서 참가자들이 무엇을 어떻게 느낄지 충분하게 상상해야 한다. 좋은 취지로 기획된 정책이 혜택을 주기는커녕 열등감을 심어줄 수 있다. 그렇듯 의도하지 않은 결과가 생기지 않도록 사람들의 마음을 헤아리는 감수성이 필요하다.

3.
물리적 쾌적함,
생리적 청결함

그대는 삶을 위엄으로 견디어낼 수 있다.
마음 좁은 자들만이 삶을 보잘것없게 살 뿐
—라이너 마리아 릴케, 「왕의 노래」에서

군 복무 시절 겪은 일 하나를 잊을 수 없다. 어느 날 훈련을 마치고 내무반에 돌아와보니 누군가가 사물함을 뒤진 흔적이 눈에 들어왔다. 나뿐만 아니라 동료들 모두 수색을 당했다. 군대에서는 보안 때문에 통신 장비를 엄격하게 통제하는데, 당시에 특별히 단속을 했던 것이 라디오였다. 일부 병사들이 훈련소의 고달픈 시간을 달래기 위해 반입하여 몰래 청취했고, 나도 그 가운데 한 명이었다. 훈련소 지휘본부에서는 규칙을 어기는 훈련병들을 색출하기 위해 어느 날 일시에 모든 내무반을 뒤진 것이다. 다행히 내가 깊숙하게 숨겨놓은 라디오는 발각되지 않았지만, 누군가가 나의 내밀한 공간을 사전 통보조차 없이 헤집어놓았다는 것에서 심한 무력감을 느꼈다. 파놉티콘*의 권력 앞에 발가벗겨진 듯한 굴욕감에 사로잡혔다.

공간은 마음이 담기는 그릇이다. 몸이 어디에 머무느냐에 따라 전혀 다른 상태가 된다. 뿐만 아니라 구성원들의 생각, 사회적 관계, 권력의 구조 등을 반영하거나 재생산하는 텍스트이기도 하다. 도시의 구조나 취락의 형태가 당대의 우주관을 함축하는 것, 주거지의 공유 공간이 이웃들 사이의 소통을 촉진하는 것, 조직 내의 지위에 따라서 집무실의 크기가 다른 것 등이 그 증거다. 자존감도 공간의 영향을 많이 받는다. 의식하든 못하든, 생활환경은 인간의 정체성에 중요한 변수가 되는 것이다. 품위 있는 삶이 가능하려면 적절한 물리적 조건이 뒷받침되어야 한다.

강제수용소나 감옥의 열악한 환경이 수감자들의 인격을 파괴하는 현상은 이미 많은 사례를 통해 보고되었다. 불결하고 비좁은 공간에 오랜 시간 갇혀 있다 보면 최소한의 생명 의지조차 꺾이기 쉽다. 정도의 차이가 있을 뿐, 그런 현상은 지금도 우리 주변에서 가끔 벌어진다. 도시의 빈곤 계층 가운데 음습한 주거 환경에서 연명하는 이들이 적지 않다. 실내가 온갖 너저분한 가재도구로 가득 차 있고 오랫동안 버리지 않은 오물로 퀴퀴한 냄새가 진동한다. 예전의 무허가 판자촌만의 이야기가 아니다. 지금도 영구임대주택이나 연립주택 지하에서 가끔 그런 집이 발견된다. 부모의 돌봄을 거의

---

*   panopticon: '모두'를 뜻하는 'pan'과 '본다'를 의미하는 'optic'의 합성어. 18세기 공리주의 철학자 제러미 벤담에 의해 고안된 감옥의 구조물로서, 원형 공간 한가운데 높은 감시탑이 있고 원둘레를 따라 죄수들의 방이 있다. 그리고 감시탑은 어둡고 죄수들의 방은 밝아서 한 사람의 간수가 자신을 숨긴 채 죄수들의 일거수일투족을 효율적으로 통제할 수 있도록 되어 있다.

받지 못하고 자라나는 아이들, 자녀는 물론 이웃과도 연을 끊고 지내는 독거노인들, 가족과 함께 살지만 질병이나 알코올중독에 시달리면서 무기력하게 일상을 보내는 사람들이 그 안에 살고 있다.

일터에서도 공간의 열악함이 종종 문제가 된다. 산업화 초기에 기계로 전락한 노동자들은 위험하고 비위생적인 환경에 맨몸으로 내던져져 있었다. 특히 아이들은 더욱 취약했다. 한국에서도 도시의 공단이나 서울 청계천 주변의 봉제 공장은 인간으로서 견디기 어려운 시설인 경우가 많았다. 지금은 예전과 같은 모습을 찾아보기가 어렵지만, 개발도상국의 많은 저임금 노동자들이 그런 환경에서 일하고 있다. 2013년 4월 방글라데시에서 8층짜리 건물이 무너져 1천 명 이상이 목숨을 잃었는데, 그 안에는 무려 2,500명이 옷 만드는 일을 하고 있었다고 한다. 양계장의 닭들처럼 갇혀 일만 하는 그들에게 품위 있는 삶은 거의 불가능하다.

지금 한국에서는 새로운 유형의 공간 사정이 문제시된다. 예를 들어 어느 대학의 청소 아주머니들의 경우, 휴식할 수 있는 최소한의 공간도 마련되지 않아 화장실의 비품 보관칸에서 도시락을 먹는다는 사실이 뒤늦게 알려졌다. '밥 먹을 때는 개도 건드리지 말라'라는 말처럼, 식사는 생물학적인 행위인 동시에 인간으로서의 위엄을 확인하는 행위이기도 하다. '무엇을'보다는 '어디에서'가 더 중요할 수 있는 것이 인간의 식사다. 일터나 학교 그리고 가정에서 편안하고 떳떳하게 밥을 먹을 수 있는 공간은 품위 있는 삶의 기본을 이룬다.

그런 점에서 공간과 몸 그리고 마음의 관련성도 중요하게 논의되고 고려되어야 한다. 흔히 이야기되듯, 정장 차림으로 공연장에서 우아하게 행동하던 사람이 예비군복을 입고 연병장에서 훈련을 받을 때는 갑자기 불량기 많은 청소년처럼 행동한다. 또 다른 예를 보자. 경주의 어느 문화운동 단체에서 운영하는 '추억의 수학여행'이라는 관광 프로그램이 있다. 70년대에 중·고등학교를 다닌 중년 남녀들이 동창 모임으로 프로그램에 참여할 경우, 옛날 교복을 빌려주는 독특한 이벤트다. 교복을 입은 그들은 갑자기 30~40년 전으로 되돌아가 십대 때의 몸짓과 치기를 그대로 드러낸다고 한다. 환경 또는 옷차림에 따라서 몸가짐 그리고 세상과 삶에 대한 태도가 달라지는 것이다.

이러한 원리를 다양하게 응용해볼 수 있다. 예를 들어 범죄자들을 감옥 안에만 가두어두는 대신 농사에 참여시켜 흙을 만지고 생명을 가꾸게 하는 것은 어떨까. 미국 샌프란시스코 교도소에서 이와 같은 취지로 '가든 프로젝트'를 실시해왔는데, 거기에 참여한 재소자들의 1년 내 재범율은 25퍼센트(다른 재소자들은 55퍼센트)라는 결과가 밝혀지기도 했다. 가든 프로젝트에는 재소자뿐 아니라 전과자와 비행청소년들도 참여하는데, 땀 흘려 식물을 재배하면서 심신이 맑아지고 결과적으로 도시의 치안 유지에도 큰 도움이 된다. 걷기도 비슷한 효과를 낳는다. 프랑스의 'Le Seuil'(문턱)라는 단체는 법무 당국과 협의하여, 범죄를 저질러 감옥에 가야 하는 청소년들에게 3개월 동안 2천 킬로미터를 걸으면 무조건 석방시켜주는 제도를 운영하는데, 거기에 참여한 청소년들의 재범율은 20퍼센트(일반 범죄 청소년은 80퍼센트)에 불과하다고 한다.

몸의 회복을 돕는 병원에서도 환경, 더 나아가 옷에까지 신경을 쓸 필요가 있다. 신경건축학이라는 독특한 분야를 개척한 에스더 M. 스턴버그는 『공간이 마음을 살린다』*라는 책에서 흥미로운 사례를 제시한다. 똑같은 수술을 하고 나서 일주일 정도 입원하는 환자들의 경우, 창밖으로 숲을 볼 수 있는 병실의 환자가 그렇지 않은 병실의 환자들에 비해 하루 일찍 퇴원하는 것으로 나타났다. 자연을 바라보는 것만으로도 치유력이 높아진다. 공간의 쾌적함은 환자들의 기력을 향상시키는 것이다. 거기에 덧붙여 복장을 바꿔보면 어떨까. 미적인 고려가 전혀 없이 병원 이름으로 도배되어 있는 환자복은 죄수복과 비슷하다는 지적이 나온 바 있다. 병든 몸이지만, 아니 병든 몸이기에, 격조 있는 디자인의 옷을 입어야 한다. 이를 통해 높아진 긍정적인 자아 이미지는 건강의 증진에 분명히 도움이 될 것이다.

하지만 몸과 마음은 공간이나 복장에 의해서 일방적으로 규정되는 것이 아니다. 똑같은 환경에서도 사람에 따라 전혀 다르게 처신한다. 유대인 강제수용소에서의 처절한 경험들 가운데 프리모 레비의 증언을 빼놓을 수 없다. 그는 열악한 감금 상태임에도 몸의 청

* 에스더 M. 스턴버그, 『공간이 마음을 살린다』, 서영조 옮김, 정재승 감수, 더퀘스트, 2013.

결에 주목했다. 그리고 그것이 생명과도 연결된다는 점을 확인했다. 물 한 컵을 배급받았을 때 그것을 모두 마셔버리는 사람과 일부를 아껴서 몸을 닦는 데 쓰는 사람이 있었는데, 후자의 생존율이 더 높았다고 한다. 거기에는 생리적인 위생만이 아니라 정신적인 태세가 관련된다고 레비는 생각했던 듯하다. 그가 절실한 체험을 통해 깨달은 생존 수칙을 들어보자.

수용소는 우리를 동물로 격하시키는 거대한 장치이기 때문에, 바로 그렇기 때문에 우리는 동물이 되어서는 안 된다. 이곳에서도 살아남는 것은 가능하다. 그렇기 때문에 나중에 그 이야기를 하기 위해, 똑똑히 목격하기 위해 살아남겠다는 의지를 가져야 한다. 우리의 생존을 위해서는 최소한 문명의 골격, 골조, 틀만이라도 지키기 위해 최선을 다해야 한다. 우리가 노예일지라도, 아무런 권리도 없을지라도, 갖은 수모를 겪고 죽을 것이 확실할지라도, 우리에게 한 가지 능력만은 남아 있다. 마지막 남은 것이기 때문에 온 힘을 다해 지켜내야 한다. 그 능력이란 바로 그들에게 동의하지 않는 것이다. 그러니까 우리는 당연히 비누가 없어도 얼굴을 씻고 윗도리로 몸을 말려야 한다. 우리가 신발을 검게 칠해야 하는 것은 규정이 그렇게 되어 있기 때문이 아니라, 우리 자신에 대한 존중과 청결함 때문이다. 우리는 나막신을 질질 끌지 말고 몸을 똑바로 세우고 걸어야 한다. 그것은 프로이센의 규율을 따르기 위해서가 아니라, 쓰러지지 않고 살아남기 위해서다.*

청결을 유지하기가 불가능해 보이는 수용소에 완전히 예속되지 않겠다, 인간임을 포기하도록 강요하는 환경에 굴하지 않고 몸을 씻는 것은 살아서 나가겠다는 의지를 다지고 선언하는 신성한 의례가 아니었을까. 죽을 때 죽더라도 인간다움을 끝까지 지키기위해 얼굴을 깨끗하게 닦아내는 행위는, 사람이 동물과 구별되는근거라고 할 수 있다. 극한 상황에서도 노예로 전락하지 않으려는그 몸부림은, 매일 샤워를 할 수 있고 온갖 화장품으로 외모를 가꾸는 우리에게 질문을 던지는 듯하다. 당신을 지탱하는 힘은 무엇이냐고. 타인에게 당당하고 스스로의 위엄을 지니고 있냐고. 몸을 아끼면서 그 안에 얼을 담고 있느냐고.

* 프리모 레비, 『이것이 인간인가』, 이현경 옮김, 돌베개, 2007, 57~58쪽.

4.
화폐의 논리를
넘어선 세계

시 한 편에 삼만 원이면
너무 박하다 싶다가도
쌀이 두 말인데 생각하면
금방 마음이 따뜻한 밥이 되네

시집 한 권에 삼천 원이면
든 공에 비해 헐하다 싶다가도
국밥이 한 그릇인데

내 시집이 국밥 한 그릇만큼

사람들 가슴을 따뜻하게 덮혀줄 수 있을까

생각하면 아직 멀기만 하네

시집이 한 권 팔리면

내게 삼백 원이 돌아온다

박리다 싶다가도

굵은 소금이 한 됫박인데 생각하면

푸른 바다처럼 상할 마음 하나 없네

　　　　　　　　　—함민복, 「긍정적인 밥」*

　　모든 가치가 가격으로 매겨지는 이 시대에 우리는 사람의 가치도 돈으로 따지는 셈법에 익숙해져 있다. 노동시장에서 획득하는 임금, 상품시장에서 발휘하는 구매력으로 사람들 사이에 등급을 매긴다. 사다리에서 한 칸이라도 높은 자리에 오르기 위해 수단과 방법을 가리지 않는다. 물론 돈이 가장 중요해지는 상황이 있다. 먹고 살기 위해서 또는 빚을 갚기 위해서 돈벌이에 매진하는 것은 당연하다. 그런데 평생 펑펑 쓰고도 남을 만큼의 거금을 가진 사람들이 금전에 대한 탐욕을 줄이지 못하는 까닭은 무엇인가. 그들에게 돈은 생활 수단이 아니라 자존심을 세우는 기호가 되었기 때문이다. 다른 사람들과 자신을 비교하는 기준이 재산밖에 없고, 그 끝없는

* 　『모든 경계에는 꽃이 핀다』, 창비, 2009.

위세 경쟁에서 우위를 점하기 위해 총력을 기울이는 것이다.

그렇듯 모든 가치가 돈으로 수렴되는 세상에서 돈 없는 사람들이 겪는 모멸감은 가중될 수밖에 없다. 우리가 겪는 치욕의 많은 부분이 따지고 보면 결국 돈 때문이다. 돈이 없어서 설움을 맛보거나 돈 몇 푼 때문에 비굴해지는 것이다. 요즘 일어나는 범죄들 가운데 돈이 아니라면 일어나지 않았을 일이 대부분이고, 그 가운데 상당수는 돈 때문에 자기가 우스워진 것에 대한 자괴감이나 분노에서 비롯된다.

자살도 마찬가지 맥락에서 빈발한다. 노인들이 가난이나 질병 때문에 목숨을 끊는 경우, 모멸감이 얽혀 있을 때가 많다. 객관적인 현실 자체가 워낙 고통스럽기도 하지만, 그보다는 타인의 언행 하나가 자살의 결정적인 방아쇠가 되는 정황이 종종 짐작된다. 복지 수당을 신청하러 동사무소에 갔는데, 자기를 대하는 공무원의 눈빛 때문에 자살한 이도 있었다. 그 누군가로부터 치욕스러운 대우를 받고 자신이 쓸모없는 존재라는 확신이 굳어져 극단적인 선택을 내리고 마는 것이다. 빈곤층의 자살에 대한 다음의 분석을 보자.

전문가들의 의견을 종합하면, '빈곤=자살'이라는 등식은 지나치게 투박하다. '빈곤=( )=자살'이라는 등식이 맞다는 지적이 많다. 괄호에 들어갈 빈 고리는 뭘까? 〔……〕 임미영 씨는 박사학위 논문을 쓰려고 자살을 시도했다 살아난 노인 4명을 인터뷰했다. 그

중 3명이 경제적 어려움을 경험했고, 그것이 자살 시도 원인으로 작용했다. 임 씨는 빈곤이 **'무시당함'과 같은 마음의 상처를 주는 게 먼저**라고 지적했다. 그는 논문에서 "인간관계에서 가장 가까운 존재인 배우자로부터 무시당하고 인정받지 못하며 창피한 존재로 여겨짐"이라고 분석했다. 임씨는 동료지지집단의 사회적·정서적 지지를 '생명의 줄'이라고 정의한 바 있다. 가난하다는 것, 특히 직업이 없어 가난하다는 것은 '정서적 지지'를 받지 못한다는 뜻으로 풀이된다.* (강조는 저자)

사람은 타자에게 매우 의존적인 동물이다. 남들이 나를 어떻게 생각하고 대하느냐가 하루하루의 풍경, 내가 살아가는 세계의 색깔을 결정한다. 아무것도 아닌 말이나 표정, 몸짓 하나에 희비가 교차하고 행복과 불행의 화살표가 바뀐다. 우리는 저마다 다른 사람을 해칠 수 있는 치명적인 무기를 갖고 있다. 누구를 괴롭히겠다고 작정한 경우는 물론이거니와, 별 생각 없이 내뱉은 말이나 무심코 지은 표정이 상대방을 죽음으로 몰아갈 수 있다. 죽음에 이르게 하지는 않더라도 사회적인 불구자로 만들어버릴 수도 있다.

그런데 돈으로 모멸감을 주는 나쁜 경우가 있을 수 있다. 돈으로 모든 것을 해결할 수 있다고 믿으면서 상대방의 순수한 마음까지 매수하려고 하는 극단적인 상황을 상상해보자. 가령 당신이 친구와 말다툼을 하던 중 그에게 매우 심한 말을 들었다. 갑자기 욱하

---

* 「빈곤, 자살을 부르는 '노환'」, 『한겨레21』 2011년 5월 16일.

는 감정으로 내뱉은 말이 상처가 되었다. 계속 관계를 이어갈 수 있을까 고민하면서 밤잠을 못 이룬다. 그런데 며칠 뒤 그에게서 전화가 왔다. "내가 네게 못할 말을 했구나. 알잖니, 내가 다혈질이고 그날 내가 술이 좀 취해 흥분해 있었단 말이야. 정식으로 사과할 테니 용서해주고 없었던 일로 하자." 그 말을 들으면서 굳었던 마음이 풀리는 듯했지만, 뭐라 대답해야 할지 몰라 잠시 머뭇거리고 있었다. 그때 친구가 이렇게 한마디 덧붙인다. "얼마면 용서해줄 수 있겠니?"

아무리 돈을 밝히는 사람이라도 이런 말을 들으면 소름이 돋을 것이다. 절교를 선언할 수도 있다. 그 감정에 깔려 있는 논리는 무엇인가. 내가 친구를 용서하고 화해의 손을 내미는 마음은 돈으로 살 수 없는 것이다. 우리가 정말로 소중하게 여기는 것은 시장에서 교환되지 않는다는 공통점을 갖는다. 그것은 정체성이나 삶의 의미를 구성하는 핵심이기도 하다. 사랑, 배려, 존경, 지혜, 열정 등을 화폐로 저울질할 때 존재는 우스워지고 만다. 앞의 이야기에서 친구가 돈으로 용서를 구하려 할 때 느끼는 뜨악함의 본질은 바로 거기에 있다. 시장이 모든 것을 지배하는 듯한 세상이지만, 그런 정도의 '순수함'은 거의 모두에게 아직은 남아 있다고 믿어도 되지 않을까.

모든 가치가 돈으로 매겨진다 해도, 사람은 그것을 벗어난 세계를 여전히 간직하고 싶어 한다. 다만 너무 자주 그런 세계를 잊고 살 뿐이다. 물론 사람에 따라 그 부피는 천차만별이다. 어떻게 가늠할 수 있을까. 다음의 간단한 질문 하나면 된다. "내가 가진 것 중에서 돈을 아무리 많이 준다 해도 팔 수 없는 것이 얼마나 되는가?" 돈이 무한한 힘을 발휘하는 시장, 시장의 논리가 삶을 빚어내는 사회에서, 우리는 돈으로 바꿀 수 있는 것이라면 무엇이든 내놓는다. 그것을 잘할수록 유능하다고 평가받고 부러움도 산다. 학교와 가정의 교육도 그 교환의 방법을 터득하게 하는 데 치중하고 있다.

그런데 돈을 준다면 정말로 무엇이든 다 내놓을까? 우리는 살아가면서 그렇게 하는 경우가 많다. 돈을 위해 건강을 희생하고 인간관계를 저버린다. 인생의 보람이나 마음의 평화도 기꺼이 포기한다. 그러나 스스로에게 찬찬히 물어보자. 내가 그런 삶을 원하는가?

돈을 아무리 많이 받는다고 해도 내어줄 수 없는 것이 많다. 그 목록이 길수록 잘사는 사람이라고 말해도 좋겠다. 이렇게 생각해보면 그것이 무엇인지 금방 알 수 있다. 당신에게 100억을 주겠다. 단 세 가지 조건 가운데 하나를 택해야 한다. 첫째, 불치병으로 평생 고통을 받으면서 살아야 한다. 그래도 돈을 받겠는가? 그에 대해서는 누구나 쉽게 고개를 흔든다. 둘째, 가족도 다 떠나가고 모든 친구가 내게 등을 돌려버려서 마음 편하게 차 한잔할 사람이 한 명도 없다. 이 역시 많이 방설여질 것이다. 세번째 조건은 절대로 일이나 공부를 해서는 안 된다는 것이다. 미래를 위한 자기 계발도 금지된다. 할 수 있는 것은 여행과 쇼핑뿐이다. 일에 지치고 돈에 시달리는 직장인이나 자영업자들은 얼싸 좋구나 하면서 수락할 것이다. 그러나 그것이 지속 가능한 삶일까? 연명은 하겠지만 행복할까? 그렇지 못한다는 것을 많은 로또 당첨자들의 사례가 증명해준다.

우리의 삶을 가치 있게 하는 것은 돈을 넘어선 그 무엇을 통해서다. 앞서 인용한 함민복의 시詩에서 묘사하고 있는 깨달음, 돈으로 환산되기 어려운 의미를 발견하고 실현할 때 인간은 행복하다. 노동의 대가를 임금이나 상품의 가격으로만 따질 때 초라해지는 심경을 극복하기 위해서는 돈으로 값을 매길 수 없는, 그래서 무한한 가치가 있는invaluable 세계에 접속해야 한다. 그 접점은 어디에서 찾을 수 있을까.

평생 불의에 저항하며 가난한 이들과 함께했던 피에르 신부의 『단순한 기쁨』*이라는 책에 이런 일화가 실려 있다. 어느 날 피에르 신부는 자신의 집 근처에 사는 한 남자가 자살을 기도했다는 소식을 듣고 그를 찾아간다. 사연을 들어보니 기구하기 짝이 없었다. 조르주라는 이름의 남자는 한 번도 제대로 된 가정을 가져본 일이 없었다. 아버지는 어머니의 재산을 노리고 결혼한 뒤 탕진해버렸고, 그는 이후 기숙학교로 보내졌다. 스무 살에 약혼했지만, 아버지의 정부情婦가 재산을 노리고 자기 친척과 조르주를 결혼시키기 위해 약혼녀에게 끔찍한 편지들을 보내 결혼을 단념시켰다. 조르주는 그 여자의 친척과 결혼하여 딸도 낳았다. 그런데 뒤늦게 음모를 알게 된 조르주는 아버지의 정부를 찾아가 권총을 쏘았는데, 그 총알에 아버지가 죽고 자신은 무기징역을 선고받는다. 15년 뒤 특별 사면을

---

*　아베 피에르, 『단순한 기쁨』, 박선희 옮김, 마음산책, 2001.

받아 집에 가보니 몇 달 전에 출감한 감방 동료가 아내와 함께 살고 있었고 아내는 동료의 아이를 임신한 상태였다. 게다가 열다섯 살짜리 딸은 결핵을 앓고 있는 데다 인생 낙오자가 되어 돌아온 아버지를 혐오하고 외면했다. 이에 조르주는 자살을 감행했다.

피에르 신부는 그를 어떻게 도와주어야 할지 몰랐다. 가진 돈은 가난한 사람들을 위해 모두 써버렸고 그들에게 집을 지어주느라 빚까지 지고 있었다. 신부는 이렇게 이야기했다. "당신을 위해 내가 해줄 게 없군요. 한데 당신은 죽기를 원하니 거치적거릴 게 아무것도 없지 않습니까. 집이 다 지어지기만을 기다리는 어머니들을 생각해서라도 이 집 짓기가 빨리 끝날 수 있도록 죽기 전에 나를 좀 도와주지 않겠소?" 조르주는 신부의 간청을 받아들여 가난한 사람들을 위한 집 짓기에 참여했다. 그 경험이 그의 인생을 바꾸었다. 훗날 그는 이렇게 말했다. "신부님께서 제게 돈이든 집이든 일이든 그냥 베푸셨더라면 아마도 저는 다시 자살을 시도했을 겁니다. 제게 필요한 것은 살아갈 방편이 아니라 살아야 할 이유였기 때문입니다."

많은 문제를 돈으로 쉽게 해결할 수 있다고 생각하고, 사람이 처한 불행한 현실도 돈만 있으면 바꿀 수 있다고 간단하게 믿기 쉽다. 그러나 돈은 독이 될 수 있다. 선의에서 우러나온 시혜가 오히려 사태를 악화시킬 수 있다. 모든 사람으로부터 외면 또는 배신을 당했고 가진 것이라고는 아무것도 없는 조르주를 구한 것은 돈이 아니었다. '살아야 할 이유'였다. 그의 인생을 바꾼 것은 그 누군가에게 의미 있는 존재로서 자기를 다시 발견하게 해준 '집 짓는 일'이었다.

돈이 너무 많은 일을 좌우하고 돈 때문에 모멸감을 맛보기 일쑤인 현실에서, 나의 자존을 세우기 위해서는 돈보다 더 소중한 것에 착목해야 한다. 돈의 논리로 포섭되거나 환원될 수 없는 삶의 근원적인 가치에 눈떠야 한다. 물론 절대 빈곤으로 최소한의 인간적인 삶조차 영위하기 어렵거나 너무 많은 빚에 쪼들리는 이들에게는 한가한 이야기로 들릴 수밖에 없다. 돈이 아니면 해결되지 않는 문제들이 분명히 있기 때문이다. 그 굴레에 허덕이는 사람들이 숨통을 트고 안정적으로 생애를 계획할 수 있도록 정책과 제도가 뒷받침되어야 한다.

그것은 보다 거시적인 사회구조의 수정과 연동되어야 할 것이다. 그 구체적인 형태와 실현 방안은 여러 각도에서 모색되어야 하겠지만, 돈의 위상을 목적에서 수단으로 바꿔놓는 작업이 반드시 병행되어야 한다. 경제는 필요와 욕망을 사회적으로 충족시키는 조직적 활동이자 시스템이고, 돈은 그것을 위한 매우 요긴한 수단이다. 그런데 수단이 목적이 되어버린 데서 모든 어려움이 생겨난다. 돈을 본래의 자리로 되돌려놓기 위해서는 진정한 목적이 무엇이어야 하는지 따져야 한다. '좋은 삶'이 어떤 것인지 자문해야 한다.

5.

소수자들의
연대와 결속

처음으로 노바디의 땅에 발을 들여놓은 사람은 대개 자신이 혼자라고 생각하는 경우가 많다. 그러나 사실 그곳은 인구밀도가 아주 높은 곳이다. 노바디가 스스로 노바디임을 잘 밝히지 않는 이유는 남들의 간섭을 받고 싶지 않기 때문이기도 하지만, 수치심 때문이기도 하다. 그러나 신분을 숨기고 싶은 바로 그 욕구 때문에 노바디는 더욱더 무력해진다. 좀처럼 앞으로 나서려 하지 않지만, 막다른 골목에까지 몰리면 그들도 더 이상 숨을 곳이 없어진다. 노바디들은 서로 힘을 합치기보다 서로에게 등을 돌리는 경향을 보인다. 신분 때문에 학대받은 경험을 가진 사람들은 기회만 있으면 스스로 남을 학대하려 한다.

　　—로버트 폴러, 『신분의 종말』에서*

　　프란츠 파농의 『검은 피부, 하얀 가면』**은 프랑스 식민 지배 하의 알제리 원주민들이 자신의 실제 모습을 부정하고 지배자들과 동일시하는 행태를 고발하고 있다. 자신이 검다는 것을 애써 부인 하면서 백인의 정체성을 취하는 것이다. 자신이 배치되어 있는 사 회적 위치를 받아들이기 괴로운 상황에서 생겨나는 일종의 허위의 식이다. 그러한 환상은 피차별 집단에게서 종종 나타난다. 그 결과 자신들이 당하는 억압의 구조를 보지 못하고 엉뚱한 방향으로 화살 을 쏜다. 그의 다른 책 『대지의 저주받은 사람들』에 이런 구절이 있 다. "이주민이나 경찰은 언제나 원주민에게 매질을 하고 모욕을 가 할 권리를 가지고 있지만, 원주민이 품속의 칼을 빼는 것은 다른 원 주민이 그에게 조금이라도 적대적인 행동을 하거나 공격적인 눈길 을 보냈을 경우다. 원주민에게 최후의 수단은 형제를 상대로 자신 의 인격을 방어하는 것이다."***

　　그런 행위를 통해서 자기가 당면한 현실이나 일상의 경험에 눈 을 닫고 마음의 위안을 얻을 수는 있으리라. 그러나 문제는 그러는 동안 부조리한 구조와 억압은 더욱 공고해진다는 것이다. 또 한 가 지 심각한 결과는 동일한 처지에 있는 사람들이 서로를 외면한다는

　*　　로버트 폴러, 『신분의 종말』, 안종설 옮김, 열대림, 2004, 123쪽.
　**　　프란츠 파농, 『검은 피부, 하얀 가면』, 이석호 옮김, 인간사랑, 2013.
　***　　프란츠 파농, 『대지의 저주받은 사람들』, 남경태 옮김, 그린비, 2004, 75쪽.

것이다. 타인을 통해서 자기의 객관적인 모습이 확인되기 때문이다. 콤플렉스의 핵심 작용 가운데 하나가 바로 그러한 개별화다. 저마다 골방에 갇혀 지내면서 마음을 열지 않는다. 힘을 모아서 세상의 잘못된 점들을 바꿔갈 수 있는 가능성은 점점 요원해진다. 삶의 힘을 키워내는 문화도 박약해진다. 예를 들어 어느 전문계 고등학교 학생들은 학교 축제를 하지 않는데, 그 이유를 이렇게 말한다. "원래 공고에서는 그런 거 안 해요. 그 짓도 소속감이 있어야 하죠. 학교 축제 안 한 지도 2년 됐거든요."*

앞서 인용한 글에서 로버트 풀러가 말한 노바디nobody(사회적으로 별 볼 일 없게 여겨지는 사람)의 특성을 짚어내고 있다. 수치심 때문에 자아를 숨기고 더 나아가서 상대방을 학대하기까지 한다. 남에게서 받은 경멸을, 남을 학대함으로써 보상받으려 한다. '잘나가는' 사람들을 헐뜯고 끌어내리면서 위로를 얻으려 한다. 유명인에 대한 험담과 악플이 극심해지는 것은 사회 전반에 열패감이 만연해 있다는 반증일 수 있다. 누군가의 약점을 들춰냄으로써 자신이 괜찮은 사람이 된 듯한 기분에 젖어든다. 그러나 그것은 명백한 착각이며, 그럴수록 점점 무력해지고 모멸감에 더욱 취약해진다.

부당한 일을 지속적으로 겪는 사람들이 손을 잡아야 한다. 그러면 상황을 직면할 용기가 생겨난다. 사회적인 편견에 시달리는 사람들이 힘을 모아 대처하는 사례들에서 배울 수 있다. 신체의 장애나 질병 또는 어떤 특성 때문에 겪는 어려움을 당사자들의 입장

* 「어느 전문계고 졸업생 32명의 폐기된 꿈」, 『한겨레21』 2011년 2월 28일.

에서 생각해보자. 그 어려움에는 여러 층위가 있는데, 1980년 세계보건기구WHO는 손상impairment, 기능 제약disability, 사회적 불리handicap라는 세 가지 개념으로 그것을 정리한 바 있다. 손가락 절단 사고의 예를 들어보자. 절단 그 자체는 손상이고, 그 결과 컴퓨터 문서 작업을 할 수 없게 된 것은 기능 제약이며, 그로 인해 일자리를 잃었다면 사회적 불리다. 최근에는 disability를 activity로, handicap을 participation으로 개칭하면서 질병이나 장애의 결과가 보다 명확해졌다.

어떤 손상과 그로 인한 기능 제약이 똑같이 일어나도 직업이나 생활 조건에 따라서 그 사람이 감당해야 하는 핸디캡이 다를 수밖에 없다. 손가락이 절단된 경우 수작업을 많이 해야 하는 사람은 타격이 크지만, 말을 주로 하는 사람은 좀 덜하다. 조선 시대의 시각장애인은 지금보다 할 수 있는 일이 훨씬 많았다. 문화도 중요하게 작용한다. 바로 편견과 차별이다. 비만으로 인한 신체적 기능 제약은 어느 시대나 똑같지만, 그것을 바라보는 시선은 다르다. 가난했던 시절에는 살이 찐 모습이 오히려 선망의 대상이 되었다. 그것은 부유함의 표시이기도 했다.

탈모도 시대에 따라서 다르게 받아들여진다. 1960년대에 유행한 인기곡 가운데 "8시 출근길에 대머리 총각, 오늘도 만나려나 기다려지네"로 시작하는 노래가 있다. 당시만 해도 남자들의 대머리는 전혀 흉이 아니었다. 그런데 언제부터인가 수치스러운 외모로 여겨지기 시작해 치료의 대상이 되었고, 모발 관련 산업이 2조 원에 가까운 규모로 확장되기에 이르렀다. 사실 대머리는 질병이 아니다. 그래서 의학 분야에서도 관심을 갖지 않았다. 많은 연구가 이루어지지 않았기에 그 원인과 처방에 대해서도 아직 확실하게 밝혀지지 않은 상태다. 그러다가 사회가 풍요로워지고 외모가 중시되면서 심각한 결함으로 여겨지게 되었다.

　손상과 기능 제약은 의학적인 과제지만, 핸디캡은 사회적 과제다. 차별하는 제도를 바꿔야 하고 편견에 맞서 싸워야 한다. 그러기 위해서는 당사자들이 먼저 힘을 모아야 한다. 예를 들어 키가 너무 작아서 어디 가든 사람들의 시선이 부담스럽고 제도적으로 차별받는 이들이 단체를 만들었다. 미국의 리틀피플오브아메리카, 줄여서 LPA라고 한다. 비슷한 처지에 있는 사람들끼리 서로 지지해주는 공동체를 통해 인간다운 삶을 누릴 수 있다. 못생긴 사람들도 모임을 만들었다는 이야기를 들은 적이 있다. 링컨을 상징적인 고문으로 추대했다고 한다.

　LPA를 모델로 삼아 한국에도 LPK(한국저신장협회)라는 단체가 생겨났다. A 대신 Korea의 K자가 들어갔다. 연골무형성 장애인과 그 가족들이 결성한 단체로서, 병이나 일자리에 대한 정보 교환이 이루어지고 그분들끼리 예술제 같은 문화행사도 연다. 회원들은 그 모임을 통해 자존감을 높인다. 어디에 가든 금방 눈에 띄는 외모 때문에 자괴감에 시달리는데, 여기에 오면 그런 시선에서 해방될 뿐 아니라 서로를 있는 그대로 받아들이고 지지해준다.

이 단체는 사회적인 담론의 차원에서도 운동을 벌인다. 다름 아닌 용어의 문제로, '난쟁이'와 '왜소증'이라는 말을 바꿔야 한다고 주장한다. '왜소'라는 말 자체가 부정적인 의미를 함축하고 있어서 저신장인을 비하하는 느낌을 준다는 것, 그리고 키가 작은 것은 질병이 아닌데 '증症'이라는 접미사를 붙여서 치료의 대상으로 삼는다는 것이다. 연골무형성 장애인의 경우, 합병증이 발병하기도 하지만 그 비율은 비장애인과 다르지 않다고 한다. 누구나 일시적으로 환자가 될 수 있는데, '증'을 붙여버리면 늘 병을 달고 사는 사람으로 오해하게 된다는 것이다. 그 대안으로 내놓은 용어가 '저신장 장애인'이다.

용어는 중요하다. 정신의학계에서는 정신분열증을 조현병調絃病(일본에선 '통합실조증統合失調症')으로 바꿔 부르기 시작했다. 정신분열이라고 하면 미쳐서 날뛰는 이미지가 연상되기 때문이다. 그런데 실제로 해당 환자들 가운데 광폭한 사람은 많지 않다. 환각이나 환청 증세가 있기는 하지만, 타인에게 공격적인 행동을 하는 경우는 매우 드물다. '조현병'이란 신경 시스템의 오작동을 악기로 비유한 명칭이다. 그렇게 병명을 변경함으로써 낙인이나 오명의 부작용을 줄이려는 것이다. 그런 차원에서 학계와 국가가 나서서 바꾼 병명들이 몇 개 더 있다. 귀신 들린 병이라는 이미지가 강한 '간질癇疾'을 '뇌전증腦電症'으로, 어리석을 치痴자가 들어가 있는 '치매'는

'인지저하증'으로 바꾸었다.

　외모와 관련해서는 비만을 중심으로 벌이는 움직임도 돋보인다. 여성들의 경우 몸매 때문에 차별을 겪고 스트레스도 많이 받는다. 미국에서는 뚱뚱한 여성들끼리 미인을 선발하는 이벤트를 열기도 한다. 'Fat is beautiful'이라는 슬로건이 오래전에 나오기도 했다. 한국에서도 미스코리아 선발대회를 반대하는 여성단체들이 대안적인 페스티벌을 열었다. 아줌마들이 젊은 아가씨들에게 주눅 들지 않고 중년 나름의 매력을 가꾸고 뽐내는 자리다.

　유방암 수술을 받은 여성들이 모델로 나서 자신의 상반신 누드를 수묵화에 담아 전시한 행사도 있었다. 2010년 분당서울대병원 유방암 환자 모임인 '분당비너스'가 중심이 되어, 수묵화가를 섭외하고 15명의 환자를 물색해 모델로 초대했다. 한쪽 가슴의 일부 또는 전부를 절제했거나 방사선 치료를 받느라 피부가 빨갛게 변한 모습을 그대로 화폭에 옮겨 여러 병원에서 전시를 했다. 유방암으로 가슴이 없어지면 여성으로서 위축되기 쉬운데, 이런 행사를 통해 오히려 있는 그대로 내보임으로써 자신감과 용기를 얻을 수 있었다고 한다.

　대머리들끼리 모인 단체도 있다. 80년대에 접어들어 일본에서 대머리가 감춰야 할 외모로 인식되면서 많은 남성들에게 스트레스를 주기 시작했다. 그런 흐름에 역행하는 모임이 생겨났는데, '광두회光頭會'가 그것이다. 반짝이는 머리를 가진 사람들의 모임이라고 풀이할 수 있겠다. 1972년에 도쿄에서 처음 결성되어 5년 뒤 전국 조직으로 확대되었고, 외국으로도 네트워크를 넓혔다. 그들이 벌이는 이벤트가 재미있다. 머리가 아름다운 사람 선발대회, 두 사람의 머리에 흡착판을 붙여서 끈을 이은 다음 줄다리기를 하는 '유다모有多毛의 모임'을 개최했다. 그리고 '빛나는 머리로 사회를 밝힙시다'라는 모토를 내걸고 그에 어울리는 자원봉사도 한다. 예를 들어 도로의 커브길에 설치된 거울을 닦는다거나 가드레일에 야광반사 테이프를 붙이는 것 등이다.*

광두회 회원들은 대머리를 숨기거나 '치료'하는 대신 하나의 개성으로 받아들이면서, 그 특징을 중심으로 색다른 문화를 만들어가고 있다. '차별'을 '차이'로 변환시키고, '차별받는' 입장을 뛰어넘어 스스로 '차별화'하는 기획이다. 열등감의 원인이 되던 신체적 특성을 적극적으로 희화화함으로써, 대머리를 우습게 보던 사람이 우스워지도록 만든다. 비주류라고 여겨지는 이들이 그 과정에서 서로를 자연스럽게 승인하면서 모발에 대한 집착에서 자유로워질 수 있다. 콤플렉스를 혼자서 끌어안고 마음고생 하는 것이 아니라, 사회적인 유대를 통해 자신의 존재 가치를 높이는 시도라는 점에서 광두회의 시사점은 크다.

우스갯소리 삼아, 한 가지 특이한 단체를 소개하겠다. 미국에 있는 'The Procrastination Association'으로 '미루는 사람들의 협회'라고 풀이할 수 있다. 어느 사회에나 일을 자꾸 미루는 사람들이 있

---

* 森 正人,『ハゲに悩む－劣等感の社會史』, ちくま新書, 2013, 203~11쪽.

다. 타고난 천성일 수도 있고 경험 속에서 몸에 밴 성향일 수도 있다. 그런데 속도가 점점 빨라지고 중시되는 세상에서 미루는 습관은 치명적이다. 미루기 좋아하는 사람들은 주변에서 낙인이 찍히기도 하고(영어에는 'procrastinator'라는 명사가 있다) 불이익을 받기도 한다. 그래서 자기들의 이익을 대변하기 위해 협회를 만든 것이다. 세상이 너무 빨리 돌아가서 자기들이 문제시되는 것이지 본질적으로 결함이 있는 것은 아니라고, 오히려 느긋하게 미루다 보면 더 좋은 발상이나 기회를 만날 수 있다고 주장한다. 그러니 미루는 습관을 가지고 자꾸만 뭐라고 하지 말라면서 자기들의 생활 방식을 지켜내려는 것이 그 협회의 설립 취지다. 그런데 이 협회를 결성하기로 합의한 지 수십 년이 지났지만, 발기인 대회조차 지금까지 계속 미루고 있다고 한다.

환대의
시공간

: 지금 우리에게 필요한 것은
　안전한 관계다

자살에는 많은 이유가 있으나, 일반적으로 가장 표면상으로 드러나 있는 이유가 가장 설득력 있는 것은 아니다. 숙고 끝에 자살하는 경우는 (그렇다고 이러한 가설이 전혀 제외되는 것은 아니다) 드물다. 갑자기 위기를 불러일으키게 만드는 것은 거의 언제나 걷잡을 수가 없는 것이다. 신문은 때때로 '자기만의 고민'이라든가, '불치의 병'에 대해서 이야기한다. 이러한 설명은 수긍이 갈 만도 하다. 그러나 절망에 빠져 있던 어떤 사람에게, 그가 자살했던 바로 그날, 혹시 그의 친구가 무관심한 어조로 말하지 않았는지를 알 필요가 있으리라고 본다. 그렇다면 그 무심한 친구에게 바로 죄가 있는 것이다. 왜냐하면 그 친구의 사소한 말이 아직 유예 상태에 있는 그 사람의 모든 원한과 온갖 환멸을 갑자기 순간적으로 치솟게 하기에 충분할 수 있기 때문이다.

— 알베르 카뮈, 『시지프의 신화』에서*

'unfriend.' 『옥스퍼드 사전』이 2009년의 단어로 선정한 동사다. '친구 목록에서 삭제한다'라는 뜻의 신조어로, 소셜네트워크 SNS에 등록되어 있는 친구들 가운데 더 이상 관계를 맺고 싶지 않은 이들을 지우는 것을 말한다. 삭제당한 사람은 엄청난 충격을 받게 된다. 인터넷상에서는 그것이 0/1이라는 디지털 신호를 통한 객관적인 절교의 선언으로 다가오기 때문에 매우 당혹스럽게 느껴지는 것이다. 그로 인해 우울증에 빠지고 심지어 자살한 사람도 있었다. 그래서 이제는 친구 목록에서 삭제를 해도 상대방이 알아챌 수 없도록 시스템을 바꾸었다.

사람은 다른 어떤 동물보다도 타자에게 의존적이다. 사람에 따라 정도의 차이가 있을지언정, 타인의 시선이 자신의 행복감을 좌우한다. 아비샤이 마갈릿은 그 핵심을 짚어낸다. "다른 사람이 자기를 어떻게 대하는지를 무시한 채 자신에 대한 시각을 형성할 수는 없다. 〔……〕 신은 심지어 다른 신을 섬기는 행동으로 신을 섬길 자격을 잃은 사람들에게 자기를 섬기라고 요구한다. 〔……〕 무시무시

*   알베르 카뮈, 『시지프의 신화』, 김혜숙 옮김, 청하, 1994, 22쪽.

할 정도로 위대한 신도 인간의 승인이 필요하다면 인간에게는 그것이 훨씬 더 많이 필요하다. 〔……〕 아무짝에도 쓸모없는 사랑을 거절당했을 때 마음 아파할 수 있는 것처럼, 가치 없는 사람에게서 모욕감을 느끼는 것도 정당하다."*

　　앞서 인용한 카뮈의 통찰도 이와 일맥상통한다. 극심한 고통에 빠진 사람들이 흔히 자살을 생각하지만, 막상 실행에 옮기는 이는 그 가운데 아주 일부에 불과하다. 무엇이 그런 극단적인 선택으로 몰아갈까. 번민이 임계치를 넘어서면서 과감한 결정을 내리게 되는데, 거기에 방아쇠 역할을 하는 것은 다른 사람의 사소한 말투나 표정인 경우가 많다고 카뮈는 생각한다. 그 말을 뒤집으면, 바닥없는 절망에 사로잡힌 사람에게 누군가가 손을 내밂으로써 그 삶을 끌어올릴 수 있다. 존재 가치를 부정당하고 스스로도 쓸모없는 존재라고 생각하는 인간이 그 누군가와의 만남을 통해 생명의 힘을 자각하게 되는 드라마가 종종 펼쳐진다.

　　「터치 오브 라이트」(장영치 감독)라는 영화가 있다. 실화를 바탕으로 만든 대만 영화로, 시각 장애 피아니스트가 한 여성과의 만남과 교류를 통해 삶이 변해가는 과정을 그리고 있다. 시각 장애를 안고 태어난 주인공 유시앙은 어릴 때부터 탁월한 음악적 재능을 드러내며, 피아노를 전공해 음대에 진학한다. 악보를 볼 수 없는 대신 비상한 기억력으로 처음 듣는 곡도 똑같이 연주할 수 있는 데다 기량 또한 뛰어나다.

　　*　　아비샤이 마갈릿, 『품위 있는 사회』, 141~44쪽.

그런데 그에게는 트라우마가 있다. 초등학교 시절 콩쿠르에서 우승을 한 그에게 던진 친구의 말 한마디가 돌이킬 수 없는 상처가 된 것이다. "넌 앞을 볼 수 없어서 상을 받은 거야." 실력이 없는데도 불쌍하니까 심사위원들이 상을 준 것이라는 말이었다. 그때 받은 모멸감은 유시앙의 마음을 뒤틀어놓았다. 그것이 단단한 응어리가 되어 이후엔 절대로 콩쿠르에 나가지 않았다. 대학에 들어와서도 다른 친구들과 함께 음악 경연대회에 나갈 기회가 있었지만, 연습만 함께하고 실제 무대에는 다른 피아니스트가 올라가도록 양보했다.

어느 날 유시앙은 모교인 장애인 초등학교에 자원봉사를 하러 가던 길에 신호등을 건너다가 위험한 상황에 처하는데, 마침 그때 치에라는 아가씨가 달려와 도움을 주었다. 그녀는 음료 배달을 하고 있지만, 무용수가 되고 싶은 꿈이 있다. 그러나 여건이 허락하지 않아 포기하고 살아간다. 엄마와의 불화에 속이 끓고, 남자 친구의 마음이 다른 여자에게로 떠나가 깊은 슬픔에 잠겨 있다. 그녀는 유시앙을 목적지까지 바래다주며 그가 아이들에게 음악을 가르치는 장면을 접하게 되고, 이후에도 계속 만남을 이어간다. 그가 난관을 뚫고 자신의 예술을 펼쳐가는 모습을 보면서, 그녀 역시 춤의 세계에 입문하기로 결심하고 배우기 시작한다. 어느 날 밤 두 사람은 학교의 빈 강당에 몰래 들어가 유시앙에게 춤도 가르쳐주고, 그의 반주에 맞춰 춤을 추기도 한다.

유시앙은 치에를 응원하면서 자기가 접어두었던 꿈을 만져보기 시작한다. "내가 뭘 할 수 있는지 알고 싶어요. 도전하지 않으면 자기의 역량을 알 수가 없잖아요"라고 고백한다. 마침 자신이 가입한 아마추어 밴드 동아리 멤버들과 함께 대회에 나갈 기회가 주어진다. 기존의 클래식 음악 경연이 아니라 다양한 장르가 어우러지는 콩쿠르라서 부담이 적긴 했지만, 심사위원들 앞에 선다는 것만으로도 그에게는 엄청난 도전이었다. 결국 그는 자신의 최고 기량을 뽐내면서 기립박수를 받는다. 그리고 그 무렵 치에는 어려운 테스트를 치르고 외국의 어느 발레학교에 입학한다.

사람은 스스로에 대해 잘 알지 못한다. 자기의 잠재력과 가능성에 대해 무지하다. 또는 치에처럼 현실의 조건에 발이 묶여 있거나, 유시앙의 경우처럼 트라우마에 사로잡혀 자기 안에 있는 열정을 억누르며 살아간다. 성장 과정에서 형성된 고정관념이나 사회가 부여한 편견에 의해서 일정한 틀 안에 자신을 가둬두기도 한다. 그러다가 누군가와의 만남을 통해 그 굴레에서 자연스럽게 벗어날 수 있다. 내가 보지 못했던 재능을 상대방의 눈으로 발견하게 되고, 삶을 나누는 가운데 새로운 꿈의 씨앗이 뿌려진다. 그리고 서로를 격려하면서 싹을 틔운다. 그리스의 희극작가 아리스토파네스의 말을 빌리면 '우리는 자신을 완성하기 위해 타인을 필요로 한다.'

그러나 두 사람만의 관계로는 한계가 많다. 다양한 시너지가 일어나고 변화가 안정적으로 지속되려면, 선線에서 면面으로 나아가야 한다. 사적인 만남에서 공적인 세계로 확장되어야 한다. 인간은 사사로운 삶의 공간에서 친밀감과 평온함을 누리지만, 그것을 넘어선 공공의 세계에서 자기의 존재 가능성을 확대한다.* 낯선 사람들 앞에 자신을 드러내고 공동의 경험과 공적인 서사(내러티브)를 창출하면서 더욱 고양된 자아를 만날 수 있다. "사람들 사이에 섬이 있다/그 섬에 가고 싶다"(정현종, 「섬」)라는 시구처럼 너와 나를 넘어선 세계를 지향할 때 내면의 부피가 커질 수 있다. 그 섬에서 일정한 거리를 두고 자아를 조망할 수 있다. 일인칭과 이인칭의 배타적인 긴장에서 풀려나 삼인칭의 시선으로 각자를 되돌아보는 여유가 생긴다.

『희망의 인문학』이라는 책을 보면, 사람들 사이의 유대를 통해 새로운 삶의 공간을 창출하는 사례들이 소개된다. 저자 고故 얼 쇼리스 씨는 소외 계층을 위한 인문학 코스를 창안하여 운영했다. 현장에서 그는 가난한 사람들이 고통스러운 현실을 견디고 새로운 세계로 나아가는 데 인문학이 지렛대 역할을 할 수 있음을 확인했다.

그에게 이런 경험이 있다. 어느 가정폭력 피해여성이 자녀들과 함께 상담소에 찾아왔다. 필요한 서류를 작성한 다음, 얼 쇼리스 씨는 한 아이에게 말을 걸었다. 학교에 다니는지 물었더니, 학교생활은 재미가 없고 독서를 좋아한다고 했다. 아이가 즐겨 읽는 작가에 대한 이야기가 오갔고 곧이어 엄마도 끼어들었다. 이런저런 작품들에 대한 생각을 주고받다가, 다음과 같은 상황이 자연스럽게 펼쳐졌다.

---

* private라는 단어가 privare라는 라틴어에서 왔다는 것, 거기에서 deprived(박탈당한)라는 단어가 파생했다는 것도 주목할 만하다. 완전히 사적인 사람을 가리켜 그리스어에서 idiotes―idiot(바보)의 어원이다―라고 하면서, 어리석은 말과 행동을 하는 사람을 의미했다(파커 파머, 『비통한 자들을 위한 정치학』, 김찬호 옮김, 글항아리, 2013, 165쪽).

한 아이가 자신이 쓴 시를 낭송했다. 방 안의 모든 사람들이 경청했다. 엄마는 기침 때문에 잠깐씩 말이 끊기긴 했지만 농담을 하기 시작했다. 작은 방의 다른 쪽에 있던 한 푸에르토리코 여성은 자신이 좋아하는 소설의 제목을 말했다. 이윽고 웅크리고 있던 여자와 그녀의 딸들, 그리고 심리학자와 나를 포함한 그 방 안의 모든 사람들이 하나의 '공적 세계'를 만들게 됐다. 우울함이 가득 찼던 방은 이내 평등한 이들의 공동체로 변했다. 직업도 없었고, 집이라 부를 만한 장소도 없이, 다만 그녀가 알고 있던 모든 곳에서 멀리 떨어진 비밀스런 쉼터에 머물고 있던 이 가정폭력 피해여성은 '공적인 공간'이 지니고 있는 '힘'을 공유한 것이다. 그녀가 모자를 벗고 머리카락을 늘어뜨린 채 미소 지었을 때 그 방 안에 있던 모든 사람들은 아이들이 보여줬던 우아함의 원천이 곧 엄마에게서 나왔다는 사실을 알 수 있었다.*

얼 쇼리스 씨가 2006년 한국을 방문한 적이 있다. 심포지엄에서 발표가 있었고, 현장을 방문하여 노숙인들을 직접 만나는 자리도 마련되었다. (한국에서 노숙인이나 재소자 인문학이 활성화된 데는 그분의 활동과 저술, 그리고 방문이 중요한 계기가 되었다.) 나는 그때 그분과 함께 서울 용산구에 있는 어느 여성 노숙인 쉼터를 방문했다. 단독주택 하나를 개조해서 만든 공간으로 스무 명 정도의 노숙인

* 얼 쇼리스, 『희망의 인문학』, 2006, 이매진, 178~79쪽.

들이 공동생활을 하고 있었다. 여성 노숙인들은 남성 노숙인들처럼 가족과 집을 잃고 거리에 나앉은 경우도 있고, 남편의 폭력에 시달리다 못해 뛰쳐나온 이들도 있었다.

얼 쇼리스 씨가 그곳에 도착했을 때 노숙인들이 한자리에 모여 그를 맞이하였다. 그날 특별한 프로그램이 예정되어 있지는 않았다. 간단한 자기소개와 인사 몇 마디가 오간 뒤에 얼 쇼리스 씨는 말문을 열었다. 그의 첫 마디는 이것이었다. "시를 좋아하시나요?" "좋아하는 시가 있으면 알려주시겠어요?" 내게는 사뭇 충격적인 질문이었다. 갑작스러운 질문에 노숙인들은 답을 하지 못했지만, 그 잠깐의 침묵이 불편하지 않았다. 질문 자체만으로도 충분히 울림이 있었기 때문이다.

온갖 고통을 모질게 겪어왔고 하루하루 생계가 막막한 이들에게 안부나 위로 대신 다짜고짜 시를 좋아하느냐는 질문, 그것은 그분들의 삶에 대한 깊은 경외감과 신뢰가 없이는 나올 수 없었다고 생각한다. 한국의 여성 노숙인과 미국의 남성 지식인 사이에는 엄청난 간극이 있다. 존재 조건에서 너무나 차이가 크다. 그런데 얼 쇼리스 씨는 그 거리를 뛰어넘어 시詩라는 '섬'을 찾으려 했다. 빵의 문제로 허덕이느라 잠시 잊고 있었던 장미 한 송이에 대한 소망을 클릭해주었다.

그 장면은 시인 네루다를 떠올리게 한다. 1937년 네루다는 칠레의 산티아고 중앙시장 짐꾼들 앞에서 연설 대신 시집 한 권을 낭송했다. 그때 지도자로 보이는 한 사람이 일어나 이렇게 말했다. "우리는 철저하게 잊혀진 사람들입니다. 그런데 내가 당신에게 말할 수 있는 건, 우리는 이렇게 크게 감동받은 적이 없었다는 것입니다." 그렇게 말하고 나서 그는 주저앉아 울었고 주변 사람들도 함께 눈물을 흘렸다.

지금 우리에게 필요한 것은 안전한 관계다. 나를 있는 그대로 받아들여주는 사람들, 억지로 나를 증명할 필요가 없는 공간이다. 내가 못난 모습을 드러낸다 해도 수치스럽지 않고, 다른 사람들이 그것을 가지고 뒷담화를 하지 않으리라고 믿을 수 있는 신뢰의 공동체가 절실하다. 그를 위해서는 자신과 타인의 결점에 너그러우면서 서로를 온전한 인격체로 승인하는 마음이 있어야 한다.

이것은 막연한 주장이 아니라 구체적인 현장에서 입증된 내용이다. 미국에서 40년 동안 폭력의 심리적 메커니즘과 정책적인 예방 프로그램을 연구해온 길리건 교수는 감옥 안에서의 여러 가지 실험을 통해 폭력의 전염병을 막는 방법을 모색했다. 그는 결국 개개인이 살아가는 집단이나 공동체의 문화를 바꾸는 것이 핵심이라는 결론에 도달했다. 그는 다음과 같이 요약한다.

동료들과 내가 처음에는 매사추세츠의 여러 교도소에서 그다음에는 샌프란시스코 교도소에서 한 일은 권위주의적 수치 문화를 평등주의 문화로 바꾸는 길을 찾는 것이었다. 여기서 우리가 어떤 수단을 써서 그런 목표를 추구했는지를 설명하기에는 지면이 모자라지만, 다만 바탕으로 삼았던 원칙만 밝히자면 감옥이라는 환경에 있던 모든 사람을 존중했고 또 그들에게도 똑같이 남을 존중하기를 요구했다는 것이다. 그것을 실천에 옮기는 방법의 하나는 모든 사람에게 관심을 쏟고 모든 사람이 하는 말을 귀 기울여 듣고 교육이나 뜻있는 일처럼 자존감을 높일 수 있는 비폭력적 수단을 제공하는 것이었다.*

언제부터인가 힐링이 대세를 이루고 있다. 그런데 치유는 단순히 상처를 어루만지는 위로만으로는 이루어지지 않는다. 마음의 새살이 돋아나기 위해서는 내면의 어떤 힘이 약동해야 한다. 그것은 자기 안에 숨어 있는 소망과 가능성을 응시하는 데서 시작된다. 그것을 꺼내어 존재의 날개로 펼칠 때 기꺼이 갈채를 보낼 수 있는 누군가를 만난다면, 그 우정과 환대가 곧 힐링이 된다. 살아 있음을 축복하면서 존재를 중심으로 맞아들이는 만남에서 우리의 생애는 고귀해진다. 서로를 격려하면서 더 높은 경지로 나아가는 관계에서만 인간적 존엄을 누릴 수 있다. 샘 킨Sam Keen이라는 작가는 이렇게 말한다. "자신을 아는 것은 자신을 드러내는 것으로부터 시작된다. 열린 마음과 가슴으로 듣는 신뢰할 만한 누군가에게 자신의 삶에 대해 말하는 것을 스스로 들으면서 우리는 자신이 어떤 존재인지 깨닫게 된다."

* 제임스 길리건, 『왜 어떤 정치인은 다른 정치인보다 해로운가』, 이희재 옮김, 교양인, 2012, 180쪽.

사회적으로 창출되는 환대의 공간은 사람들의 잠재력을 꽃피울 수 있게 해준다. 예를 들어 집안에서 남편에게 별달리 인정받지 못했고 스스로도 인생의 큰 변화를 기대하지 않았던 전업주부가 지역 생협이나 시민운동에 참여하면서 자신의 능력을 뒤늦게 발견하는 경우가 종종 있다. 공부를 잘하지 못해 가정이나 학교에서 무시당하고 자존감도 떨어져 있던 청소년이 자원봉사나 동아리 활동에 열정을 쏟으면서 기력을 얻기도 한다. 인간은 자기를 알아주는 공동체를 만나 공적인 자아를 실현하면서 진부한 삶에 생기와 역동을 불어넣을 수 있다.

5장

생존에서
존엄으로

렘브란트, 「자화상」

Rembrandt van Rijn, self-portrait, 1668

젊음만이 칭송받는 세상에서 나이 들어가는 것은 괴로운 일이다.
초췌하게 변해가는 자기의 모습을 정면으로 응시할 수 있을까.
렘브란트는 여러 편의 자화상을 남겼는데,
특히 명성과 부외 가족과 건강을 모두 잃고 죽음을 목전에 두었을 때
그린 작품이 각별한 울림을 준다.
미술사학자 오스카 코코슈카는 이 그림에 대해 이렇게 말했다.
"나는 렘브란트의 마지막 자화상을 보았다.
추하고 부서진, 소름끼치며 절망적인, 그러나 그토록 멋지게 그려진 그림을.
그리고 갑자기 나는 깨달았다……
거울 속에서 사라지는 자신을 들여다볼 수 있다는 것.
스스로 '아무것도 아닌 것'으로 그릴 수 있다는 것……
이 얼마나 놀라운 기적인가."

9 / 에고의 감옥   10 / 마음의 발견

작곡가의 말

9. 중년의 나이에 별세하신 선생님, 그 유골을 겨울바람에 뿌리고 돌아오다가 깨달았다. 내가 단단한 마음의 벽을 치고 있었음을. 거대한 '없음'을 마주하면서 거짓 자아의 정체를 응시하게 된 것이다. 나를 지키려고 쌓은 성城인데 감옥이 되어버렸다. 어떻게 탈출할 수 있을까. 한 가지 깨달음이 열쇠가 되어줄 듯하다. 죽음이 일깨워주는 무無가 존재의 근원이고 타인으로 나아가는 통로라는 것. 사랑하는 사람이 떠나고 난 빈자리가 드넓은 세상을 비추는 빛이 될 수 있다는 것.

10. 감정이 비틀리고 뒤엉킨다. 말들이 엉키면서 오해가 생긴다. 마음을 다스리는 것, 타인과 소통하는 일이 참으로 어렵다. 내면을 가다듬고 관계를 정돈하고 싶을 때, 떠오르는 광경이 있다. 길쌈을 하는 아낙네의 모습이다. 포개놓은 목화 한 단, 잘 말려 돌린 씨앗에서 부드럽게도 뽑아진다. 목화가 시나브로 다발이 되고, 물레에 걸린 고치솜은 실로 뽑힌다. 아, 무명에 저리도 많은 손 길이 깃드는구나. 한 올 한 올 정성으로 뽑아낸 실로 고운 옷감을 짜내듯 나의 마음을 빚어낼 수 있다면. 가슴에서 가슴으로 이어지는 끈이 그렇게 단아할 수 있다면.

남이 나를
알아주지 않아도

〔……〕

명품을 걸치는 건 최대의 꿈

상류사회로 가는 지름길은 겉치레에 있다

속은 텅 비어도 겉은 번드르르

한 번도 제 인생을 살지 못한 그들은

타인의 얼굴로 산다

양복 한 벌이 서둘러 나가고

명품 모피코트가 외출한 헐렁한 행거

제 얼굴인 양 거드름 피우고 우쭐대다가

당당했던 어깨가 허탈해지는 순간,

행거에 목을 매고 대롱대롱 목숨 연명하는 것들

본색이 드러났다

—김경선, 「옷걸이」에서*

　예전에 어느 시의원이 공무원을 폭행해 사회적 물의를 일으킨 일이 있었다. 어떤 용무 때문에 전화 통화를 하던 중, 공무원의 태도가 불손하다고 느껴 사무실로 찾아가 욕설을 퍼붓고 머리채까지 잡아당겼다고 한다. 보도된 대화의 내용이나 말투, 분위기로 보아서는 예의에 어긋나 보인 부분은 없었다. 그런데도 그렇게 난폭해진 이유는, 공무원의 태도가 자신이 응당 받아야 할 대접에 크게 못 미친다고 생각해 자존심이 상한 것이다. 결국 나중에 사과를 하는 선에서 마무리되었지만, 한국의 지체 높으신 양반들의 정체를 적나라하게 드러낸 사건이었다. 권력자들이 공유하는 상식과 감각이 보통 사람들과 얼마나 괴리되어 있는가를 새삼 확인한다.

　공무원들과 함께 일을 하다 보면 의원들의 권력을 실감하게 된다. 민의에 맞게 시정을 펼치도록 제안하고 감시하는 역할을 맡았기에 제도적으로 보장된 권한이 막강하다. 그런데 공무원들이 신경

*　『수주문학』 제6호에 수록.

써야 할 일이 정치인들의 공식적인 임무 수행에만 해당되는 것은 아니다. 비본질적인 것들에 더 촉각을 곤두세워야 할 때가 많다. 한마디로, 그들의 비위를 건드리지 않아야 한다. 예를 들어 회의가 끝나면 반드시 따라 나가서 정중하게 배웅한다든가, 행사장에서 발언 순서나 앉는 자리를 적절하게 배치함으로써 체면을 세워주는 것 등을 잘 챙겨야 한다.

자신의 권위가 조금이라도 손상되었다 싶으면 불쾌한 표정을 감추지 못하고, 누군가가 옆에서 깍듯하게 모시지 않으면 몸가짐이 어색해지는 사람들은 정치판 외에도 많이 있다. 고위공무원, 기업의 임원, 대학의 고위 보직 교수들, 사회단체 대표 등 비교적 높은 지위에 오른 사람들이 그런 성향을 곧잘 드러낸다. 뿐만 아니라 동네에서도 알량한 완장 하나 차면 갑자기 거드름을 피우는 사람들이 종종 있다. 단지 연장자라는 이유만으로 무조건 떠받들어주기를 바라는 노인들도 적지 않다. 자신을 제대로 대접해주지 않으면 삐치고 심술을 부리고 버럭 화를 내기까지 한다.

스스로 생각하는 사회적 '등급'과 나에 대한 타인의 태도 사이의 인지 부조화, 자신이 늘 받아오던 환대 내지 우대와 지금 여기에서 받고 있는 냉대 내지 천대 사이의 괴리는 사람을 당혹스럽게 한다. 유명할수록, 지위가 높을수록 그런 일을 겪을 때 상처를 많이 받는다. 상대방은 그럴 의도가 전혀 없었는데, 나 혼자 모멸감을 느끼고 분노에 사로잡힐 가능성이 높다. 이 글 앞부분에서 언급한 시의

원처럼 엉뚱하게 폭발하기도 한다. 어느 회사의 사장은 엘리베이터를 함께 탄 퀵서비스맨이 자기를 '아저씨'라고 부르며 물건을 전달할 사무실 위치를 물어보자 노발대발했다. 어느 대학 캠퍼스에서는 한 학생이 '아줌마'라고 불러 버럭 화를 낸 여교수도 있었다.

자기의 사회적 지위를 정체성의 핵심으로 삼는 사람들은 그렇듯 자존심이 무너지는 상황에 쉽게 노출된다. 또 한 가지 문제는 그 지위가 오래가지 못한다는 것이다. 언젠가는 평범한 사람으로 돌아갈 수밖에 없는데, 자신은 언제까지나 특별한 존재로 대우받을 수 있을 것이라고 착각한다. 앞서 인용한 시에서 명품을 걸치고 스스로를 대단하다고 착각하는 옷걸이처럼, 잠깐 입고 있는 외피를 자기 자신과 동일시한다. 어느 시대에나 그런 사람들이 존재한다. 예수가 살았던 당시에는 서기관과 바리새인들이 그러했다. 잔치의 상석과 회당의 상좌에 앉는 것을 당연시하고 시장에서 문안 인사 받기를 좋아하는 그 사람들을 본받지 말라고 예수는 가르쳤다(「마태복음」 23: 1~7). 그러면서 제자들에게 다음과 같이 처신할 것을 권한다.

네가 누구에게나 혼인 잔치에 청함을 받았을 때에 높은 자리에 앉지 말라. 그렇지 않으면 너보다 더 높은 사람이 청함을 받은 경우에 너와 그를 청한 자가 와서 너더러 이 사람에게 자리를 내주라 하리니 그때에 네가 부끄러워 끝자리로 가게 되리라. 청함을 받았을 때에 차라리 가서 끝자리에 앉으라. 그러면 너를 청한 자가 와서 너더러 벗이여 올라앉으라 하리니 그때에야 함께 앉은 모든 사람 앞에서 영광이 있으리라. 무릇 자기를 높이는 자는 낮아지고 자기를 낮추는 자는 높아지리라. (「누가복음」 14: 8~11)

살다 보면 아주 가끔 그런 인물을 만날 때가 있다. 지위가 높거나 해당 분야에서 높은 성취를 이루었지만 그것을 전혀 내세우지 않는 사람, 자신이 어떤 면에서든 우월한 위치에 있다는 의식이 없이 상대방을 대하는 덕성의 소유자 말이다. 애써 겸손한 척하는 것이 아니라 만인을 동등한 눈으로 바라보며 존중하는 태도가 체질화된 것이다. 그런 이들은 상대방과 주변 사람을 은은하게 감싸 안는다.

고故 박완서 작가는 오래전에 만난 박수근 화백을 바로 그런 인물로 회고했다. 1951년 전쟁 당시 그녀는 미군부대 PX의 초상화부에 점원으로 취직했다. 미군들에게서 초상화 주문을 받아 극장 간판을 그리던 사람들에게 일감으로 나눠주는 일을 했다. 자기 덕분에 먹고사는 그 사람들에게 작가는 안하무인이었다고 한다. 더구나 자신은 당시에 서울대학교 국문과 학생이었으니 콧대가 아주 높았다. 아버지뻘 되는 어른들에게 아무개 씨라고 부르면서 함부로 대했다. 박수근 화백도 그 가운데 한 명이었다. 단, 다른 사람들이 수주 물량이 적다고 아우성칠 때도 그분만은 불평에 가담하지 않았다고 한다. 그러다가 그분이 누구인지를 알아보던 날, 당시의 상황과 느낌을 다음과 같이 쓰고 있다.

어느 날 박수근이 두툼한 화집을 한 권 옆구리에 끼고 출근을 했다. 나는 속으로 '꼴값하고 있네. 옆구리에 화집 낀다고 간판장이가 화가 될 줄 아남' 하고 비웃었다. 그러나 순전히 폼으로만 화집을 끼고 나온 것은 아닌 모양이었다. 그가 화집을 펴들고 나에게로 왔다. 얼굴에 망설이는 듯 수줍은 미소를 띠고. 마치 선생님에게 칭찬받기를 갈망하는 초등학교 학생처럼 천진무구한 얼굴이었다. 그가 어떤 그림 하나를 가리키며 자기 작품이라고 했다. 「일하는 촌부村婦」 그림이었다. 일제시대의 관전인 조선미술전람회에 입선한 자기의 그림이라고 했다. 내가 함부로 대한 간판장이 중에 진짜 화가가 섞여 있었다는 건 사건이요 충격이었다. 나는 부끄러움을 느꼈고 내가 그동안 그다지도 열중한 불행감으로부터 문득 깨어나는 기분을 맛보았다. 그리고 나의 수모를 말없이 감내하던 그의 선량함이 비로소 의연함으로 비치기 시작했다.*

내면이 풍부한 사람은 구차하게 자기를 증명하려 애쓰지 않는다. 스스로 드높은 세계에 충실한 사람은 타인의 평가나 인정에 얽매이지 않는다. 그가 머무는 마음의 정원은 타인에게 잘 드러나지 않는다. 억지로 은폐하기 때문에 그런 것이 아니라, 범상한 사람들이 그 깊이에 이르지 못해서 알아보지 못할 뿐이다. 그럴수록 오묘한 경지를 누릴 수 있다. 자신의 건설적인 비밀을 간직한 사람은 묵

---

* 　박완서, 『못 가본 길이 더 아름답다』, 현대문학, 2010, 263~64쪽.

묵하게 자기의 길을 걸어갈 줄 안다.

그런데 한 걸음 더 들어가 보면 자신의 특별함도 상대화시키면서 평범한 것으로 바라볼 수 있어야 한다. 자기가 하는 일과 이룬 업적을 소중하게 여기면서도 그것이 아무것도 아닐 수 있음을 인정하는 것이다. 로버트 풀러는 다음과 같이 말한다.

제아무리 유명한 섬바디라 해도 그 내면에는 노바디가 들어 있다. 남들에게서 노바디 대접을 받으면서도 정작 본인은 전혀 기품을 잃지 않는 사람도 있다. 노바디와 섬바디는 우리의 내면적인 삶 속에서 각기 필수적인 역할을 감당한다. 우리의 사적인 자아와 공적인 자아는 서로 다른 하나가 없으면 제 역할을 하지 못한다. 내면의 노바디를 몰아내고 언제나 섬바디 행세만 하려고 하면, 본인은 물론 다른 사람들에게까지도 불행한 결과가 초래된다.

노바디의 땅에 대한 우리의 뿌리 깊은 반감을 극복하기 위해서는 그 출입구를 우리가 마음대로 드나들 수 있는 회전문이라고 생각할 필요가 있다. [……] 우리가 내면의 노바디를 인정하는 순간, 다른 이들을 노바디로 비하하려는 충동이 사라진다. 우리가 내면의 섬바디를 인식하는 순간, 우리는 세상의 발전에 기여하기 위해 우리의 능력을 끌어내게 된다.*

노바디는 섬바디를 꿈꾸고 섬바디는 노바디를 꿈꾼다. 창의력을

---

* 로버트 풀러, 『신분의 종말』, 2004, 287쪽.

발휘하고, 진정으로 살아 있음을 느끼는 것은 노바디로서의 능력이기 때문이다.*

'삶이 특별해지는 순간은 자신이 더 이상 특별한 존재가 아니라는 것을 깨닫는 순간'이라는 말이 있다. 결국 인간은 무無로 돌아간다. 그것은 모든 존재의 바탕이다. '내가 누구인 줄 알아?'라고 화를 내는 사람들, 그들은 자기의 정체성을 몰라서 질문하고 있는 것이라고 보면 된다. '어떻게 나를 싫어할 수가 있어?' 그런 식으로 남과 세상에 삿대질하는 사람은 에고의 단단한 감옥에 스스로를 가둬놓고 있는 셈이다. '노바디'라는 근원으로 통하는 문을 열어놓을 때 우리는 자유롭게 남을 대할 수 있다. 그리고 타인과 살아 있는 만남을 향유할 수 있다. 일찍이 공자는 말했다. "남이 나를 알아주지 않는 것을 근심하지 말고, 내가 남을 알아주지 못하는 것을 근심하라 不患人之不己知 患不知人."

*   같은 책, 291쪽.

2.

누가 나를
모욕한다 해도

작은 예절에 얽매이는 사람은 영화로운 이름을 얻을 수 없고,

작은 치욕을 마다하는 사람은 큰 공을 세울 수 없다.

―귀곡자

『삼국유사』의 「감통感通」편에 이런 이야기가 나온다. 망덕사望 德寺라는 절에서 낙성회落成會가 열렸는데 효소왕이 친히 행차하여 공양을 준비하고 있었다. 그때 초라한 행색의 비구니가 몸을 굽히 고 뜰에 서 있다가 자기도 그 의례에 참여하고 싶다고 청했다. 왕은 그가 말석末席에 앉기를 허락했다. 재가 끝나길 즈음 왕이 그 승려 에게 어디에 머물고 있느냐고 물었더니, 비파암琵琶嵓에 있다고 대 답했다. 이에 왕이 말하기를 "이곳에서 나가 국왕이 친히 공양하는 재에 참석했다는 말을 하지 말라"라고 했다. 너처럼 하찮은 중과 함

께 재를 올렸다는 것이 알려지면 부끄럽다는 뜻이었다. 승려는 이렇게 받아친다. "폐하께서도 다른 사람들에게 진신석가眞身釋迦를 공양했다는 말을 하지 마소서." 자기 역시 왕과 함께 그 자리에 있었다는 것이 알려질까 무섭고, 지존하신 석가님도 위신이 깎인다는 뜻이었다.

미천한 신분을 업신여기는 권력자의 오만에 한 방을 날리는 통쾌한 장면이다. 모욕을 유머로 맞받아치는 여유로움, 왕 앞에서도 두려워하지 않는 평상심에서 승려의 내공이 엿보인다. 권력은 약자를 모욕하기 쉽지만, 거꾸로 모욕당하기도 쉽다. 높은 지위 때문에 더욱 치명적일 수 있다. 물론 그 경우에 자신의 힘을 동원해 앙갚음할 수도 있지만, 그것이 여의치 않을 경우엔 창피를 당하고 마는 것이다.

아주 오래전에 신문에서 본 사진이 생각난다. 프랑스 대통령이 어느 회의에 참석하러 가는 길인데, 통로 양쪽에 사진 기자들이 일렬로 늘어서서 바닥에 카메라를 내려놓고 팔짱을 낀 채 대통령을 노려보는 장면이었다. 얼마 전 대통령이 언론에 대해 잘못 행동한 것을 두고 항의하는 시위였다. 대통령은 몹시 곤혹스러운 표정으로 어색하게 통과하고 있었다. 권력에 대한 항거를 표시할 때 그렇듯 모욕을 주는 방식이 종종 선택된다. 계란 세례가 가장 흔하고, 어느 문화권에서는 신발을 던지기도 한다. 물리적인 힘을 쓰는 것이지만, 신체에 손상을 가하는 것이 아니라 체면을 구겨놓는 공격 행위다.

『삼국유사』의 일화로 다시 돌아가 보자. 승려에게서 또 한 가지 돋보이는 점은 긴장을 해체시키면서 상황을 뛰어넘어버리는 기지機智다. 유머의 힘은 상투적인 반응에서 벗어나 사태를 전혀 다른 눈으로 바라보게 만드는 데 있다. 자신을 몰아세우는 궁지에서 탁월한 해학을 발휘하여 구도를 역전시켜버린 예는 많이 있다.

오래전에 일본의 국회의사당에서 국회가 열리고 있을 때 벌어진 일이라고 한다. 한쪽 눈이 없는 어느 정치인이 상대방 정당의 정책에 대해 조목조목 비판을 하고 있었다. 그런데 그 논리와 근거가 너무 명료해서 반대쪽에서는 반박할 수가 없었다. 그러자 결국 그중 한 의원이 비겁하게 인신공격을 했다. "눈도 하나밖에 없는 주제에……" 하면서 신체의 결함을 들춘 것이다. 갑자기 분위기가 싸늘해졌다. 그 발언을 한 정치인이 속해 있던 정당의 의원들도 난감해졌다. 지나치고 부적절한 비난이었기 때문이다. 모두가 어찌할 바를 모르고 있을 때, 공격을 받은 의원이 침착하게 대답했다. "예, 그렇습니다. 저는 눈이 하나밖에 없어요. 그래서 모든 것을 일목요연하게 꿰뚫어볼 수가 있답니다." 폭소를 자아내면서 완승을 거두는 순간이었다.

정치인들이 신체적 약점을 스스로 희화화하면서 자신의 존재감을 부각시킨 사례는 많다. 링컨은 논쟁 중에 상대방에게서 '두 얼굴을 가진 사람'이라고 비난을 받았다. 그러자 이렇게 받아쳤다. "그 말이 사실이라면, 감히 이런 얼굴을 내놓을 수 있겠습니까?" 못생긴 외모를 조크의 소재로 삼아 공격을 피한 것이다. 캐나다의 어느 정치인은 말더듬이였다. 그는 선거 유세에서 이렇게 연설했다. "예, 저는 말을 잘하지 못합니다. 그래서 거짓말도 못합니다." 모멸의 대상이 될 수 있는 요소를 오히려 매력 포인트로 변환시켜버리는 여유가 돋보인다.

그러나 그러한 반전이 가능한 것은 이미 어느 정도 권력을 가지고 있기 때문일 수 있다. 만인 앞에서 자기의 생각을 표현할 수 있는 위치에 있다는 것 하나만으로도 대단한 기득권이다. 앞서 사례로 언급한 정치인들은 그 한 가지 신체적인 약점 이외에는 나무랄 데가 없을 뿐 아니라 오히려 여러 가지 강점을 갖고 있다. 비상한 통찰력과 탁월한 언변도 그 가운데 하나다. 그래서 역설적으로 약점이 강점을 부각시켜주고, 더 나아가 약점이 강점으로 승화되기도 한다.

자신에게 가해지는 모욕에 대해 그렇듯 멋있게 반격할 수 있는 능력(또는 권력)을 가진 사람은 매우 드물다. 설령 능력이 있다 해도 조건이나 상황이 허락하지 않는다. 대부분은 일방적으로 당할 수밖에 없는 처지에 놓여 있다. 『주홍글자』의 주인공 헤스터는 그 극단적인 전형이라고 할 수 있다. 결혼하지 않은 몸으로 임신하여 출산을 한 그녀는 마을 사람들로부터 손가락질을 받는다. 옷가슴에 간통adultery의 약자인 A자를 주홍빛으로 새겨 넣은 채 살아야 하고, 그것도 모자라 매일 일정한 시간 동안 마을 한복판에 마련된 단상에 올라가 구경거리가 되어야 한다. 지나가는 사람들이 모두 볼 수 있도록 얼굴을 들고서 말이다. (실제로 청교도주의가 지배하던 17세기 미국의 뉴잉글랜드 지역에서 그런 공개 처형이 이루어지고 있었다. 작가 너대니얼 호손은 이 작품을 통해 19세기 미국 도덕주의의 위선을 고발했다.) 아이의 아빠가 누구인지 아무도 모르고 그녀도 함구로 일관하면서 비난의 강도는 날로 세진다. 청교도주의를 신봉하던 주민들은 헤스터의 죄를 부각시키면서 자신의 정결함을 확인받고 싶어 했다.

헤스터는 어떻게 반응했는가. 일단 '죄'의 명백한 '물증'이 드러나 있기 때문에 변명할 여지도 없고 그럴 필요도 없다. 더 이상 새롭게 드러날 죄도 없으니 오히려 마음이 편할 수도 있다. (그에 비해 간통의 상대인 딤스데일 목사는 아무도 그의 비밀을 알지 못한 상태에서 매 주일 교회에서 설교를 해야 했기 때문에 점점 심각한 불안과 공포에 시달린다.) 헤스터는 가슴에 주홍글자를 단 채로, 마을에서 '평범하게' 아이를 키우며 살아가려 애쓴다. 다행히 생계로 하는 바느질 솜씨가 뛰어나 수선을 의뢰한 사람들로부터 좋은 반응을 얻는다. 그리고 그녀는 동네에서 가난하고 외로운 이웃들을 찾아다니며 정성으로 보살핀다. 그런 공덕을 꾸준히 쌓으면서 그녀의 이미지는 서서히 바뀌어가고, 어느덧 그녀의 가슴에 쓰여 있는 주홍글자를 의식하지 않게 되는 상황에 이른다. 아니, A자는 더 이상 저주의 상징이 아니라 Able 또는 Angel의 첫머리 글자로 승화되어간다.

그러던 중 헤스터 혼자 고초를 겪는 모습을 7년 동안 지켜보며 극심한 자책감에 시달려온 딤스데일 목사가 마을 사람들이 모인 자리에서 진실을 밝히면서 새로운 국면으로 전환된다. 목사의 '커밍 아웃'에 사람들은 경악을 금치 못한다. 이제 이 마을에서 더 이상 목회를 할 수 없게 된 딤스데일은 헤스터와 함께 먼 곳으로 떠날 계획을 세우지만, 결국 그 뜻을 이루지 못하고 그녀의 품 안에서 숨을 거둔다. 헤스터는 딸과 함께 잠시 유럽으로 떠나가 살게 되고, 거기에서 딸은 부유한 남자와 결혼을 한다. 이후 헤스터는 원래 자신이 살던 마을 오두막집으로 돌아와서 여생을 마친다. 가슴에 주홍글자를 다시 써 붙이고, 자기를 오랫동안 저주했던 사람들과 함께 살다가 죽은 뒤에 딤스데일 목사 옆에 묻힌다. 작가는 헤스터가 고난을 견디며 의연히 뚫고 나아간 모습을 다음과 같이 묘사한다.

이곳에서 그녀는 죄를 범했고, 이곳에서 슬픔을 당했으며, 또한 이곳에서 속죄를 해야 했다. 그래서 그녀는 이곳에 다시 돌아와, 아무리 무쇠처럼 냉혹한 이 무렵의 가장 가혹한 재판관일지라도 강요하지 않겠지만 스스로, 우리가 지금껏 암울하게 이야기해 온 그 상징을 다시금 가슴에 달았다. 그 뒤로 그 징표가 그녀의 가슴을 떠난 적은 한 번도 없었다. 괴롭고 수심에 잠긴 헤스터의 헌신적인 삶이 이어지면서 주홍글자는 세상 사람들의 조소와 멸시를 받는 낙인이 아니라, 함께 슬퍼하고 두렵지만 존경하는 마음으로 바라보는 그 어떤 상징이 되었다. 더구나 헤스터 프린은 이기적인 목적도 없었을뿐더러 조금도 자신의 이익이나 쾌락을 위해 살지 않았기 때문에, 사람들은 자신들의 슬프고 어려운 일을 모두 가져와 몸소 크나큰 시련을 겪은 그녀에게 조언을 청했다.*

헤스터는 자기가 살고 있는 마을, 곧 당시로서는 삶이 영위되던 세계 전체에서 사실상 설 땅을 잃어버렸다. 일상에서 마주치는 사람들 가운데 어느 누구도 그녀의 편이 되어주지 않았다. 모두가 경멸하고 따돌릴 뿐이었다. 지역사회는 그녀에게 사회적 죽음을 선고한 셈이었다. 인간이 처할 수 있는 가장 가혹한 조건이라고도 할 수 있겠다. 그러나 그녀는 그 운명을 회피하지도, 정면으로 맞서 싸우지도 않았다. 그냥 묵묵히 받아들이며 자신에게 주어진 일을 하나씩 해나갔다. 그리고 누구도 요구하지 않은 선행을 베풀었다. 마을 사람들은 그녀를 경멸하고 증오했지만, 그녀는 사랑과 돌봄으로 대응했다. 그것이 사람들의 태도를 서서히 바꿔갔다.

천형에 가까운 징벌이 내려진 악조건 속에서도 헤스터는 자기 나름의 삶을 빚어나갔다. 다른 사람들이 낙인을 찍고 악마화했지만, 결국에 그녀는 그런 손가락질이 겸연쩍어질 만큼 전혀 다른 드라마를 펼쳐냈다. 현실에 의해 일방적으로 규정되지 않고 새로운 현실을 창조한 것이다. 자기에 대한 깊은 신뢰와 존중 없이는 불가능한 일이다. 남들이 어떻게 보든 자기의 시선으로 세상을 읽고 생애를 꾸려가는 힘은 존재에 대한 근원적 사랑에서 우러나온 것이리라. 오래전에 공자와 맹자가 남긴 가르침이 여기에 연결될 듯하다. 『맹

* 너대니얼 호손, 『주홍글자』, 김동욱 옮김, 민음사, 2007, 311쪽.

자』의 「이루離婁」 상上 편에 다음과 같은 이야기가 있다.

"창랑의 물이 맑으면 갓끈을 씻고 창랑의 물이 흐리면 발을 씻는 다." 공자가 이 노래를 듣고, "자네들 저 노래를 들어보게. 물이 맑을 때에는 갓끈을 씻지만 흐리면 발을 씻게 되는 것이다. 물 스스로 그렇게 만든 것이다" 하셨다. 이와 마찬가지로 사람도 모름지기 스스로를 모욕한 연후에야 남이 자기를 모욕할 수 있는 법이며, 한 집안의 경우도 스스로 파멸시킨 연후에 남이 파멸시키는 법이며, 한 나라도 스스로를 짓밟은 연후에 다른 나라가 짓밟을 수 있는 것이다. 하늘이 내린 재앙은 피할 수 있지만 스스로 불러들인 재앙은 피할 수 없다고 한 『서경』의 구절도 바로 이를 두고 한 말이다.

첫 구절에 인용된 노랫말은 당시에 유행한 동요였다고 한다. 맥락에 따라 여러 가지 의미로 해석되기도 하는데, 공자는 인간의 자기 형성을 비유한 것으로 풀이하고 있다. 그 말에 고개를 끄덕일 만한 상황이나 경험들이 적지 않다. 똑같은 모욕을 당했을 때, 그것을 끌어안고 고통을 키우는 사람이 있는가 하면, 기분은 나쁘지만 가볍게 무시하고 넘어가는 사람이 있다. 후자의 한 예로 스피드 스케이팅 선수 이상화 씨를 들 수 있다. 그녀는 어느 인터뷰에서 인터넷의 악플에 어떻게 대응하느냐는 질문을 받았다. 대답은 이러했다.

"연아와 저는 친한데, 팬들은 그렇게 생각 안 하니까요. 그런데 저는 악플이 많이 달리지는 않아요. 격려해주는 댓글이 많은 편인 것 같아요. 악플 신경은 별로 안 써요. 속으로 '조용히 할래?' 하는 정도예요. 아, 이런 악플 있었어요. '넌 김연아만큼 얼굴이 안 돼서 광고를 못 찍는 거야.' 화는 안 나고요, 그냥 재밌어요. 웃겨요."*

자존감이 강한 사람은 어떤 일에 좌절했거나 인간관계에서 상처를 받았을 때 빨리 극복할 수 있다. 그것을 가리켜 '회복 탄력성 resilience'이라고도 한다. 눌렸던 용수철이 금방 튀어 오르듯 난관에서 신속하게 벗어나 삶의 페이스를 되찾는 모습을 개념화한 것이다. 몸이 튼튼한 사람이 병에 걸리거나 다쳤을 때 금방 회복되듯이, 감정이 건강한 사람도 상처를 금방 극복한다. 그래서 타인에게 모욕을 당했을 때도 응어리를 오래 끌어안고 있지 않는다. 자기를 정당하게 사랑하는 사람은 타인의 근거 없는 험담에 휘둘리지 않는다. 일찍이 『채근담』에서는 다음과 같이 설파했다. "다른 사람으로부터 모욕을 받고서도 낯빛에 나타내지 않는다면, 그 가운데 무궁한 뜻이 있으며 또한 무한한 활동이 있다受人之侮, 不動於色, 此中有無窮意味, 亦有無限受用."

불교에서 전해지는 유명한 이야기가 있다. 석가가 이떤 승려에게서 욕설을 들었는데, 그에게 화를 내는 대신 질문을 했다. "만일 그대가 손님에게 대접하려고 음식을 내놓았는데 그가 그것을 먹지 않는다면 누가 먹는가?" 승려는 자기가 먹는다고 했다. 그러자 석

* 「당신도 예뻐요 연아 못지않게」, 『조선일보』 2013년 4월 6일자.

가는 이렇게 말한다. "방금 그대가 내게 욕을 했지만 나는 먹지 않았다. 그러니 그대가 그 욕을 먹을 수밖에 없다. 만일 나도 욕을 했다면 주인과 손님이 함께 식사하는 것과 같다. 그러나 나는 그대가 내놓은 음식을 들지 않을 것이다." 상대방이 화를 낼 때 화를 내지 않으면, 나를 이기고 또한 그를 이기는 것이다.

물론 모든 것이 마음먹기 달렸다는 유심론으로 치우치는 것은 경계해야 한다. 부당하고 억울하게 모욕을 당하는 사람들에게 당신의 내면이 허약해서 힘든 것이라고 함부로 단정할 수 없다. 앞서 살펴본 가르침들은 우리 각자가 스스로를 성찰하는 질문으로 받아들여야 한다. 내가 스스로 부질없이 모욕감을 증폭시키고 있지는 않은가. 남들이 나를 무시하기 이전에 내가 자신을 하찮게 여기고 있지는 않은가.

또 한 가지 짚고 넘어가야 할 점은 모욕을 받아 마땅한 자기를 직시하지 않으려는 태도다. 루쉰의 『아큐정전』에 그런 모습이 잘 묘사되어 있다. 주인공 아큐는 동네 사람들로부터 조롱거리로 취급받는다. 하지만 그는 현실을 부정한다. 누군가가 대머리를 갖고 놀리면 '내 머리는 여느 머리와는 다른 고상하고 영광된 머리다'라고 자위한다. 건달들이 자기를 때리면 '나는 자식 놈들에게 맞은 셈이다. 요즘 세상은 정말 꼴 같지 않아'라고 한탄한다. 자기는 이 세상 그누구도 경멸할 수 없는 '제1인자'라고 자부하면서 기고만장하다. 그것을 가리켜 작가는 '정신승리법'이라고 명명한다.

루쉰은 이 작품을 통해 당시 서구 열강에 짓밟히면서도 중화 사상을 붙들면서 알량한 자존심만 내세우는 중국을 비판한 것이지만, 누구든 그러한 자기기만의 덫에 빠질 수 있다. 아큐는 자기 나름의 세계를 창조하여 현실을 극복하려 했다는 점에서 헤스터와 비슷하지만, 완전히 허구의 세계에 매몰되어 현실에 눈을 감았고 결국 애처롭게 소멸되고 만다. '정신승리법'이 초래하는 자가당착, '긍정의 배신'을 늘 조심해야 한다. 때로는 타인의 모욕을 받으면서 내가 누구인지를 깨달을 수도 있다. 경멸은 자기의 정체를 비춰주는 시선이 될 수 있다. 『서준식 옥중서한』*에 이런 구절이 있다. "깊은 사색 없이 단순 소박하기는 쉽다. 그러나 깊이 사색하면서 단순 소박하기란 얼마나 어려운가? 자신을 기만하면서 낙천적이기는 쉽다. 그러나 자신을 기만하지 않으면서 낙천적이기란 얼마나 어려운가?"

*　　서준식, 『서준식 옥중서한: 1971~1988』, 노동사회과학연구소, 2008.

3.
감정의
주인이 되려면

자유는 자극과 반응 사이에서 멈추는 데 있다.
멈추는 곳에서 선택이 일어난다.
—롤로 메이

스포츠는 승부에 모든 것을 거는 놀이다. 오로지 실력으로만
평가받는 그 세계에서는 승자만이 낯을 들 수 있다. 단, 철저하게 게
임의 룰을 따라야 한다. 그런데 지켜야 할 것은 규칙만이 아니다. 매
너에도 세심한 주의를 기울여야 한다. 상대팀의 자존심을 건드리지
않기 위한 불문율들이 있다. 예를 들어 야구 경기에서 크게 리드하
고 있는 팀이 후반부에 점수 차를 더 벌리기 위해 도루나 번트를 하
는 것은 금기시된다. 홈런을 친 타자는 자신의 데뷔 후 첫 홈런이거
나 끝내기 홈런이 아니라면 세레모니를 최소한으로 자제한다. 축구

경기에서도 어떤 선수가 부상으로 쓰러지면 경기를 잠시 중단시키기 위해 상대팀이 일부러 공을 바깥으로 차내는 경우가 있는데, 경기가 재개되어 드로잉을 하는 팀은 방금 배려해준 것에 대한 보답으로 그 공을 다시 상대팀 쪽으로 길게 차주는 것이 예의다. 이런 것을 지키지 않는다고 해서 파울이 선언되는 것은 아니지만, 관중이나 다른 선수들에게는 반칙보다 훨씬 심한 비난을 듣는다. 기량을 냉혹하게 겨루는 스포츠에서도 이처럼 감정이 중요하게 작용한다.

우리의 일상에서는 더 말할 것도 없다. 사소한 것들이 하루의 기분을 좌우한다. 예를 들어, 양보 운전을 했는데 상대방이 아무런 감사의 표시를 하지 않으면 화가 난다. 일기예보가 빗나가는 바람에 우산 없이 비를 흠뻑 맞으면 세상이 미워진다. 직장 상사의 짜증 섞인 잔소리에 사표 쓸 생각을 한다. 그러다가도 오랜만에 친구의 안부 인사를 받고 생기를 회복한다. 그날따라 화장을 잘 받은 피부에 기쁨을 느낀다. 이웃집에서 가족들끼리 싸우는 소리를 들으며 또는 참혹한 삶을 이어가는 난민들을 텔레비전을 통해 보면서 위로를 받는다. 인간은 하루에도 오만 가지 생각을 한다고 하는데, 그 생각들의 종류만큼이나 감정의 색깔도 다채롭게 스쳐 지나간다.

그런데 감정은 저절로 일어나는 것인가. 상황과 사건에 따라 기계적으로 움직이는 프로그램인가. 본능의 작용으로 여겨지는 차원이 있다. 예를 들어 독사를 만나면 공포감에 사로잡힌다거나, 사람들로부터 외면당하면 고독감에 빠지는 것은 생존을 위한 신호라고 설명할 수 있다. 누군가가 옆에서 머리를 톡톡 건드리면 신경질이 나는 것도 생리적인 반응이리라. 그런가 하면 문화에 의해 또는 개인의 오랜 습관 속에서 형성된 마인드셋도 적지 않다. 어떤 사람들에게는 몹시 화가 나는 일이 다른 사람들에게는 아무런 감정을 불러일으키지 않는다. 예를 들어 한국의 길거리에서 몸을 부딪치고도 사과 한마디 없이 그냥 지나가버리는 행인에 대해 많은 외국인들이 불쾌감을 느끼지만, 한국인들은 별로 신경 쓰지 않는다.

우리는 어떤 감정에 익숙한가. 마음의 움직임을 차분하게 성찰해볼 필요가 있다. 누군가가 나를 모욕할 때 마음에서 무엇이 일어나는지 주시해보자. 나에게 엉뚱한 악감정을 쏟아내는 사람들을 가끔 만나게 된다. 운전 도중 내가 깜빡하고 저지른 경미한 실수에 대해 온갖 욕설을 퍼붓는 운전자와 맞닥뜨릴 때가 있다. 거기에 나는 어떻게 대응하는가. 대개는 억울함과 모욕감을 느끼면서 분노로 맞선다. 아니면 겁을 잔뜩 집어먹고 움츠러들기도 한다. 어느 경우든 상대방에게 끌려간다는 공통점이 있다. 내 감정을 다스리지 못하는 것이다.

실존주의 심리학자이자 철학자인 롤로 메이Rollo May는 조언한다. 자극과 반응 사이의 자동 회로를 차단해보라고. 거기에서 선택의 자유가 주어진다고. 간단한 원리지만, 실행은 결코 쉽지 않다. 몸을 단련하듯 꾸준히 연습해서 조금씩 체득해야 하는 요령이다. 불교에서는 오랫동안 그 방법을 탐구해왔다. 어떤 감정이 일어날 때 거기에 매몰되지 말고, 감정 자체를 주시해보자. 내가 지금 이렇게 느끼고 있구나 하고 알아차리게 될 것이다. 그렇게 되면 스스로의 감정과 거리두기가 가능해진다. 어떤 사건이나 상대방의 언행이 나의 반응(행동)을 즉각적으로 불러일으키도록 방치하는 것이 아니라, 일단 그 상황에서 생겨나는 감정을 객관화할 수 있다. 그리고 어떻게 반응할지를 선택할 수 있다.

그런 여유가 없기 때문에, 우리는 별것 아닌 일들에 격정적인 반응을 보인다. 순간의 충동에 휩쓸려 돌이킬 수 없는 선택을 하게 된다. 상대방은 그럴 의도가 전혀 없었는데 나 혼자 모욕감에 사로잡혀 씩씩거린다. 심지어 나를 아끼는 마음에서 건넨 따끔한 충고인데 비난을 받았다고 분노한다. 얄팍한 마음은 늘 그렇게 상처를 자초한다. 피해의식에 길들여져 자기 연민에 쉽게 빠지고 세상을 원망한다. 값싼 위로와 상투적인 힐링은 그런 미성숙함을 방조할 뿐이다. 그 천박한 심성은 사려 깊지 못한 언행으로 외화되어 다른 사람들까지 힘들게 한다.

자극과 반응 사이에서 멈춘다는 것은 구체적으로 어떤 모습일까. 고등학생들에게 필독 작품으로 읽히는 김태길 교수의 수필 「멋없는 세상 멋있는 사람」에서 소개되고 있는 버스 운전기사에게서 한 가지 전형을 만날 수 있다.

버스 안은 붐비지 않았다. 손님들은 모두 앉을 자리를 얻었고, 안

내양만이 홀로 서서 반은 졸고 있었다. 차는 빠르지도 느리지도 않은 속도로 달리고 있었는데, 갑자기 남자 어린이 하나가 그 앞으로 확 달려들었다. 버스는 급정거를 했고, 제복에 싸인 안내양의 몸뚱이가 던져진 물건처럼 앞으로 쏠렸다. 찰나에 운전기사의 굵직한 바른팔이 번개처럼 수평으로 쭉 뻗었고, 안내양의 가는 허리가 그 팔에 걸려 상체만 앞으로 크게 기울었다. 그녀의 안면이 버스 앞면 유리에 살짝 부딪치며, 입술 모양 그대로 분홍색 연지가 유리 위에 예쁜 자국을 남겼다. 마치 입술로 도장을 찍은 듯이 선명한 자국.

아무 일도 없었던 것처럼 운전기사는 묵묵히 앞만 보고 계속 차를 몰고 있었다. 그의 듬직한 뒷모습을 바라보며 나는 그가 멋있는 사람이라고 느꼈다. 예술과도 같은 그의 솜씨도 멋이 있었고, 필요 없는 말을 한마디도 하지 않는 그의 대범한 태도도 멋이 있었다.*

멋있는 사람은 통상적인 감정의 문법에서 벗어나 있는 사람이다. 저 사람 분명히 소리를 버럭 지를 거야 하고 긴장하며 지켜보고 있는데, 의외로 담담하게 반응하는 사람이 매력적이다. 누가 보아도 화가 나는 상황이지만 화를 내지 않는 사람은 무섭다. 환경의 지배를 받지 않기 때문이다. 외부의 자극에 속절없이 휘둘리지 않는 내공의 소유자이기 때문이다. (드라마 「직장의 신」의 주인공 미스 김이

* 김태길, 『멋없는 세상 멋있는 사람』, 범우사, 1984.

인기를 모은 것도 감정에 휘둘리지 않는 쿨한 캐릭터 때문이었다. 다만 그녀의 경우 너무 도도한 느낌을 주는데, 그것 자체가 처세의 전략으로 보인다.)

『중용』은 그러한 경지의 핵심을 풀이한다. "기쁨, 노여움, 슬픔, 즐거움이 아직 나타나지 않은 것이 중中이라 하고, 그것을 행동으로 드러내되 절도에 맞도록 하는 것이 화和라고 한다. 중이란 천하의 가장 큰 근본이요, 화란 천하에 두루 통하는 도리다." 어떤 감정도 아직 드러나지 않은 상태가 '중'인데, 영어로는 centrality, 또는 equilibrium이라고 번역된다. 그것은 감정이 없는 것이 아닌, 모든 감정을 응축하고 있고 어떤 감정이라도 발현시킬 수 있는 상태다. 다만 그 맥락에 걸맞게, 분위기에 어울리게 드러낸다. 중심 잡힌 사람은 희로애락의 감정을 모두 균형 있게 품고 있으면서, 상황에 따라서 적절하게 표현한다. 억울한 사람의 이야기를 들으면서 분노할 줄 알고, 장례식장에서 슬픔을 나눌 줄 알며, 그러다가도 경사가 난 집의 잔치에 참석해서는 온 마음으로 축하를 해주고, 음악을 들으면 즐거움에 빠져들 줄 안다. 그런 사람은 건강하다. 어느 한 감정에만 매여 살지 않기에 인생이 풍요롭다.

자유로운 마음은 상황에 따라 어울리는 감정을 유연하게 표출할 수 있다. 군자는 주체할 수 없는 감정에 매몰되지 않는다. 이러한 인간상은 각종 미디어가 이러저러한 감정들을 끊임없이 선동하는 시대에 새롭게 음미된다. 복잡다기한 관계들 속에서 원치 않는 마음자리에 자꾸만 놓이게 되는 현대인들이 시시때때로 반추해보아야 할 삶의 모습이다.

그러한 평정심을 갖게 되면 누군가가 내게 가하는 모욕이나 공격에도 덜 흔들릴 수 있다. 내가 엄청나게 잘못한 것이 아닌데 격앙된 반응을 보이는 사람, 말도 안 되는 트집을 잡으며 다그치는 사람, 타인에 대한 시기와 경멸로 일관하는 사람들에게 끌려가지 않을 수 있다. 그 대신 상황 자체를 제3자의 시선으로 바라보면서 상대방에 대해 너그러워질 수 있다. 그리고 자비심을 가질 수 있다. '저 사람 지금 많이 아프구나. 다른 사람한테 저렇게 할 정도니 자기에 대해서는 얼마나 더 모질까.'

타인에게 하는 말은 곧 자기에게 하는 말이라는 것, 자기를 혐오하기에 남을 함부로 대한다는 것을 알면, 연민이 싹튼다. 부당하게 악감정을 퍼붓는 사람은 자존감이 파괴되었기 때문임을 이해하면서 측은지심에 이를 수 있다. 그 모습을 거울 삼아, 과연 나는 스스로를 정당하게 사랑하고 있는지를 질문할 수 있다. 자존감은 어떻게 생겨나는가. 나를 귀하게 여겨야지 하고 결심한다고 곧바로 바뀌는 것이 아니다. 땅에 작물을 재배하듯이, 오랫동안 꾸준하게 마음의 밭을 일구어야 한다. 거기에 어떤 씨앗을 심고 가꾸는가에 따라서 전혀 다른 사람이 된다. 어느 인디언 부족에서 전승되어온 이야기 하나가 그 진리를 설파한다.

인디언 할아버지가 손자에게 그가 느끼는 바를 말했다.

"얘야, 마치 내 가슴속에서 두 마리의 늑대가 싸우고 있는 것 같구나. 한 마리는 복수심으로 가득 차 있고, 화가 나 있고, 폭력적인 놈이고, 다른 한 마리는 사랑과 동정의 마음을 갖고 있단다."

손자가 물었다, "어떤 늑대가 할아버지 가슴속에서 이기게 될까요?"

할아버지가 대답했다. "내가 먹이를 주는 놈이지."

감정을 늑대로 비유한 것이 의미심장하다. 감정과 나를 동일시해서는 안 된다. 감정은 나 자신이 아니라 내 안에서 독립적으로 자라나는 생명체 같은 존재다. 그것도 한 마리가 아니라 여러 마리다. 서로 힘을 겨루면서 맞서고 있는 '타자들'이다. 승부는 당연히 힘에 좌우되고, 내가 먹이를 주는 놈이 세진다. 먹이는 무엇을 의미하는가. 그 감정에 많이 머무는 것, 즉 그런 감정을 유발하는 상황에 자기를 노출시키거나 그런 사건이나 인물을 계속 생각하는 것 등이다. 미디어가 자아내는 감정도 무시할 수 없다. 틱낫한 스님은 한국인의 높은 자살율에 대해 어떻게 생각하느냐는 질문에 이렇게 답한 바 있다. "한국 사회의 우려를 많이 들었다. 안타깝다. 화, 두려움 같은 내 안의 부정적 감정에 굴복하기 때문이다. 우리는 늘 공격적인 대화, TV나 잡지 등을 통해 감정적 독소들을 빨아들인다. 이런 감정적 독소들이 내재화돼 있다가 어떤 계기를 만나 자살이나 폭력의 형태로 뛰쳐나온다."*

한국의 직장인들이 스트레스를 해소하는 방법들 가운데 가장 큰 비중을 차지하는 것이 마음 맞는 사람들과 뒷담화를 하는 것으로 나타났다(잡코리아, 2012년 9월 조사). 인간은 나약하기 때문에 누군가를 도마 위에 올려놓고 험담하면서 카타르시스를 느끼고, 그것을 함께하는 이들과 짜릿한 유대감도 맛볼 수 있다. 그러나 그런 대화 이외에는 아무런 화제를 찾지 못하거나 재미를 느끼지 못한다면, 자문해보아야 한다. 서로의 가슴속에 비겁한 늑대를 키우고 있지는 않은지, 그놈들이 떼거리를 이루어 돌아다니면서 자신까지 해치는 것이 아닌지.

타인을 아무렇지 않게 모욕하는 풍토는 사회적으로 형성된다. 모멸감에 취약한 심성에 대해 저마다 일정 부분씩 책임져야 한다. 존중과 자존의 문화는 여럿이 만드는 것이면서, 그 출발과 귀결의 지점은 각자의 내면에 있다. 감정의 주인이 되려면 자기를 주의 깊게 보살펴야 한다. 마음을 부드럽게, 그러면서도 단단하게 양생해야 한다.

* 「'당신은 충분히 게으릅니까?'」, 『조선일보』 2013년 5월 17일자.

4.

행복감은
우월감이 아니다

겨울이 오면 모든 학생들이

노스 패딩을 입는다

왜 노스만 입을까

다른 패딩들도 많은데

노스는 비싼데, 담배빵 당하면 터지는데

노스는 간지템, 비싼 노스 안에 내 몸을 숨기고

무엇이라도 된 듯하게 당당하게 거리를 걷는다

한겨울엔 노스만 입어도 무서울 게 없다

─류연우, 「노스 패딩」

이 시는 2011년 서울북공업고등학교의 국어시간에 학생들이
제출한 작품들 가운데 하나다. 당시에 청소년들 사이에선 '노스페
이스'라는 브랜드의 점퍼가 유행하고 있었다. 옷값이 상당히 부담
스러운 수준이었지만, 청소년들 사이에서 그것은 필수품처럼 여겨
졌다. 그 옷을 걸치지 않으면 모자란 아이처럼 취급받는 분위기였
다. 청소년들에게 그 점퍼는 무엇이었는가. 앞의 시에서 그 단서를
찾아본다. '내 몸을 숨기고' '당당하게' 그리고 '무서울 게 없다'라는
표현에 핵심이 담겨 있다. 정체성이 형성되고 관계 맺기에 많은 에
너지를 쓰면서 타인의 반응에 민감한 시기에, 인정받기 위해 또는
무시당하지 않기 위해 무리한 구매를 하게 된다.

아이들만이 아니다. 한국 사람들은 옷에 유난히 신경을 쓴다.
인구 규모에 비해 대단히 큰 아웃도어 시장이 그 단적인 증거다. 등
산객들이 붐비는 산마다 형형색색 화려하다. 별로 높지도 않은 산
에 오르면서 고급 등산복과 장비를 몸에 걸친다. 등산객들 가운데
옷차림새를 가지고 서로의 등급을 매기는 사람들이 적지 않다. 무
시당하지 않으려면 돈을 좀 써야 한다. 아는 사람들뿐만 아니라 모
르는 사람들 사이에서도 벌어지는 그 위세 경쟁은 과소비를 유발한
다. 그 결과, 여러 사람이 함께 묵는 산장에서 밤을 보내면서 잠 못
이루는 사람들이 있다고 한다. 아래 벗어두고 온 신발과 지팡이가

없어질까 봐 불안해서다. 등산 장비만이 아니다. 분에 넘치는 승용차, 몇 백만 원짜리 자전거, 최고급 스마트폰, 명품 핸드백 등 많은 물건들이 자아를 대신한다. 그 속에 '내 몸을 숨기고' 있으면 '무서울 게 없다'고 느낀다.

두려움은 모든 동물이 보편적으로 지닌 감정이고, 인간은 특히 더 많이 느낀다. 두뇌가 커서 생각이 많고 감정이 풍부하기 때문이다. 그런데 지금 인간은 그 어느 시대보다 더 많은 두려움에 사로잡히기 쉽다. 예전에는 생명의 부지 자체가 위험한 상황이 많았다. 맹수, 질병, 강도, 전쟁 등이 상존하면서 죽음에 대한 두려움이 컸다. 종교가 지배하는 사회에서는 내세에 받을지 모르는 징벌도 무서웠다. 그러다가 근대에 접어들면서 실존적인 불안이 엄청나게 커졌다. 특히 요즘처럼 사회가 급변하고 미래가 불확실한 가운데 삶의 기반이 한순간에 무너질 수도 있는 세상에서는 존재 자체가 공포를 수반한다.

실존주의 심리학자 카를로 스트렝거가 저술한 『멘탈붕괴』*라는 책이 있다. 원제는 "The Fear of Insignificance"로, 직역하면 '시시힘의 공포'라고 할 수 있겠다. 다시 말해, 자신이 하찮은 존재임을 확인하게 되면서 느끼는 두려움을 의미한다. 왜 이 시대에 새삼 그러한 두려움이 커지게 되었을까. 저자는 글로벌해진 세계를 중요한 조건으로 지목한다. 점점 더 많은 사람들이 지구촌 전체를 무대로 삶을 영위한다. 여러 나라를 돌아다니면서 일이나 공부를 하고 인

---

* 카를로 스트렝거, 『멘탈붕괴』, 최진우 옮김, 하늘눈, 2012.

간관계를 맺어서가 아니다. 그런 '노마드'는 여전히 극히 일부에 불과하다. 한 장소에서 머물러 산다 해도 미디어를 통해서 전 세계의 소식을 접할 수 있게 된 일상, 바로 그것이 지구화된 삶의 요체다.

저자는 그렇게 살아가는 대다수 현대인을 가리켜 '호모글로벌리스'라고 부른다. 이름만 놓고 보면 대단히 앞서 가고 자기 나름의 삶을 펼쳐가는 이미지가 연상된다. 그러나 이 책에서 부각시키는 것은 우리의 의식을 지배하는 '경쟁의 장'이다. 어느 시대에나 사람은 다른 사람들과 자신을 견주기 마련인데, 글로벌해진 이 시대에는 비교의 범위가 전 세계로 확장되었다. 우리는 매일 인터넷을 통해 엄청난 인물들을 접한다. 여러 분야에서 탁월한 성취를 이룬 전문가, 남다른 사업 수완으로 막대한 부를 거머쥔 비즈니스맨, 비범한 재능으로 세상을 깜짝 놀라게 하는 달인, 눈부신 미모로 사람들을 압도하면서 매력을 뿜어내는 연예인…… 그런 풍경들 앞에서 호모글로벌리스는 계속 좌절한다. '세계적인 자아 시장'에서 자신이 한없이 낮은 순위로 자리매김하는 그 시시함과 하찮음이 두려울 뿐이다.

한국인들은 이러한 정황을 어떻게 체감하는가. 타자 지향적인 성향이 매우 강한 문화에서 자아의 서열을 가늠하는 위계의 사다리가 글로벌하게 확장되면, 자존감은 위태로워질 수밖에 없다. 많은 사람들의 모습을 구경할 수 있고, 나 또한 모든 사람에게 드러내 보일 수 있는 미디어 환경은 끊임없는 긴장을 유발한다. 사방팔방으로 뻗어 있는 네트워크는 나를 지탱하는 토대가 되기도 하지만, 오히려 상처를 주는 통로가 되는 경우도 많기 때문이다. 타인으로부터 인정받고 싶은 욕망은 커졌지만, 나의 존재 가치를 알아주는 사람들은 점점 줄어든다. 그 대신 나를 야멸차게 비교하고 평가하는 시선들은 늘어난다. 그래서 자신의 모자란 점들에 대해 노이로제 증세를 보이고 주눅이 들기 일쑤다.

어떻게 하면 그런 비교의 굴레에서 자유로워질 수 있을까. 일레인 아론이 쓴 『사랑받을 권리』*라는 책이 있다. 원제는 "The Undervalued Self"로서, 우리말로 옮기면 '낮게 평가되는 자기'가 된다. 즉, 스스로 보기에 창피하고 감추고 싶은 모습을 말한다. 한마디로 '못난 나'라고 할 수 있다. 누구나 그런 자아를 지니고 있지만, 문제는 그것을 너무 의식한 나머지 온전한 나로 살아가는 것을 방해받는 것이다. 이 책은 우리의 내면에 숨어 있으면서 아무 때나 불쑥 튀어나와 사랑받을 권리를 가로막는 '못난 나'의 정체를 분석하며, 그것에 휘둘리지 않는 방법을 제안하고 있다.

이를 위해서 두 가지 흥미로운 개념을 대비시킨다. 'ranking'과 'linking'이 그것이다. 우리말로는 전자를 '등급 매기기,' 후자를 '유대 맺기' 정도로 풀어쓸 수 있다. '등급 매기기'는 상하 또는 우열의 수직관계 속에서 타인을 만나는 '권력'관계를 말한다. '유대 맺기'는 그러한 위계를 떠나 편안하게 다가가고 이어지는 '사랑'의 관계를 말한다. 인간관계의 스펙트럼이 매우 폭넓고 저마다의 뉘앙스

---

* 일레인 아론, 『사랑받을 권리』, 고빛샘 옮김, 웅진하우스, 2010.

로 채색되기 마련인데, 그렇게 두 가지 개념으로만 나누는 것은 지나친 이분법적 도식으로 느껴진다. 그러나 타인을 대하거나 관계를 맺을 때, 마음의 근본에 어떤 것이 기조基調를 이루는가를 헤아리기 위한 일종의 모델로 받아들이면 좋겠다.

그 두 개념을 보다 실감나게 이해할 수 있도록 저자는 한 가지 제안을 한다. 종이를 펼쳐놓고, 마음속에 떠올리면 기분 나쁜 사람과 기분 좋은 사람을 각각 써 내려가 보는 것이다. 휴대전화에 등록되어 있는 이름들을 스캐닝하면서 각각의 명단을 작성하는 것도 한 가지 방법일 듯싶다. 저자에 따르면 그 두 범주에 해당하는 사람들과 내가 어떤 관계를 맺고 있는가를 따져보면, 바로 '등급 매기기'와 '유대 맺기'로 규정될 수 있다는 것이다. 사람의 행복은 그 둘 가운데 어느 쪽의 인간관계가 많은가에 좌우된다고 할 수 있다. 그것은 친소관계와 반드시 일치하는 것은 아니다. 친한 친구라 해도 만날 때마다 서로 비교하면서 우월감이나 열등감을 느낄 수 있다. 반면에 서로에 대해 잘 알지 못한다 해도 만날 때마다 깊은 유대감을 느끼는 사람이 있다. 우리 사회에는 어떤 관계가 늘어나고 있는가. 아이들에게는 어떤 친구들이 많은가. 학교 및 가정의 교육은 어떤 인간관계를 장려하는가.

우리는 행복해지기 위해 그 어느 시대보다도 많은 노력을 기울인다. 행복해져야 한다는 강박관념에 매여 사는 듯도 보인다. 그런데 우리가 추구하는 행복감의 정체는 과연 무엇인가. 그 대부분이 우월감으로 보인다. 내가 남보다 조금이라도 더 잘났다는 것을 스스로에게, 그리고 타인에게 증명하는 데서 살맛을 느끼는 것이다. 그러다가도 내가 못났다는 것이 드러나면 곧바로 불행감에 빠져든다. 비교 속에서 우위를 차지하고 그것을 인정받는 게임에 몰두하다 보면, 행복과 불행의 양극을 오가는 진자운동에서 벗어나지 못한다. 그리고 내게 행복감을 주는 바로 그 점이 불행의 원천이 되기도 한다. 소설가 박민규는 『죽은 왕녀를 위한 파반느』에서 이렇게 말한다.

> 누군가의 외모를 폄하하는 순간, 그 자신도 더 힘든 세상을 살아야 한다. 그렇게 예쁜가? 그렇게 예뻐질 자신이…… 있는 걸까? 누군가의 학력을 무시하는 순간, 무시한 자의 자녀에게도 더 높은 학력을 요구하는 세상이 주어진다. 아, 그렇겠지…… 당신을 닮아, 당신의 아들딸도 공부가 즐겁겠지 나는 생각했었다. 사는 게 별건가 하는 순간 삶은 사라지는 것이고, 다들 이렇게 살잖아 하는 순간 모두가 그렇게 살아야 할 세상이 펼쳐진다. 노예란 누구인가? 무언가에 붙들려 평생을 일하고 일해야 하는 인간이다.*

교육에 엄청난 투자를 하고 그 결과 세계 최고의 고학력 국가가 되었는데, 사람들이 행복하지 못한 까닭은 무엇인가. 배울수록 자유로워져야 마땅한데, 현실은 정반대다. 오히려 더 많은 욕망에

---

* 박민규, 『죽은 왕녀를 위한 파반느』, 2009, 예담, 310~11쪽.

끌려다닌다. 잘남과 못남의 가파른 위계 속에 점점 더 깊숙이 편입되기 때문이다. 그럴수록 자기를 돌보는 마음이 자라나지 못한다.

　나를 성장시키고 삶의 경지를 넓히는 공부는 어떻게 가능할까. 저소득층 지역 주민들에게 강의를 하면서 어느 수강생으로부터 들은 이야기다. 자신이 인문학 공부를 하면서 달라진 점 한 가지를 말해주었다. 그전에는 가끔 택시를 타고 귀가할 때 옆 동네에 내려서 걸어갔다고 한다. 자기가 가난한 동네에 산다는 것을 기사에게 드러내기 싫어서였다. 그런데 이제는 '당당하게' 행선지를 말하게 되었다는 것이다. 그게 뭐 대수로운 일이냐고 할 수도 있다. 그러나 그분에게는 자기를 비하하는 마음을 거두고, 있는 그대로의 자기를 받아들이는 것이 결코 쉬운 일이 아니었다.

　노숙인 인문학 강의에 참여했던 분들에게서도 비슷한 변화가 나타난다는 이야기를 듣는다. 처음에는 모자를 푹 뒤집어쓰고 상대방과 눈동자를 맞추지 않던 사람들이 시간이 지나면서 편안하게 서로를 바라볼 수 있게 된다고 한다. 어떤 노숙인은 1년 동안 진행된 인문학 수업이 마무리되는 즈음에 위암 말기 판정을 받았다. 강의가 모두 끝나고 수료생들끼리 기념으로 야유회를 가게 되었는데, 그분은 거의 움직일 수 없는 지경이었지만 안간힘을 다해 그곳에 참석했다. 그 자리에서 그분은 1년을 함께 걸어온 배움의 벗들에게 말했다. 정말로 여러분이 고맙다고. 그리고 내가 태어나서 누군가에게 진심으로 고맙다는 말을 처음 해본 것이라고. 일주일 뒤에 그분은 숨을 거두셨다.

"자기의 장점으로써 남의 단점을 드러내지 말고, 자기의 졸렬함으로 인해 남의 능함을 시기하지 말라."『채근담』에 나오는 말이다. 타인을 통해 자존감을 얻는 길은 두 가지가 있다. 하나는 자기보다 못하다고 여겨지는 사람들과의 비교 속에서 우월감을 느끼거나 그들 앞에 과시하고 군림하는 것, 다른 하나는 우열의 관념에서 벗어나 마음을 나누고 함께 배우며 경험을 공유하는 것이다. 전자의 경우에 온갖 관심은 외형적인 것들에 치중되면서, 나 자신은 공허한 중심으로 남는다. 후자의 경우에는 나를 돌보는 힘이 자라난다. 역설적으로, 타인을 배려하고 인정하면서 이루어지는 유대를 통해 자존감이 더욱 단단해진다. 인도의 잠언 시집『수바시타』에는 이런 문구가 있다. "나 아닌 것들을 위해 마음을 나눌 줄 아는 사람은 아무리 험한 날이 닥쳐도 스스로 험해지지 않는다."

맺음말

나는 삶이 아닌 것은 살지 않으려고 했으니, 삶은 그처럼 소중한 것이다.
그리고 정말 불가피하게 되지 않는 한 체념의 철학을 따르기는 원치 않았다.
나는 인생을 깊게 살기를, 인생의 모든 골수를 빼먹기를 원했으며,
강인하고 엄격하게 살아, 삶이 아닌 것은 모두 때려 엎기를 원했다.
─헨리 데이비드 소로우, 『월든』에서*

콜롬비아의 여성 감옥에서 이색적인 이벤트가 개최되었다. 미
스 교도소 선발대회다. 여성 죄수들 가운데 외모에 자신 있는 사람
들이 참가하는데, 한 달 정도의 준비 기간 동안 몸매를 가꾸고 걸음
걸이 등을 연습한다. 행사의 모든 형식은 실제 여느 미인 선발대회
와 흡사하고, 격식을 제대로 갖추기 위해 진행자와 심사위원들도
외부에서 초대된다. 그 모든 과정을 담은 다큐멘터리를 본 적이 있
는데, 최종 심사에서 사회자가 어느 참가자에게 질문을 했다. 마약
거래에 연루되어 수감된 여성이었다. "당신의 인생에서 가장 중요

---

*   헨리 데이비드 소로우, 『월든』, 한기찬 옮김, 소담, 2002.

한 것은 무엇입니까?" 사전에 각본이 없었고 질문 자체가 너무 무거웠는지, 여성은 잠시 생각에 잠겼다. 그리고 입을 열었다. "당당함입니다."

이 책에서는 모멸감을 화두로 인간의 존엄에 대해 여러 각도에서 생각해보았다. 사람은 자신의 존재가 부정당하고 격하될 때 살아갈 힘을 잃어버린다. 그렇게 생명을 억누르는 행위 가운데 하나가 바로 모멸이다. 많은 경우 모멸은 다른 모멸로 이어지면서 자괴감과 수치심을 확대 재생산하고, 거기에서 비롯되는 분노는 자기나 타인에 대한 폭력으로도 표출된다. 한국 사회에는 여러 가지 형태의 모멸이 만연하고 있다. 그로 인한 모멸감은 때로 오기傲氣로 변모하여 강인한 생활 에너지가 되기도 하지만, 대개는 무기력과 자기혐오 그리고 질투와 복수심으로 이어져 삶과 사회에 균열을 일으킨다. 어떻게 하면 모멸감을 덜 느끼는 세상을 만들 수 있을까? 인간으로서 당당함을 좀더 누리고 살 수 있으려면 무엇이 필요한가? 사회적으로 풀어야 할 과제가 있고, 개인적으로 감당해야 할 몫이 있다. 그것을 다음의 세 가지 측면에서 정리해보고자 한다.

첫째, 구조적인 차원에서 접근이 요청된다. 한국은 산업화와 민주화를 압축적으로 경험했다. 헐벗고 굶주리는 절대 빈곤을 기적적으로 벗어났고, 선거를 통한 정권 교체가 가능한 시스템을 이룩함과 동시에 인권 탄압과 고문이 크게 줄어든 세상을 만들어냈다. 그런데 우리의 삶은 여전히 팍팍하다. 생존 자체가 다시 버거워진 탓도 있다. 의衣와 식食은 상당 부분 해결되었지만 주住는 오히려 훨씬 힘들어졌고, 최저생계비를 버는 수준의 일자리조차 구하기가 어려워졌다. 절대 빈곤 그리고 실업은 그 자체로 인간에게 극심한 고통을 안겨준다. 최소한의 품위를 갖출 수 없다는 것, 자신이 무능하고 쓸모없는 존재라는 생각은 엄청난 모멸감을 불러일으킨다.

급속하게 진행되는 자동화가 '노동의 종말'을 재촉하고, 국가 정책마저 그 흐름을 가속화하기도 한다. 정반대의 사례도 있다. 이른바 선진국 가운데 열차의 승차권 체크를 아직도 사람이 직접 수행하는 경우가 많은데, 일자리를 보존하기 위해서 일부러 기계를 배제하는 것이다. 경제의 궁극적인 목표가 무엇인지를 생각하게 한다. 보다 많은 사람들의 행복을 증진시키는 방향으로 제도를 수립하고 정책을 추진하는 것이 중요하다. 평범한 사람들이 저마다의 능력을 발휘하면서 기본적인 생계를 꾸릴 수 있도록 '괜찮은' 일자리들이 많아져야 한다. 날로 심화되는 불평등 지수가 개선되도록 분배의 틀을 리모델링하고, 너무 높은 부동산 가격 때문에 생활이 허덕이는 구조를 바꿔야 한다. 이는 궁극적으로 정치의 몫으로 수렴되고, 그것을 촉진하기 위한 사회운동의 과제가 제기된다.

둘째 문화적인 차원의 접근을 생각해야 한다. 특정한 기준으로 인간의 귀천을 나누는 의미체계가 모멸감의 원천이 되기 때문이다. 그 가운데 하나로 학력에 대한 위계의식을 들 수 있다. 해마다 대학 입시 합격 결과가 나오는 즈음 곳곳에 현수막이 붙는다. 우리 고장 출신의 아무개가 일류대에 합격했다고 축하하는 내용이다. 그러한 현수막은 대다수 젊은이들을 주눅 들게 한다. 좋은 대학에 가지 못하고 지역에 남아 있는 이들이 못난이로 여겨지기 때문이다. 그러한 시선은 청소년들에게 내면화되어 자신의 미래를 비좁게 규정하면서 자기 비하를 유발하기 일쑤다. 학생들이 스스로 급훈을 짓는 경우가 있는데, 서울의 어느 학교에서는 '2호선 탈래, KTX 탈래?' '대학 가서 미팅할래, 공장 가서 미싱 할래?'라는 문구가 나온 적이 있다.

인간의 격을 위아래로 나누는 서열 관념은 학력 이외에도 여러 가지 기준을 중심으로 형성되어 있다. 경제력, 거주지, 가정환경, 피부색, 외모, 나이 등 외형적인 차이를 절대화하면서 차별하고 멸시한다. 또한 많은 조직에서 중간관리자나 고위직에 있는 사람들이 공식적으로 주어진 지위나 권력을 남용하여 부당하게 지배하려 든다. 그래서 대다수 직장인들이 과다한 업무만이 아니라 인간적인 수모도 감내해야 한다. 군사독재 정권 시절의 살벌한 감시와 탄압은 없어졌지만, 우리의 인격은 또 다른 부조리와 불의에 노출되어 있다.

모멸감을 줄이려면 이러한 문화와 사회 풍도를 바꿔가야 한다. 가치의 다원화가 핵심이다. 인간과 삶을 바라보는 시야를 여러 차원으로 틔워야 한다. 그럼으로써 잘난 사람과 못난 사람, 평범함과 비범함을 나누는 기준 자체를 상대화하는 것이다. 한편으로 인간이라면 모두가 지니고 있는 보편적인 바탕과 존엄함에 눈을 떠야 하고, 다른 한편으로 저마다 지니고 있는 다양한 잠재력이 개발되고 꽃피울 수 있는 기회가 열려야 한다. 이를 위해서는 나를 있는 그대로 승인해주면서 도전과 성취를 북돋아주는 관계와 공동체가 다양하게 형성되어야 한다.

셋째, 개인의 내면적인 힘을 키워야 한다. 삶의 자리에 모멸이 만연하는 까닭은 스스로의 품위를 잃었기 때문이다. '생존'과 '정의'의 문제를 어느 정도 해결했다고 생각하는 시점에서 '자존'의 문제가 부각되고 있다고 할까. 수억 원 연봉을 받는 대기업의 임원이 예전의 가난한 농부나 구멍가게 주인보다 당당하지 못하다. 일류대학생들의 자존감이 웬만한 나라 중학생만도 못한 듯하다. 명품에서 골프 그리고 성형에 이르기까지 품위 유지비용은 날로 높아지는데, 품위는 좀처럼 올라가지 않는다. 그래서 그 결핍을 타인에 대한 군림으로 보상받으려 한다. 타인의 인정을 통해서만 자신의 가치를 찾는다. 그렇게 살아가는 우리에게 쇼펜하우어는 말한다. '다른 사람들의 머리는 진정한 행복이 자리 잡기에는 너무 초라한 곳이다.'

명예를 회복해야 한다. 우선, 다소 왜곡되어버린 그 개념을 확인해볼 필요가 있다. 실제로는 오히려 불명예스럽다고 볼 수 있는 퇴직을 '명퇴'라고 명명하는데, 명예의 본뜻은 무엇인가. 부와 권력과 함께 맹렬하게 추구되는 명성인가. 명예는 외형적으로 드러나는 희소재가 아니다. 영어에서 무감독 시험을 가리켜 'honor system'이라고 하는데, 누가 보든 보지 않든 자기의 양심과 도덕률을 따르는 것이 명예의 본질이다. 유학 사상에서 신독愼獨의 개념과 밀접하게 연관된다고도 할 수 있겠다. 그것은 진정한 자존심의 발로다. 국어사전에서는 자존심을 가리켜 '남에게 굽히지 아니하고 자신의 품위를 지키는 마음'이라고 풀이하고 있다.

타인 위에 군림하지 않고 위엄을 누릴 수 있을까. 부드러우면서도 당당한 기품은 어디에서 우러나올까. 품격은 겉멋이 아니다. 예절은 단순한 고분고분함을 넘어선다. 자기에게 엄격하고 타인에게 너그러운 성품에서 격조 있는 삶이 가능하다. 높은 것에 사로잡혀 삶을 창조하기에 자기를 돌볼 줄 안다. 유일무이한 존재로서 자신을 자각하며 스스로 채워진 마음이 타인에게 스며들기에 품위 있는 관계가 형성된다. 그러한 위엄과 기품이 사회적 풍토로 자리 잡을 때, 모멸감의 악순환도 줄어든다. 그 길은 자존의 각성과 결단에서 열린다.

음악과 감정 유주환

1.
음악에 나타난
감정의 흔적

음악의 역사에는 에디슨의 전구마냥 시대를 바꿔낸 '한 방'이 드물다. 근대 이전에는 음악이 사회에 끼치는 영향에 한계가 있었을뿐더러 더욱이 음악은 장르상 순수한 의미의 발명이 드물기 때문이다. 예를 들어 음악사에서 비교적 발명품에 속하는 오페라도 이전 여러 예술 양식이 시간을 두고 헤쳐 모인 것이다. 한편 장르 하나가 진화하기까지에도 만만치 않은 시간을 기다려야 했다. 예를 들어 소나타도 우리가 오늘날 이해하는 모양새를 갖추기까지 적어도 이백 년은 필요했다.

이렇게 발명이나 진화 모두로부터 한발 비껴 있는 게 음악이라면 음악은 무엇으로 변화하는가. 답은 간단하다. '감정'이다. 알려진바, '역사의 발전'과 '양식의 변화'는 거의 동의어다. 음악이나 미술의 역사처럼 '예술'과 '흔적'을 동시에 이야기해야 할 경우 더욱 그렇다. 음악은 14세기 '아르스 노바'나 르네상스에서도, 바로크나 고전 그리고 낭만과 20세기의 어떠한 경우라도, 어떻게 해야 '더 감각적일 것인가'와 사람의 숨결을 '더 표현할 것인가'에 역량을 집중해왔다. 그리고 이러한 감정의 추이는 스타일의 변화를 불러일으켰고 이러한 양식의 변화야말로 역사 변화의 본질이 되었다. 이렇게 언급한 시대들 모두가 농밀한 감정의 표현을 한결 도구로 삼았으되 그중에서도 바로크는 단연 첫 괄목으로 기억된다.

음악 역사에서 바로크란 대략 1600년에서 1750년 사이의 시기를 일컫는다. 포르투갈어의 '찌그러져 상품성 없는barroco'이라는 형용사로부터 빌려온 이 말은 애당초 건축에서 사용되었다. 예술에 굳이 '불량'이라는 비아냥을 끌어 쓴 데에는 당시 유행처럼 등장하기 시작하던 이 괴상한 양식을 향한 불편한 심기를 반영한다. 건축과 미술에서 사용되던 이 시대어를 음악이 받아들이게 된 것은 20세기도 절반이나 지나서의 일이었다. 오늘날의 사가史家들은 다른 앞선 시대들과 확연히 구분되는 바로크의 특성으로 감정을 꼽는다. 흔히 '정감affection'이라는 말로도 번역되는 이 감정의 정체를 두고 당시의 시인 로렌초Lorenzo는 "알게 된 한 대상에 의해서 마음이 끌리거나 불쾌감을 받는 심적 영향 또는 정신적인 동요"*라 설명하고 있다. 사실 바로크 음악의 특성을 모두 꺼내들자면 상당한 설명을 필요로 한다. 그런데 만일 이 성질 모두를 아우를 수 있는 코드 하나를 꼽아본다면 역시 감정이다. 노랫말이 가지는 뉘앙스를 더 표현적으로 담아낸 것이나 과거엔 용서받기 어려웠던 불협화음이 늘어난 것, 또 유난히 증가한 꾸밈음들 모두 사람의 감정을 정밀하게 표현하고자 하는 의식의 발로로 이해된다. 결론적으로 바로크 음악은 기법이나 형식에 의해 그 영역을 정하고 있다기보다는 어떻게 해야 인간의 숨결을 더 잘 표현할 것인가에 초점을 두고 통합된 셈이었다.

　　고전 시대 음악의 변화를 주도한 것도 감정이었다. 18세기 중반의 음악가들은 이전 150년을 지배했던 감정 이론의 한계를 발견하게 된다. 이러한 한계의 극복을 위해 그들이 추구한 것은 앞선 세대의 표현 방식을 뛰어넘는 보다 세밀한 '인간 자화상'이었다. 그 결과 작곡가들은 작품에서의 감정 변화와 자연스러운 흐름에 관해 탐구하기 시작했다. 우리가 만일 고전주의를 형식주의의 지류 어디쯤으로만 이해한다면, 18세기 음악이란 게 겨우 관행의 틀에서 히덕이다 운명을 달리한 존재로 인식하고 말 것이다. 하지만 고전의 구조와 논리라는 것이 그리 만만치 않다. 고전주의 음악은 '여전히' 감정에 집착했던 작곡가들의 실험 끝에 정착된 것이다. 예를 들어 하이든 교향곡의 느리고 장엄한 서주는 관행으로부터 출발한다. 하

* 　클로드 V. 팔리스카, 『바로크 음악』, 김혜선 옮김, 다리, 2000, 14쪽.

지만 하이든은 도입부와 그다음 알레그로 사이에 발생하게 될 감정의 흐름을 늘 중요하게 생각했으며, 서주를 '전에도 했던' 식의 관행적 배치가 아닌, 서주 자체로 더 본질적이길 원했다.* 예컨대 그의 교향곡 제31번에서처럼, 처음 세운 주제가 완전히 다른 분위기의 악장에 등장할 경우, 그로 인해 변하게 될 감정의 변화에 항상 관심을 가졌다. 그러므로 우리가 흔히 음악의 구조에 관해 범하기 쉬운 오류, 즉 음악적 '대조contrast'를 '대립antagonistic'으로만 해석하다 보면 고전주의에 흐르는 감정의 유유한 움직임을 놓칠 우려가 있다. 흔히 언급되는 18세기 음악의 '질풍노도Sturm und Drang'나 '감정 과다Empfindsamer Stil'**도 모두 감정 표현의 양식적 변화로부터 유래된 것이다.

음악사에서 낭만주의를 설명하는 대목에는 유독 '혁명'들로 넘쳐난다. 프랑스 혁명이나 산업혁명, 그리고 나폴레옹에 의한 전쟁 모두가 이전 유럽의 관습과 패턴을 단번에 뒤집을 만한 근본적 변화를 가져왔기 때문이다. 예를 들어 산업혁명은 지방 인구가 도시로 집중되는 현상을 야기했고, 대량 생산에 의한 자본의 집중은 새 중산층의 증가로 이어졌다. 그런데 이 중간계층의 성장이 음악에 영향을 끼치기 시작한다. 이제는 좀 먹고살 만해진 이들이 과거 신분사회에서는 엄두조차 내기 어려웠던 음악에 관심을 두기 시작했기 때문이다. 중산 관객을 염두에 둔 대규모 음악회와 가정음악회가 동시에 성업하기 시작했고*** 악기와 악보를 구입할 여유가 있

---

* 라인하르트 파울리, 『고전시대의 음악』, 김혜선 옮김, 다리, 2000, 139~40쪽.

** 18세기 중반에서 후반까지 독일어권 국가를 중심으로 유행한 미학운동이며 첨예한 감정의 격렬한 표현을 주된 목적으로 삼는다. 대표적인 음악가로는 C. P. E. 바흐와 C. H. 그라운이 있다.

*** Donald Jay Grout, *A History of Western Music*, 8th edition, W. W. Norton&Company,

었던 이들의 기호가 음악에 반영되어 자본으로 연결되었다. 예나 지금이나 후원의 끈으로부터 자유로울 수 없었던 예술가들은 후원인 혹은 후원의 가능성이 있는 시장을 겨냥해 그들의 정서적 교감을 기대하거나 아예 입맛을 좇는 작품을 써 내려갔다.*

음악에서의 낭만은 본질적으로 '더' 감정이다. 그 감정의 적확한 표현을 위해서라면 어떠한 형식이나 관습도 기꺼이 타파될 수 있었다. 한편, 감정 표현의 갈래와 방식도 더욱 다양해지고 분화되었다. 그 이유는 다양하다. 17세기부터 성장하기 시작한 기악이 음악의 표현과 감정을 다원화했기 때문이며, 근대 이후 사회적 분위기와 인식의 변화도 한몫했다. 한편 19세기는 문학과 음악의 조합이 매우 두드러지기 시작한 시기였다. 가곡을 통해 작곡가들은 감정 표현의 극세화를 경험하였으며 슈베르트나 슈만의 가곡은 감정을 통한 양식적 변화의 좋은 예다.

낭만주의의 감정이 이전과 비교해 달라진 점이 있다면 그 표현 면에서 더욱 주관적이라는 것이다. 예컨대 낭만 이전의 '사랑'은 상당히 보편적인 것으로서 인식의 주체가 누구건, 배경이 무엇이건 간에 그야말로 불특정 다수를 겨냥한 객관성을 띠었다. 그러나 19세기 이후의 '사랑'은 매우 개인적이고 사유화된 경험을 바탕으로 한다. 어떤 심리의 사랑인지, 어떤 신분의 사랑인지, 그리고 어떤 바탕의 사랑인지에 대한 섬세하고 미묘한 인식이 필요했다. 그리고 이러한 변화는 1900년대를 훌쩍 넘긴 지금까지도 계속된다.

2010, p. 598.
* 피아노 연습곡으로 유명한 체르니C. Czerny나 부르크뮐러F. Brugmüller 등이 바로 이러한 작곡가의 전형으로 평가받는다.

이러한 이유로 우리 시대의 음악은 19세기 낭만의 연장으로 이해된다. 사실 19세기와 20세기의 음악을 감정이라는 프리즘으로 들여다보면 별다른 차이가 없다. 만일 다른 점이 있다면, 어느 시대가 감정을 더 주관적으로 다루는지 혹은 더 세밀하게 묘사하는가이다. 다만 20세기는 여기에 테크놀로지와 사회적 사건에 대한 인식의 변화가 더 민감하게 개입되었을 뿐이다. 예컨대 전자 매체electroacoustic 혹은 우연성indeterminacy을 감정 표현의 도구로 끌어 쓰려는 노력이나 전쟁이나 경제적 변화로부터 받은 자극의 예술적 반응은 이전 어느 시대와 비할 바 못 된다. 심지어 정치적 현실에 대한 음악가의 관심을 예술적 성향의 잣대로 쓰기도 한다.

　하지만 19세기와 우리 시대 낭만의 바다를 항해하는 작곡가들 모두가 사유화된 감정 표현에 몰두했다고 생각하면 오산이다. 그들 중 누구는, 음악이 자기만의 감정 표현 도구라 생각하며 애써 청중의 기대를 외면하던 작곡가들이며, 그들 중 누구는 음악이란 희로애락 담론의 즉각적 도구로서 청중이 바로 이해할 수 있어야 한다고 굳게 믿는 작곡가들이다. 또 한때는 음악에 반드시 감정이 담겨야 하는가를 두고 의심하던 작곡가들도 있었다. 인상주의가 그 좋은 예로 기억될 것이다. 그런데 여기 작곡가의 관심을 부를 만한 사실 하나가 있다. 예술가에 대한 역사의 인식에 관해서다. 대체로 역사는 세상으로부터의 인기에 몰두하던 작곡가의 평가에 인색하다. 그것은 대중에게 그저 맛있을 음악을 쓰던 이들의 재주가 일천해서가 아니다. 오히려 그들 중 많은 이는 정말 빈틈없이 훌륭한 기술을 보유하던 장인들이었다. 하지만 역사가 예술의 가치를 세우는 준거에 기술적 완성도만을 전부로 삼지 않는다는 것, 그보다 누가 우리 속의 감정을 더 잘, 그리고 작곡가 자신만의 방법으로 표현하는가를 더 높이 산다는 것, 그것이 역사 판단의 기준이다. 적어도 19세기부터 오늘까지는 더 그렇다.

2.

현악 사중주를 위한
열 개의 단상,
모멸감이 나오기까지

이 프로젝트의 작업을 위한 틀은 단순했다. 먼저 저자의 텍스트를 읽고 자의로 키워드 혹은 문장을 선택한 뒤 이들로부터 받은 느낌을 소리로 표현하는 것이었다. 사실 작곡가가 문학으로부터 음악을 가져오는 경우는 종종 있었다. 하지만 시나 소설과는 달리, 인문사회과학에서 사용된 언어는 딱딱하고 냉정할 것 같았다. 무슨무슨 이념에, 낯선 학자들의 이름, 읽기도 어려운 생경한 개념들이 빼곡한 책. 거기로부터 무슨 감정이 돋아날 수 있을까? 하지만 책의 초고를 읽은 후엔 그동안의 걱정이 기우였음을 알게 되었다. 아마 그 이유는 책을 읽는 독자라면 공감하시리라 믿는다. 이 책은 인간에 대한 성찰로 온기가 넘쳐났고, 나는 알곡 같은 텍스트를 씨앗 삼아 음악을 만들기 시작했다.

—

이 프로젝트를 진행하면서 주변으로부터 가장 많이 접한 충고가 셋쯤 있다.

첫째, 책의 내용이 '모멸감'이니 만큼 이런 책에 동반되는 음악이야말로 '힐링'을 위한 명상 음악이 아닐까 하는 사람들의 기대심리였다. 생각해보면 그럴듯하다. 책을 통해 독자는 우리 사회에 만연한 모멸의 정체를 자각하고, 이로 쌓인 피로를 어루만지는 힐링은 음반을 통해 한다는 것. 그런데 이미 오래전 우리 주변에 명상 음악이 열병처럼 퍼진 적이 있었고, 게다가 요즘은 너도나도 힐링을 찾는다. 본래 남들 유행 좇아가기를 싫어하는 내 고집이 발동된 탓에 마음의 치료를 위한 '명상' 음악은 아예 처음부터 작정하고 밀쳐냈다. 더욱이 책은 한국 사회의 '모멸지수'를 진단하고 이를 극복할 대안을 담고 있으니, 책의 텍스트만으로도 충분한 힐링에 이른다고 판단했다. 다행히 저자와 출판사 모두가 이런 나의 주장에 일찌감치 동의해준 덕분에 전혀 몽니를 부릴 필요가 없었다.

둘째, 이 책이 대중교양서인 만큼 동반하는 음악이야말로 '당연히' 일반인이 이해하기 쉬운 것이기를 바라는 기대심리가 있었다. 그리고 이러한 기대들은 대부분 '염려'의 형태로 전달되었다. "음악이 어려울까 봐 걱정된다"라는 애교형에서부터 "요새 출판 시장 어렵다더라. 너 때문에 책 망친다"라는 협박형에 이르기까지 관심도 매우 다양했다. 사실 나도 이 작업을 진행하면서 몇 번이나 마음이 약해진 적이 있었음을 고백한다. 워낙 이런 종류의 프로젝트라는 게 여전히 낯선 콘셉트인 데다가, 음악이 텍스트와 엇박자를 일으키면서 책의 격까지 훼손시키지 않을까 하는 두려움이 있었기 때문이다. 쉽게 모두가 이해할 수 있는 음악으로 갈까? 그런 생각에 몇 마디 끄적거리다 보면 소리는 마치 카페에서 몽글몽글 들리는 음악처럼, 절제라고는 눈곱만큼도 없는 감정의 과포화 상태가 되기 십상이었다. 그래서 결심했다. 그저 내 감정에 충실한, 쓰고 싶은 음악만이 길이라는 생각에 이르자 그때부터 나는 주변의 여러 염려로부터 귀를 닫기 시작했다. 대신, 점점 모양새를 갖춰가는 음악을 두고 여러 의견을 경청하였다. 그리고 그 모니터링에는 현대음악을 전공했거나 업으로 삼는 분들을 의도적으로 제외했다. 이들은 이미 현대적 분위기의 음악에 익숙한 분들이었기 때문이다. 이렇게 수개월 간의 관찰을 마친 뒤 얻은 결과는 놀라웠다. 이 곡이 무엇으로부터 출발하는 것이며 이에 따른 의도가 무엇인지 충분히 이해시킬 수만 있다면, 아무리 어려운 불협화음으로 넘쳐나는 곡도 청자聽者

의 공감을 넉넉히 얻어낼 수 있었다는 것이다. 그러므로 이 책과 함께 제공된 음악의 대부분을 낯선 소음들로 채울 수 있었던 용기는 여러 실험을 통해 얻은 확신을 바탕으로 한다.

마지막으로 이런 의견도 있었다. 만일 텍스트에 담긴 글 문자를 음악으로 바꾼다 한들, 음악의 본성상 독자가 이를 다시 텍스트로 유추해낼 정도의 객관화가 가능하냐는 것이다. 의외로 이 문제에 관한 염려가 많았다. 쉽게 말하자면 이거다. 만일 텍스트에 '수치심'이라는 말이 있고 이를 음악으로 전환했다 치자. 그렇다면 독자가 이 음악을 들으면서 다시 '수치심'을 떠올릴 수 있을 것인가. 음으로 만든 언어는 글로 만든 언어와 근본부터 다르기에 독자는 이 음악이 '수치심'인지 아니면 영 다른 의미인지 잘 모를 수밖에 없다는 것이다. 즉 '수치'가 '수치'로 들리려면 음악 스스로가 '수치'를 정확히 표현할 수 있는 문장체계를 갖춰야 하는데, 유감스럽게도 음악은 전혀 다른 표현 시스템을 가지고 있다. 옳은 지적이었다. 하지만 그 우려라는 게 이 프로젝트의 목적을 잘못 이해하기에 생긴 염려가 아닌가 생각된다.

베토벤이 말했다. 그의 「전원 교향곡」은 그저 전원의 풍광을 음악으로 묘사한 것이 아니라 이를 보고 느낀 스스로의 '심정'을 표현한 것이라고. 같은 원리가 나의 「현악 사중주를 위한 열 개의 단상, 모멸감」에 적용될 수 있다. 이 음악도 먼저 텍스트를 마음에 담고, 이를 다시 내 경험의 '필터'로 걸러내 만든 결과이다. 예컨대, 작품의 네번째 곡인 '허풍당당 왈츠'는 귀貴에 대한 우리네 강박의식을 다룬 텍스트를 읽다 갑자기 떠올린 그림 하나로부터 출발하고 있다. 르네 마그리트René Magritte의 「숭고함의 허상」이라는 작품으로, 나는 얼핏 책이 말하는 '신분'이 오래전 보았던 이 초현실주의 화가의 그림과 매우 닮아 있다는 생각이 들었다. 솔직히 그다음은 잘 모르겠다. 아마 나는 텍스트를 마그리트의 그림으로 옮겨 마음에 담고, 그를 통해 음악(소리)을 유추해냈다. 실제 이 곡에는 소리들이 고음과 저음을 오가며 매우 비합리적인 음역대를 횡단하고 있는데, 그렇게 함으로써 음향의 균형이 깨지는 허풍선이 같은 결과를 가져오게 된다. 이는 「숭고함의 허상」에 그려진 비너스의 왜곡된 풍만함을 음으로 표현한 것이다.

두번째 곡인 '모욕의 웅어리'는 내가 신촌의 어느 갈빗집에서 겪은 실제 경험을 바탕으로 한 것이다. 비록 작품에 대한 최초의 자극은 책으로부터 출발했지만, 나의 경험들이 자연스럽게 텍스트와 오버랩되면서 그 경험이 음악으로 반응한 것이다.

마지막 곡인 '마음의 발견'은 본문에 등장하는 '자극과 반응'이라는 말에서 받은 감동을 표현한 곡이다. 인간과 관계에 대한 저자의 새로운 해법을 나는 '질긴 끈'으로 형상화하였고 그 이미지는 아낙네의 실 잣는 행위와 연결되었다. 이 작품의 해설에 뜬금없는 길쌈이 언급된 이유가 바로 그것이다. 실제로 이 작품에서는 현악기에 의해 단 하나의 선율이 쉴 새 없이 반복되는데, 이는 길쌈을 하는 아낙네의 손길로부터 빚어지는 실을 표현한 것이다. 그리고 이 묵묵한 손길이야말로 사람에 대한 꾸준한 기대와 소망을 의미한다.

—

　오늘 이 가난한 작품이 세상에 모습을 드러낼 수 있었던 것은 나에게 큰 힘을 주신 세 분의 동력에 힘입은 것이다. 먼저 이 책의 저자인 김찬호 선생님이다. 혁신을 두려워하지 않는 선생님의 상상력과 나에 대한 신뢰야말로 이 낯선 프로젝트가 기어이 포구로부터 항해에 이르도록 이끈 동력이 되었다. 깊은 감사를 드린다. 다른 한 분은 바이올리니스트 김진승 선생이다. 그는 작품의 처음부터 직면해야 했던 기술적인 문제들에 조언을 아끼지 않았고, 이 곡의 연주와 녹음을 위한 마지막 순간까지 열정적인 에너지를 제공하였다. 단언하건대 이 작품의 절반쯤은 그의 관심과 동력으로 완성된 것이다. 마지막으로 내 제자인 임다래 양에게 감사한다. 그는 수개월 간 누더기 깊은 오선지 몇 백에 달하는 스케치를 꼼꼼히 정리해주고 또 상상을 초월하는 고단한 스케줄에 자신을 헌신하는 동력을 제공해주었다. 그러나 무엇보다 감사할 일은 이 일을 통해 체험하게 된 세 분에 대한 신뢰이며, 이분들에 대한 믿음은 완성된 작품을 향한 기쁨보다 더 달다.

연주자 약력

─────── 제1바이올린 김진승

김진승은 예원학교와 서울예술고등학교를 거쳐 서울대학교 음악대학을 졸업하고 예일 대학교에서 석사학위를 취득했다. 현재 경희대, 상명대, 예원학교, 서울예고, 선화예고, 계원예고에 출강하고 있다.

그는 일찍이 조선일보, 한국일보, 육영콩쿠르에서의 입상을 통해 두각을 나타냈으며 부산콩쿠르 및 문예진흥원상을 수상하였다. 다양한 무대에서 활동 중인 그는 여러 번 의 개인 독주회를 개최하였으며 많은 음악단체와 협연하였고 다양한 오케스트라의 악 장으로 활동해왔다.

EBS가 주관하는 '공감 – 21세기 클래식'에서 재즈 음악인들과 협업을 통해 자신의 음 악세계를 넓혔으며, 한국사회의 여러 단체가 주관하는 토크 콘서트 형태의 음악회에 출연하여 다양한 사람과 음악을 통해 교류하고 있다.

─────── 제2바이올린 이태정

선화예술학교와 선화예술고등학교를 거쳐 서울대학교 음악대학을 졸업하고, 독일 뤼 베크Lübeck 국립음대에서 전문연주자과정 및 최고연주자과정을 마쳤으며 다수의 콩 쿠르에서 대상과 금상을 수상하였다.

그는 수학 후에도 긴 시간 독일에 머물며 솔로 바이올리니스트로서는 물론 오케스트라 와 앙상블 등 다양한 분야의 연주자로 활약했다. 귀국 후 다수의 독주회와 국내외 음악 제의 초청연주를 비롯해 국내외 작곡가들과 함께 수많은 작품을 초연했다. 그는 '이니 스IGNIS 앙상블'을 조직하여 많은 참신하고 학구적인 연주회를 기획하는 한편, 정기 적으로 '청소년을 위한 해설음악회'와 국내 음악잡지에 기고하는 글들을 통해 관객과 공감하는 연주자이자 음악해설자로 활동하고 있다. 현재 국내 음악대학과 예술고등학 교, 영재원 등에서 여러 전공과목과 바이올린 실기를 가르치고 있으며, 국내 오케스트 라의 객원악장으로도 활약하고 있다.

─────── 비올라 이영림

선화예술학교와 선화예술고등학교를 거쳐 서울대학교 음악대학을 졸업했다. 코리안
심포니 오케스트라 단원으로 활동하다가 도독하여 하이델베르크-만하임Heidelberg-
Mannheim 국립음대에서 석사과정을 마쳤다.

일찍이 음악세계콩쿠르, 음협콩쿠르에서 입상했으며 유학 중 하이델베르크-만하임 음
대콩쿠르 실내악 부문에서 입상했다. 이탈리아 아스콜리피체노 페스티벌에 참가하여
연주하였고 독일 바덴-바덴 필하모니, 서울 심포니 오케스트라, 유라시안 필하모닉 오
케스트라와 협연하였다.

유라시안 필하모닉 오케스트라와 경기 필하모닉 오케스트라 수석을 역임하였고 목포
시립 교향악단 객원수석으로도 활동하였으며 선화예중, 선화예고, 상명대, 동덕여대,
단국대 강사를 역임하였다. 현재 서울 인터내셔널 뮤직그룹의 수석멤버이자 콰르텟 피
니의 멤버로 다양한 연주 활동을 펼치고 있다. 오페라 전문연주단체인 코레아나 클라
시카 오케스트라 수석으로도 활동해오고 있고, 서울시 오페라단의 '오페라 마티네'에
서 마티네 앙상블 멤버로 연주하고 있으며, 코레일 심포니 오케스트라의 코치로서 코
치 활동과 연주를 같이하고 있다.

─────── 첼로 이재은

예원학교를 졸업하고 서울예고 재학 중 도미하여 인디애나Indiana 음대에서 학사와 석
사과정을 마쳤다. 이후 미시건Michigan 음대에서 전문연주자과정을 졸업하였다. 조선
일보 콩쿠르, 한국일보 콩쿠르, 이화경향 콩쿠르 등에서 입상하는 등 일찍이 그 실력을
인정받았다.

LA 피아티고르스키 세미나에서 독주회를 가졌으며, 스위스 베르비에 페스티벌에서는
미샤 마이스키, 바바라 핸드릭스, 데이비드 게링거스와 함께 연주하였다. 여러 차례의
금호아트홀 초청독주회, 영산아트홀 차세대 유망주 초청독주회, 예술의전당 유망신예
초청독주회를 가졌으며, 수원시향, 인천시향, 강릉시향, 코리안 심포니, 구리시향, 용인
시향, 비하우스 첼로 앙상블 등과의 협연으로 연주 영역을 넓혀가고 있다. 현재 백석대
학교 음악학부 교수로 있으며, 트리오 나무 멤버로 활동 중이다.

──────── 작곡가 유주환

작곡가, 음악 이론가. 그가 음악을 두고 진지한 고민을 시작한 것은 연세대학교 작곡과를 다니면서부터다. 학부와 대학원을 졸업하고 미국 플로리다 주립대학에서 박사학위를 받을 즈음, 그의 고민은 아예 근심으로 바뀌게 된다. 배우면 배울수록 조여오던 음악에 대한 경외감이 그를 근심케 한 것이다. 이렇게 가위눌려 허덕이던 와중에도 창작에 대한 용기를 내어, 그는 작품도 발표하고 종종 부담스러운 상들도 받아왔노라 했다. 책상 앞에 웅크려 곡 쓰는 일 말고도 여러 다양한 일들도 하고 있는 유주환은 가르치거나, 지휘하거나, 방송을 진행하거나, 칼럼니스트로 활동하거나, 가끔은 시민대학에서 음악 애호가들을 위해 강의하면서 일반 대중에게 말 걸기를 시도하기도 한다. '접근은 쉽되 깊이와 감동을'이 최고의 좌우명이라는 그는, 실험적이면서도 열정적인 강의 스타일로 많은 단체와 대학으로부터 상을 받았다. 현재 그는 대학에서 작곡과 음악 이론, 그리고 지휘법과 음악 역사를 가르치고 있다.